ÉDITION DU CENTENAIRE 1800-1900

LES PROCUREURS

ET

LES AVOUÉS

A MARSEILLE

EXTRAITS DE LEURS ARCHIVES — 1588-1900

PAR ALEXIS ESTRANGIN

Avoué

Publication faite sous les auspices de la Chambre des Avoués de Marseille

LIBRAIRIE FLAMMARION

H. AUBERTIN ET ROLLE

MARSEILLE

1900

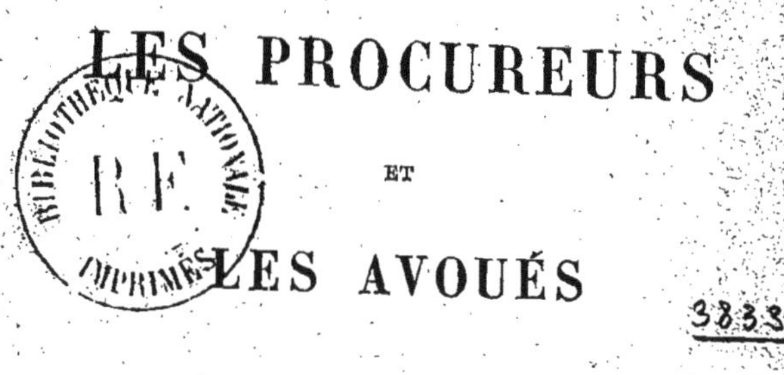

LES PROCUREURS

ET

LES AVOUÉS

ÉDITION DU CENTENAIRE 1800-1900

LES PROCUREURS

ET

LES AVOUÉS

A MARSEILLE

EXTRAITS DE LEURS ARCHIVES — 1588-1900

PAR ALEXIS ESTRANGIN
Avoué

Publication faite sous les auspices de la Chambre des Avoués de Marseille

LIBRAIRIE FLAMMARION
H. AUBERTIN ET ROLLE
MARSEILLE
1900

Cet ouvrage a été tiré à cinq cents exemplaires, dont :

41 sur papier Hollande, numérotés de 1 à 41.
59 » vélin de luxe, numérotés de 42 à 100.
400 » » ordinaire.

Mes chers Confrères,

A l'occasion du Centenaire de notre institution, il m'a semblé que la meilleure manière d'honorer nos ancêtres était de vous les faire connaître. Animé de ce sentiment pieux, je me suis décidé à faire paraître ce travail sur nos archives, que j'avais commencé il y a déjà quelques années, et auquel j'étais bien loin de destiner les honneurs de l'impression. J'ai passé mes heures de loisir à fouiller nos " vieux sacs " et à en extraire tout ce qui m'a paru intéressant et curieux, et je vous offre aujourd'hui mon ouvrage. Jugez-le avec indulgence et puissiez-vous prendre à sa lecture le même plaisir que j'ai éprouvé en l'écrivant. Pro memoria et posteritate : *tels étaient les mots que nos anciens mettaient en tête de leurs délibérations importantes. J'accomplis donc leurs désirs en retraçant les actions, les usages, et, je pourrais dire la vie des procureurs, nos aïeux, et des anciens avoués, nos pères.*

A. E.

Marseille, le 19 Mars 1900.

LES PROCUREURS

ET

LES AVOUÉS

A MARSEILLE

PREMIÈRE PARTIE

LES PROCUREURS (1588-1791)

CHAPITRE PREMIER

La Basoche — Élection du roi de la Basoche — Ses Pouvoirs
(1588-1602)

La Confrérie de la Basoche, établie à Paris au Parlement et au Châtelet, s'était étendue dans les provinces au fur et à mesure de la création des Parlements. Tous les tribunaux de sénéchaussée dépendant du parlement de Provence avaient leur basoche. Celle de Marseille fut très probablement créée en même temps que son tribunal de sénéchaussée, c'est-à-dire en 1535.

Nous possédons dans les archives de la Compagnie des avoués, un manuscrit précieux qui porte pour titre : « Registre des créations et audiences du Roy de la Bazoche de la puissante ville et cité de Marseille », commencé en 1588. Il contient les procès-verbaux originaux et authentiques de la confrérie pendant quatorze années de son existence, de 1588 à 1602.

Le document le plus ancien, qui se trouve transcrit dans ce registre, est daté de 1544. Ce sont les lettres de provision de l'état et office de secrétaire de la basoche, obtenues par Honoré Béraud. Elles sont ainsi conçues :

« Archimbaud, par la grâce du bonheur, Roy de Bazoche à « Marseille, à tous ceulx quy ces présentes lettres verront, salut : « Savoir faisons que sous le bon rapport, qui fait nous a été de la « personne de notre cher et bien aimé Honoré Béraud, de ses taxes « suffisantes, loyauté, preud'homie, expérience et bonnes diligen- « ces royales, sous ces causes, avons dosné et octroyé, dosnons « octroyons par ces présentes à Honoré Béraud, l'office de gref- « fier et secrétaire de Bazoche au dit Marseille, vacquant à pré- « sent par l'absence et non résidence de notre cher et bien aimé « Claude Picquet, et que depuis n'y a été pourvu, pour faire « office, pour exercer aux droits, honneurs et profits, fran- « chises, libertés, immunités et émoluments qui y appar- « tiennent.

« Mandons à tous nos officiers de Bazoche, et à tous autres sup- « pôts de la dite Bazoche, qu'au dit Béraud obéissent et faisent « obéir et entendre à tous qu'il appartiendra sur choses touchant « et concernant les offices de greffier et de secrétaire bazochial.

« Car tel est notre bon plaisir ; à témoin de ce, nous avons fait « mettre notre scel bazochial à ces présentes.

« Dosné à Marseille au mois de septembre de l'an du Bonheur « 1544. Signé Archimbaud ». Scellé de cire rouge.

Ces lettres furent « registrées au registre de la Bazoche », à la requête verbale de l'avocat du roi de la basoche, le 18 mai 1596, « pour y avoir recours quand besoin sera ».

Le document qui précède établit que la confrérie de la basoche existait à Marseille avant l'année 1544. L'enregistrement de ces lettres, en 1596, nous fait présumer qu'avant cette époque les basochiens ne tenaient aucun registre de leurs délibérations et que le manuscrit que nous possédons dans nos archives est le premier et le seul qui ait existé.

La Basoche de Marseille se composait de magistrats, avocats, procureurs, greffiers, notaires et autres praticiens en droit.

Les formes suivies pour l'élection du roi de la basoche et de ses officiers sont indiquées dans le procès-verbal du 19 mai 1588. C'est le premier inscrit dans le registre dont nous avons parlé. Il commence par cette invocation : « Au nom de Dieu » pour bien indiquer l'importance et la solennité de l'acte qu'il contient :

« Au nom de Dieu,

« L'an mil cinq cent huittante huit et le dix-neuvième jour « du mois de may, jour et feste de Saint Yves, par-devant « Mr Balthazard Granier, docteur ez droict, conseiller du Roy, et « lieutenant civil et criminel et des submissions en la Sénéchaussée « de Provence, au siège de la puissante ville et cité de Marseille, « et dans la chambre du conseil du Palaix royal de la diste ville, « seraient comparus maistres Laurent Duroure et Claude Rosset, « syndicz des procureurs au dit siège, lesquels suivant l'antique « coustume inviolablement gardée et observée en la souveraine « Court du Parlement de ce pais, auraient requis, sous le bon « plaizir de la diste court, de voulloir permestre de procéder à « l'élection et création du Roy de Bazoche dans Marseille pour « exercer sa charge aux mesmes honneurs et autorités que les « autres roys de Bazoche au siège de la diste sénéchaussée au « jour et feste de Saint Yves.

« Et là présents, Mr Jehan Garcin seigneur de Verdaches, advo- « cat et procureur du Roy audict siège, lequel après avoir entendu « la présente réquisition et soubs le bon plaizir de ladicte court « n'aurait empesché l'élection et création du dit roy de Bazoche à « condition que celui qui sera pourvu du dit estat, prestera le « serment requis et jurera de bien et décemment exercer sa diste « charge selon Dieu et sa conscience.

« Et comme ledit Lieutenant civil et criminel sur la dite réqui- « sition aurait permis aux dits Duroure et Rosset de procéder à

« l'élection et création du dit Roy de Bazoche, lequel soubs le bon « plaizir de la dite court, jurera de bien et décemment exercer sa « charge selon Dieu et sa conscience aux mêmes honneurs et au- « torités que les aultres roys de Bazoche en ce siège de ce païs de « Provence.

« Et tout incontinent, par mandement du dit sieur le lieutenant, « ont été assemblés dans la grand salle du Palaix pour procéder « à l'élection et création d'ung Roy de Bazoche de la présente ville « et cité de Marseille ceulx qui s'en suivent :

« Mrs Ogier Mottet, conseiller ; Félix Roget, conseiller ; Guil- « laume Magdely, conseiller ; François Seillane, juge de Saint- « Loys ; Jehan Berardi, juge au Tribunal de Saint-Lazare ; Bertrand « Vias, advocat ; Germain Salomon, advocat ; Jacques Vias, « advocat ; Guillaume de Saint-Jacques, greffier aux submis- « sions ; Roger Cordier, greffier criminel ; Mairany, Peyronnet, « Morand, procureurs ; Honoré Arnaud, syndic des notaires ; « Michel Sauzada, notaire ; Amiel Prat, commis greffier de la « Sénéchaussée : Philippe Taillot, commis greffier aux submis- « sions ; Pierre Martin, commis greffier criminel, et aultres advo- « cats, procureurs, notaires, practiciens et bazochiens de la ville « de Marseille.

« En la présence desquels et suivant la plus grande voix et « opinion a esté eslu et reçu Roy de la Bazoche de la présente « ville, M. Philippe Buiron, procureur au présent siège, lequel a « juré en mains du susdit lieutenant de bien et fidellement exercer « sa charge et a été mis en pocession dudit estat pour en jouir aux « mesmes honneurs, autorité et dignité comme les aultres roys de « bazoche, et à l'instant le dit roy s'en alla ouïr messe à l'esglize « des Accoules.

« Et advenant sa présidence, à une heure après midy du dit jour, « le Roy de Bazoche, accompagné des susnommés ou de la plus « grande partie d'iceulx, se serait rendu acheminé au Pallaix « royal et dans la grande salle d'iceluy ; après avoir eu advis « de Mes Duroure et Rosset, syndicz des procureurs et aultres pra-

« ticiens et bazochiens, aurait eslu et créé tous ses officiers en la
« forme et manière qui suit :

« Amyel Prat, lieutenant du roy de Bazoche.

« Dupré, conseiller.

« Poussade, Champorcin, Mairany, et Daniel, conseillers du dit.

« Pierre Martin, secrétaire d'Estat.

« Pierre de Bélès, cappitaine des gardes.

« de Dampmartin, lieutenant du dit cappitaine.

« Pierre Barriat, enseigne du dit cappitaine.

« Jehan Delle, advocat, procureur du roy de bazoche.

« Perronnet et Delamer, trésorier et récupéreur.

« Zeboland, contrerolle.

« Troublier et Aurentie, maistres des requêtes.

« Alfonso Barriet et Victor Deix, auditeurs des comptes, à tous « lesquelz officiers, le dit Roy de Bazoche a fait prester le serment « au cas requis de bien et fidellement exercer leurs charges et « offices sur les peines portées aux ordonnances royaulx. »

Les élections avaient toujours lieu le jour de Saint-Yves, à sept heures du matin. Cette heure matinale était nécessaire, car le roi nouvellement élu devait aller, immédiatement après les élections, à l'église des Accoules, d'où, après une courte prière, il revenait au Palais pour aller ensuite avec ses électeurs à la même église « ouïr » la grand'messe.

Les syndics des procureurs avaient seuls le droit de requérir l'élection du roi de la bazoche, laquelle se faisait sous la présidence du plus haut magistrat de la cité et en présence du procureur du roi.

En l'année 1695, le nombre des officiers de la basoche s'augmenta de quatre maréchaux, qui étaient choisis parmi les anciens rois, et à partir de cette époque, on ne dit plus roi de la basoche, mais prince de la basoche, et les officiers sont désignés sous le nom d'officiers de la couronne.

La marche du cortège à la procession fut réglée par la délibération prise par les basochiens le 19 mai 1596. Le roi « moderne » devait marcher à main droite des autres rois « vieux », et à l'avenir, « les quatre maréchaux de la basoche devaient se trouver « marchant à main gauche du roi « moderne », autrement être « condamnés à vingt écus d'amende envers la « chapelle ».

Cet ordre déplut aux maréchaux Compian et Granivit, qui désiraient avoir à la procession une place plus honorifique. Aussi refusèrent-ils de se rendre à cette cérémonie. « Le roi les manda quérir par son sergent, lequel aurait rapporté qu'il avait bien trouvé Granivit, qui lui avait formellement promis de se trouver à la procession, mais que pour le regard du dit sieur Compian il ne l'avait pas trouvé. » L'heure de la procession arrivée, et ni l'un ni l'autre ne s'étant présenté, le roi de la basoche nomma et subrogea en leur lieu et place deux autres basochiens, lesquels marchèrent à la dite procession en qualité de maréchaux. Le même jour, « sur la requête verbalement faite « par l'advocat du roy de la bazoche et des syndics des procureurs, « attendu que André Compian et Estienne Granivit, bazo- « chiens, ne sont trouvés à la procession, il est demandé qu'ils « soient condamnés à 20 écus chascun d'amende envers la cha- « pelle » ; le roi de basoche les condamne chacun à trois écus et un tiers d'amende, pour le paiement de laquelle ils seront contraints par corps, enjoignant à Raphaël et Pierre Mittre, huissiers basochiaux « de les exécuter, à peine de dix écus chacun envers la chapelle ».

Le 18 mai 1593, à la réquisition des syndics des procureurs, par-devant M. Balthazard Granier, docteur en droit, lieutenant principal, tous les basochiens sont réunis et les syndics exposent : « que Me Beau, roi de la Bazoche, veut marcher à la procession « demain dimanche, jour de saint Yves, avec une avant-garde « d'arquebusiers conduite par Me Claude de Rosset, cappitaine en la « dite Bazoche, et cela contre toute coutume ; que Claude de Rosset, « cappitaine, proteste contre cette modification au cortège et refuse « d'obéir, déclarant qu'il ne marcherait qu'au lieu où sont accou- « tumés marcher les autres cappitaines. Le Roy de Bazoche aurait

« dit au contraire qu'autant qu'il était roy estait à luy commander « de Rosset, cappitaine, de marcher comme bon luy semblerait. » C'est pourquoi le capitaine en appelle à l'assemblée générale des basochiens. « Et après toutes lesquelles propositions, répons et répliques d'ung côté comme de l'austre, tous les susnommés, roy de bazoche, cappitaine et autres practiciens remirent la délibération et règlement de la dite procession aux lieutenant, conseillers et advocats, lesquels résolurent que le dit Beau, roy de la bazoche, de Rosset, cappitaine, et autres officiers et praticiens marcheraient à la procession, chacun à son rang et en sa qualité et dans l'ordre que les autres roys de Bazoche et officiers avaient jusqu'alors suivi. »

Le document, ci-dessus, nous apprend que l'on pouvait appeler des décisions du roi de la basoche à l'assemblée générale des basochiens.

Cette royauté ne durait qu'un an. Le roi de la basoche, comme nous l'avons dit, avait une maison civile, composée de quatre maréchaux, qui étaient ordinairement choisis parmi les anciens rois de basoche, d'un chancelier, de six conseillers, d'un avocat du roi, un secrétaire, un trésorier, et une maison militaire comprenant un capitaine des gardes, un lieutenant du capitaine et un enseigne. Il avait aussi une liste civile, une monnaie particulière, un sceau pour les lettres-patentes qu'il octroyait, et enfin le droit de justice.

Sa monnaie était la livre basochiale, qui n'avait cours qu'entre basochiens, et pour cause ; sa valeur était de cinq sols tournois.

Les cotisations, que tout basochien était tenu de lui payer, formaient sa liste civile.

Le 15 avril 1595, le roi et les officiers de la Couronne se réunissent dans le parquet du palais royal et M. Prat, avocat du roi, requiert : « Attendu que la fête de saint Yves s'approche et qu'il con- « viendra au roy faire beaucoup de dépenses, ainsi qu'est la cou- « tume, être procédé à la nouvelle cotisation. » Le roi rend ensuite l'édit suivant : « Nous, roy de la bazoche, en Conseil,

« sur la réquisition de nostre advocat, avons taxé les premiers « conseillers de la Chambre souveraine, lieutenant du Sénéchal, « conseillers, juges ordinaires et advocats à cinq escus chascun, « greffiers et procureurs à 30 souls chascun, commis des dits « greffiers à 20 souls, les maîtres clercs 15 souls, et les autres « clercs à 5 souls pour chascun, enjoignons à nos trésorier et « récupéreur d'exiger les deniers de la dite cotisation suivant « le roosle qui leur sera expédié par notre secrétaire, auxquels à « ces fins sera baillé nos lettres de contrainte, lesquelles seront « exécutées par nos huissiers et aultres suppots. »

« En 1596, pour célébrer dignement le jour de la fête de saint « Yves, il faut avoir de l'argent en chapelle, soit pour faire dire « la grand'messe soit pour orner le palais, soit pour payer le « banquet qui doit être « honeste ». Aussi le roi ordonna-t-il à son récupéreur de faire entrer les cotisations, « attendu que beaucoup de dépenses lui adviendront en ce jour et de contraindre les refuzants, à peine pour lui d'une amende de 10 escus pour la chapelle. »

Le roi délivrait à ses sujets des lettres patentes de basoche revêtues de son sceau et pour lesquelles il percevait un droit de chancellerie. Le 19 mai 1591, il ordonne à ses sujets de prendre leurs lettres de basoche, pour la finance et le sceau desquelles ils payeront trois livres basochiales, les maitres clercs 15 soulz et les autres clercs 5 soulz, faute de quoi il leur sera défendu d'exercer la pratique, et il se fait faire un sceau qui sera placé sous la garde du chancelier.

Comme tout monarque, il rendait la justice, non pas à l'ombre d'un chêne, mais dans la salle du Conseil du palais royal. Les audiences avaient lieu les jeudis à trois heures. Ses officiers étaient tenus d'assister à ce lit de justice et « ceux qui ne se rendront « pas d'une manière régulière aux audiences seront punis de dix « livres basochiales pour chacun d'eux et pour chaque fois qu'ils « se trouveront défaillants. »

Dans le registre dont nous avons parlé sont rapportés quelques jugements rendus par le roi de la basoche.

Le 20 juin 1591, Me Delamer, avocat, procureur du roi de basoche, traduit devant sa justice Jean Toscan, Guillaume Arbousset et Gilles Bourget, basochiens, et il requiert contre eux la condamnation à 10 livres basochiales d'amende envers la dite basoche, pour s'être injuriés dans le palais royal, l'audience tenant, et avoir parlé irrévérencieusement. Faisant droit à cette réquisition, le roi de la basoche condamne « Toscan à 5 livres, Arbousset à 2 livres et Bourget à une livre et demie d'amende pour le paiement desquelles ils seront contraints, leur faisant inhibitions et défenses de ne plus s'injurier de fait ni de parole et leur enjoignant de parler correctement avec tout respect et honneur, sous peine de dix livres basochiales à la basoche ».

Le 29 juillet 1591, le même Gilles Bourget est de nouveau traduit devant le roi de la basoche, sur la plainte de Gaspard Rainoard, joueur de musette, qui réclame à ce basochien 40 souls pour une sérénade, que ce dernier ne veut pas lui payer. Le roi admet le musicien dans sa requête et condamne Bourget à lui payer les 40 souls et aux dépens.

Amiel Astour, praticien en droit, membre de la confrérie, est allé le 15 août 1591 à la fête des laboureurs, et, chose plus grave, il s'était déguisé. Me Delamer, procureur du roi de la basoche, demande qu'il soit condamné à une amende de deux livres basochiales; Astour fait défaut et le roi rend le jugement suivant: « Nous, roy de la Bazoche, avons donné défaut et pour le profit « et l'utilité d'iceluy, avons condamné le dit Astour pour être allé « aux bransles des laboureurs en habit déguizé, à 6 livres « bazochiales d'amende envers la bazoche, lui faisant inhibitions « et défenses d'aller ci-après aux branses sous peine de 25 livres « bazochiales, pour le paiement de laquelle amende sera contraint « par corps. Fait en la chambre du conseil le 25 août 1591. »

Le même Bourget (ce devait être un plaisant basochien) s'est assis témérairement et indiscrètement sur le siège royal, « faisant des grimaces comme un singe », et d'autre part Chaulan a parlé irrévérencieusement et sans respect, traitant un de ses confrères de basoche de « butor » ; le roi les condamne à faire couper les « mays et les rameaux nécessaires pour la décoration du parquet la veille de Saint-Yves, ainsi qu'il est coutume, et défense leur est faite de commettre pareilles insolences, à peine de cinquante livres bazochiales chacun. »

Malgré le peu de respect qu'il avait pour le siège royal, Gilles Bourget fut nommé la même année capitaine des gardes du roi de la basoche.

Les exécutions des sentences du roi étaient confiées aux sergents de basoche, Lazare Vitalis et Raphaël Lebris. Pour activer leur zèle et les rendre plus diligents et plus soigneux à exécuter les mandats et ordres qu'ils recevaient, le procureur du roi demande « qu'il leur soit baillé gages raisonnables, et qu'il leur soit enjoint d'assister aux audiences toutes les fois qu'elles seraient tenues, à peine de dix livres bazochiales ». Le roi leur accorda pour gages et salaires douze livres basochiales pour chacun d'eux par an, et leur intima l'ordre de se trouver aux audiences pour y faire leur service à peine de dix livres d'amende pour chacun d'eux et pour chaque absence, applicables à la basoche.

Le roi avait un costume de cérémonie qu'il portait lorsqu'il se rendait avec ses officiers et ses sujets à la grand'messe aux Accoules, le jour de Saint-Yves. Nous n'avons pu trouver le détail de ce costume, nous savons seulement qu'il avait des dorures, et que le roi portait l'épée. Ce costume se transmettait d'un roi à l'autre ; c'est ce qui explique l'état de vétusté dans lequel il se trouvait en 1595. En cette année, Marie Fouque fut élu roi, il refusa de remplacer par un neuf le vieux manteau royal qui tombait en loque, et le bruit courut parmi les basochiens, que le festin qu'il devait payer pour la fête de saint Yves serait des plus modestes. Les syndics des procureurs, profitant « des grands jours », présentèrent requête à M. de Mosparrant, président de la Chambre Souveraine, à l'encontre du roi de basoche. L'affaire vint en audience le 17 mai 1594. Il n'est pas téméraire d'affirmer que tous les basochiens étaient présents pour assister à des débats si intéressants. Le Procureur du roi conclut au bien fondé de la requête des syndics des procureurs et le Président rendit l'arrêt suivant :

« La Chambre Souveraine, faisant droict sur la requeste présentée par les syndicz des procureurs, ordonne que Marie Fouque, roy de bazoche, s'habillera d'habits désants et propres en sa dite charge, et que le jour de la fête de Saint Yves, il fera un banquet honeste selon le rang et le grade d'icelle, le tout ainsi qu'en ont fait ses devanciers, à peine de cent escus au profit de la dite bazoche. » Ainsi fait à Marseille en la dite justice souveraine le 17 mai 1595 ». Cet arrêt fut transcrit sur le registre des créations du roi de la Basoche, le 18 mai suivant, sur la réquisition du procureur du roi.

Outre la fête de Saint-Yves, les basochiens célébraient encore celle de Saint-Jean. « Ce 20 juin 1591, Nous, roy de Bazoche, ordonnons suivant l'antienne coustume, qu'il sera célébré la fête de Saint-Jehan Baptiste, qu'à cet effet, la veille, il sera fait un feu de joie au devant du Palais, et que les joueurs de hautbois seront appelés pour jouer durant le dit feu. »

Le 19 mai 1602, Charles Massuque fut élu roi de la basoche. Quelques jours après son élection, M. de Beausset fut pourvu de la charge de lieutenant-civil de la sénéchaussée. Son premier acte fut d'assembler immédiatement tous les messieurs du siège, advocats et procureurs, et il leur représenta « n'être séant en ce siège faire un roy de Bazoche pour aller dans la ville comme des couturiers et aultres artizans avec des épées, que cela n'appartenait qu'aux parlements qui font marcher le roy de Bazoche, le jour de la Feste Dieu, avec toutes sortes de grandeurs, où eux-mêmes assistent, et autres belles et doctes raisons : sur ce, il fut dellibéré que le dit Massuque ne ferait la fonction de la dite charge de Roy de bazoche et qu'il n'en serait plus fait aulcun à l'advenir. »

Déjà en 1600 le lieutenant-civil avait fait des difficultés pour la nomination du roi. Le procureur du roi de la basoche avait même été obligé de lui remontrer la coutume de l'élection, ce jour là, « d'ung roy nouveau, lui requérant par huissier vouloir procéder immédiatement à la dite élection, à laquelle réquisition adhérant, le dit sieur Lieutenant avait le premier opiné. »

La délibération du 19 mai 1602 fut immédiatement exécutée, et la basoche cessa d'exister à partir de cette époque.

En lisant les procès-verbaux qui commencent en 1588 pour finir en 1602, on ne se douterait pas des événements politiques et des troubles qui agitèrent Marseille pendant cette période. En 1588, l'assassinat du duc de Guise, par ordre d'Henri III, donne une vie nouvelle à la Ligue. Henri IV monte sur le trône, Marseille refuse obéissance au roi ; la ville se trouve partagée entre les deux factions, des troubles sanglants se produisent. Le 17 février 1595, Casaulx est tué de la main de Libertat, et Marseille est réduite à l'obéissance par le duc de Guise. Elle refuse de reconnaître le Parlement de Provence. Des délégués parmi lesquels se trouve Nicolas de Beausset, qui devait quelques années plus tard devenir lieutenant civil de la Sénéchaussée, sont envoyés au roi pour lui demander d'établir à Marseille une Cour souveraine de justice. Après les avoir écoutés pendant deux heures, le roi accorde la Cour souveraine, qui devait se composer de dix conseillers au parlement de Provence et d'un président étranger, pour y tenir ses séances pendant deux ans. Pour président le roi nomme Du Vair. « Puisque les Marseillais ont la tête verte, il faut leur donner Du Vair ». Ce dernier se rend à Aix le 15 décembre 1596, il fait enregistrer de suite au parlement les lettres-patentes d'établissement de la Cour souveraine, il désigne les dix membres du parlement qui doivent lui servir d'assesseurs, et il arrive à Marseille la veille du jour des rois 1597. Le lendemain a lieu l'installation solennelle, les magistrats siègent en robes rouges, le gouverneur de Provence, l'évêque, les officiers de la Sénéchaussée, le corps des procureurs assistent à cette solennité. Du Vair prononce une harangue éloquente mais sévère, qui nous a été conservée, dans laquelle il rappelle chacun à l'accomplissement de ses devoirs. La Chambre ordonne ensuite que tous les ans, à même jour que la ville a été réduite à l'obéissance par le duc de Guise, serait faite une procession générale. Elle eut lieu l'année suivante le 17 février 1598 ; la Chambre souveraine y assista en robes rouges, Du Vair à main droite, le prince duc de Guise à gauche, les conseillers et officiers ensuite de rang en rang et après eux le viguier et les consuls.

Tels sont dans un rapide résumé les événements qui se produisirent pendant cette période d'années. Chose regrettable et étonnante, aucune allusion n'y est faite dans les procès-verbaux de la basoche. Chaque année on procédait avec le même calme, selon l' « antienne coustume », à l'élection de ce roi de basoche, pour lequel on paraît avoir eu plus d'obéissance qu'au roi de France.

Des confréries de la basoche, régies très probablement par les mêmes règles et créées, selon toute vraisemblance, à la même époque, existaient dans toutes les sénéchaussées du parlement de Provence. Elles avaient toutes pour patron Monsieur de Saint Yves. Celle qui nous paraît avoir été la plus florissante et avoir eu la plus longue durée est celle de Draguignan.

L'élection du roi avait lieu le 19 mai de chaque année, à l'auditoire du Palais de Justice, sous la présidence du sénéchal. Les électeurs étaient convoqués par les prieurs de la confrérie. Le roi élu se rendait en procession, avec ses officiers, magistrats, greffiers, avocats, procureurs, suppôts de la basoche et sergents, à la chapelle des Dominicains pour assister le soir aux premières vêpres, et le lendemain matin à la grand'messe. Tous portaient à la main un cierge d'une demi-livre qui était fourni par la confrérie du Rosaire. La fête se terminait par un banquet. Le roi assistait aussi solennellement à la procession de la Fête-Dieu.

Tout procureur nouvellement nommé était tenu de se faire inscrire comme membre de la confrérie et de payer un droit de joyeux avènement. En 1544, André Mossoni s'était fait créer procureur et avait manqué à cet usage. Les basochiens demandèrent au lieutenant d'interdire la postulation à ce procureur si peu respectueux des anciennes coutumes. Le juge, se trouvant fort embarrassé, donna raison aux deux parties en cause en maintenant par provision seulement le procureur, « afin que la basoche ne demeurât pas complètement mortifiée. »

Une requête formulée à l'assemblée des basochiens en 1552, par un confrère, est excessivement curieuse, car elle démontre l'esprit de superstition, la crainte des sorciers et des démons malins qui expliquent les procès de sorcellerie qui eurent lieu dans le Moyen Age.

Pons Canety, basochien, expose que l'on est en temps de carême, où les malins esprits deviennent plus dangereux à cause de la solitude et des privations du jeûne, que pour se conformer aux anciennes coutumes, il faut chasser le démon, que pour cela il faut se procurer des « taborins, des phyphres, vielles, citaris et aultres notables instruments pour saccater et resjurer (adjurer à nouveau) les esprits, les chasser et esgarer les ennemys si longuement reignants. »

Mais il faut payer les artistes qui doivent poursuivre l'esprit malin, lequel, assourdi par le vacarme de tous ces mélodieux instruments, doit s'enfuir bien loin de Draguignan, et permettre ainsi aux basochiens de passer dans la pénitence le temps du Carême, et notre basochien annonce avec stupeur que la bourse commune est « ilname » (vide), « n'y ayant ung soub ». Il conjure donc le roi de la Basoche d'ordonner à ses sujets de payer une cotisation « pour faire et dresser guerre à l'encontre des ennemys et des esperits. »

La basoche de Draguignan nous paraît avoir été, plus que celle de Marseille, une réunion de praticiens, menant bonne et joyeuse vie. La principale fonction du roi était de présider aux divertissements de ses sujets. Pendant le carnaval, on dansait partout à Draguignan ; les « jouvents » de l'aristocratie tenaient leur bal sur la place du Marché, sous la présidence du « Roy d'Amour », élu chaque année par eux. Les basochiens, sous les regards de leur roi, faisaient leurs danses sur la place de l'Observance. Les orchestres de ces bals comme il faut étaient composés de violons. Les journaliers, les « roumains ou bassaquets », comme on les appelait à l'époque, se livraient à leurs ébats sur la place du Marché-Neuf, et cela aux sons du fifre et du tambourin, instruments populaires. Avant le carnaval, les chefs de ces différents groupes se mettaient en quête d'un nombre suffisant de musiciens, avec lesquels ils passaient des actes notariés de louage pour tout le temps du carnaval, moyennant un salaire payé d'avance et l'obligation de les nourrir. Chaque sociétaire à tour de rôle était chargé de cette dernière obligation.

Le roi de la basoche avait pour mission de veiller à la police du bal pour que les danses y fussent décentes, sans batterie ni dispute, et il désignait chaque jour le confrère qui devait le soir ouvrir le bal et en supporter les frais. Cette désignation était portée à la connaissance de celui qui devait la remplir par la remise d'un bouquet qui lui était faite par un sergent de basoche. La charge était fort lourde et chacun essayait de s'y soustraire soit en s'abstenant d'aller au bal, soit en fuyant le « malgrace », sobriquet par lequel on désignait le porteur de bouquet.

La désignation tombait le plus souvent sur les clercs. Pour exécuter la remise du bouquet, un sergent de basoche ne trouva rien de mieux que de se présenter chez ceux qui avaient été désignés, à dix heures du soir, et de leur en faire la remise alors qu'ils étaient au lit, et comme ils s'obstinaient à le refuser, il les fit lever et les conduisit en prison. Les malheureux basochiens ainsi maltraités en appelèrent au sénéchal et furent défendus, le 8 juin 1607, par Jacques Peyssonnel, avocat, père du célèbre jurisconsulte. L'avocat du roi de la Basoche était Pierre Hugues. Les clercs qui avaient pris partie pour leurs confrères, ainsi malmenés, trouvèrent l'occasion de se venger de Hugues, avocat adverse. Alors que ce dernier assistait comme curieux au bal, les clercs porteurs du bouquet se ruèrent sur lui à l'improviste, et dans la bousculade, lui passèrent le bouquet. Les rieurs se mirent pour une fois du côté des clercs. Le lieutenant rendit son ordonnance; tout d'abord il fit mettre en liberté les prisonniers et ensuite ordonna l'abolition de cet usage qui n'était qu'une cause de discorde entre les membres de la Confrérie.

Bientôt des rivalités s'élevèrent entre les sujets du roi d'Amour et ceux du roi de Basoche. Les jeunes filles préféraient le bal de la basoche, soit à cause de l'esprit enjoué des praticiens en droit, soit parce qu'ils étaient plus habiles danseurs. Irrités de cette préférence les chevaliers du roi d'Amour tentèrent un enlèvement des Sabines. Ce fut pendant le carnaval de 1633. Bremon, fils du sieur de Broves, roi d'Amour, et plusieurs des siens, font irruption à l'improviste dans le bal des basochiens ; ils sont armés de bâtons et frappent sur les clercs, dont quelques-uns sont mis « tout en sanc ». Le roi de la Basoche porta plainte au lieutenant, qui déclara que le bal de l'Observance avait été tenu « sans abbus et fit défense aux uns comme aulx aultres de s'entrebatre ».

Dès 1618, la basoche de Draguignan périclita. Plus personne ne voulait accepter les charges de cette royauté, que l'on fut dans l'obligation d'imposer. Le roi nommé cette année là fut un praticien qui habitait le village d'Annot. La fête de Saint-Yves approchant, il n'avait pris aucune mesure en vue de sa célébration, et le roi demeurait retiré dans son bourg. Ses sujets lui firent signifier par notaire qu'ils iraient à Annot « avec des chevaulx », se saisir de sa personne et le ramener dans la capitale de son royaume.

En 1638, des querelles intestines s'élèvent entre les membres de la Confrérie, et tout annonce que la basoche est à la fin de son existence; elle n'expira cependant qu'en 1644. La principauté d'Amour, sa rivale, ne lui survécut que quelques années. Les désordres qu'elle provoquait entraînèrent sa suppression.

La basoche de Draguignan avait survécu près d'un demi-siècle à celle de Marseille.

LISTE DES ROIS DE BASOCHE A MARSEILLE

De 1588 à 1602

1588 Buiron, procureur ;
1589 Guillaume Duroure, adjoint aux requêtes ;
1590 Léonard de Dampmartin, procureur ;
1591 Etienne Granivit, praticien en droit ;
1592 Loys Beau, praticien ;
1593 André Compian, praticien ;
1594 Marie Fouque, procureur ;
1595 Raphaël de La Forie, praticien ;
1596 Roque, praticien ;
1597 Jehan Baptiste Ollyvier, praticien ;
1598 Jehan Beau, procureur ;
1599 Jehan Sauzède, praticien ;
1600 François Mille, procureur ;
1601 Pierre Duroure, avocat ;
1602 Charles Massuque, praticien.

Ce dernier a été élu mais n'a pas exercé ses fonctions.

N. B. — L'écriture de cette époque m'étant complétement inconnue, mon confrère Me Bellissen a bien voulu me fournir une traduction fidèle des délibérations qui précèdent, ainsi que des notes qui m'ont été précieuses. Qu'il accepte mes bien sincères remerciments.

CHAPITRE II

Le corps des Procureurs — Leurs syndics — Leurs procès Leurs finances.

La nécessité d'avoir un intermédiaire entre « les plaideurs et le throne de la justice », fut reconnue à toutes les époques. Ce fut la raison des procureurs, comme c'est aujourd'hui celle des avoués.

A Marseille, dans les temps les plus reculés de notre histoire locale, les plaideurs étaient libres du choix de leurs procureurs. Mais le juge était en droit d'exiger de celui qui venait ainsi exercer ce mandat, des obligations et des garanties. Il devait prêter, devant lui, dans toutes les causes où il se présenterait, le serment d'être de bonne foi, de ne rien dire de contraire aux lois, de respecter la justice, à peine de voir son nom inscrit dans les registres de la curie, *ad æternam memoriam*.

Ces obligations imposées au procureur libre, nous les trouvons écrites au chapitre XXVI des statuts de la ville de Marseille de l'année 1255 :

« Des procureurs : »

« Nous statuons que nul procureur constitué dans une ou plusieurs causes, portées devant le tribunal de la curie de Marseille, comme demandeur ou défendeur, mais voulant procéder à titre de procureur avec ou sans document, ne pourra être admis dans cette cause ou dans ce procès sans avoir auparavant juré sur les saints Evangiles, en présence du juge, d'agir, de répondre, de faire la procédure avec bonne foi, sans ruse, sans calomnie, et qu'il ne dira, ni ne fera, ni ne laissera dire ou faire dans des intentions calomnieuses, dans toutes les causes où il aura la procuration ; il ne permettra pas que quelque chose se fasse au détriment du droit de sa partie; et si de tels manquements étaient constatés par la curie, celle-ci l'écarterait du seuil des jugements, comme suspect et parjure, et consignerait cette punition dans le cartulaire du tribunal, pour qu'un éternel souvenir en fût conservé et que le délinquant ne pût plus être admis à la procuration de quelqu'un ; ce que nous voulons, être fait pour que l'honnêteté soit gardée dans les procès ainsi que la chaste retenue des bonnes mœurs (1). »

Les garanties qui étaient ainsi demandées au procureur libre parurent, avec le temps, insuffisantes, et il fut remplacé par un mandataire obligatoire, nommé par le lieutenant civil du siège, soumis à des règles professionnelles et disciplinaires, offrant au plaideur et au juge les garanties nécessaires de probité et de capacité par le fait même de sa nomination.

Les procureurs, c'est le nom que l'on donnait à ces mandataires obligatoires, furent créés à Marseille, en 1535, en même temps que le tribunal de la sénéchaussée (2).

Les choix qui furent faits ne nous paraissent pas avoir été très heureux, et les premiers procureurs se laissèrent aller à des abus regrettables. Nous en avons pour preuve la sévère admonestation que leur adressait en 1597 le président Du Vair, lors de l'installation de la chambre de justice à Marseille :

« Ceux qui vous constituent, leur disait-il, vous rendent maistres de leurs biens ; ils s'endorment soubs votre vigilance, s'esseurent sur votre fidélité ; vous tirez d'eux pour les servir le plus clair de leurs biens. Pensez que si vous leur manquez ou de foy ou de vigilance, il n'y a point de plus damnable perfidie, ny plus scéléré brigandage que celuy-là, car par vostre faute, soubs pretexte de bonne foy et sous l'adveu et authorité des loix, l'innocence est opprimée et la justice violée. Vostre ordre s'est par le passé remply de licence et rendu les principaux instruments des misères

(1) Archives de la mairie, série AII 1, registre sur parchemin, salle 3, armoire 4.

(2) Voir à la fin de l'ouvrage l'édit de création de la Sénéchaussée de Marseille de février 1535 et le règlement des procureurs de 1536.

publiques. Regagnez par la modestie et la pudeur ce qu'il a perdu d'honneur et de réputation. »

Ces durs reproches, exagérés peut-être, produisirent leur effet, et la communauté des procureurs de Marseille se distingua entre toutes par la capacité, l'honorabilité et la probité de ses membres. Elle se rendit digne de l'estime des magistrats et grandit dans la considération de tous.

Les notaires et les avocats pouvaient cumuler leurs fonctions avec celle de procureur. Cette faculté leur fut enlevée par l'ordonnance royale d'Orléans de 1561, confirmée par celle de Moulins de 1566.

Pour être procureur il fallait être « laïc », âgé de 25 ans, subir devant les juges de la sénéchaussée « un interrogat en droict et en pratique et prêter serment de bien, loyalement et fidèlement remplir sa fonction (1) ».

Vis-à-vis du corps, le nouveau procureur était tenu de verser, avant la prestation de serment, pour « droict de bonnet », une somme de cent livres, et il devait ensuite faire un festin et « traiter ses nouveaux collègues ». Ce festin, pour lequel il était fait de trop grandes dépenses, fut remplacé, en 1625, par le versement, en mains du trésorier, de 19 quarts et 32 livres pour être employés à la fête de saint Yves, et plus tard cette somme fut portée à 62 livres pour servir aux frais des procès de la Compagnie.

Le nombre des procureurs fut à Marseille de trente, jusqu'en 1574. A cette époque, ils adressèrent au roi une supplique pour obtenir une réduction. Cette requête fut prise en considération. Le 27 décembre 1576, le roi demanda au grand sénéchal de Provence son avis sur le nombre de suppressions qu'il y aurait lieu d'ordon-

(1) La formule du serment édictée par les « lettres royaulx » du 20 octobre 1503 est la suivante :

« Juramenta procuratorum.

« Vos juratis quod bene et legaliter officium procurationis exercebitis, nec cau-
« sam quam injustam credetis fovebitis ac sallario competenti eritis contenti uti-
« litatem clientulorum vestrorum absque diffugio procurando. »

Voir aux pièces justificatives l'extrait des dites lettres royaulx.

ner. Ce document mérite d'être rapporté en son entier car il indique les motifs que les procureurs faisaient valoir à l'appui de leur requête :

« Henri III, par la grâce de Dieu roi de France et de Pollogne, « comte de Prouvence. Au sénéchal de Prouvence à Marseille. « Sallut.

« Noste très cher et bien aimé le scindic des Procureurs postul- « lans au siège de Marseille Nous a faict très humblement remons- « trer, que le nombre des dicts procureurs postullantz est sy grand « et affecté audict siège qu'ils s'empêchent l'ung l'aultre et n'ont « moïens de vivre de leurs praticques et sallaires ; au moïen de « quoy il pourrait advenir que la nécessité constraignit aulcungs « d'iceulx à exhiger de leurs parties, à fouller nostre pouvre peu- « ple, s'il n'y était pourveu par réduction, ce dont il nous a très « humblement supplié et requis. Nous à ces causes, désirant réta- « blir toutes choses à leur première splendeur et intégrité, Nous « mandons et ordonnons par ces présentes que vous nous envoyiez « et donniez advis au plutot, que faire se pourra, de la quantité de « procureurs qui est nécessaire pour le service du publiq aux jures- « dictions de nostre bonne ville de Marseille. Car tel est nostre bon « plaisir. Dosné à Avignon le 22me jour de décembre de l'an de « grâce mil cinq centz soixante et quatorze : de notre règne le « premier. Pour le roi, en son Conseil : Signé : Maille (1). »

Le Sénéchal proposa le nombre de dix-huit (2) ; au mois de

(1) Archives départementales, dépôt d'Aix, registre 23 des lettreš royaulx, folio 258 et s.

(2) Ordonnance du lieutenant du Sénéchal :

« Veu les lettres patantes de Sa Majesté du 22 décembre 1574 (par lesquelles le grand nombre des procureurs au siège de Marseille est indiqué chose préjudiciable aux subjets de Sa Majesté et mesme que par ordonnance du roi Louis XII publiée en l'an mil quatre centz nonante neuf, laquelle ordonnance Sa Majesté ni les rois précédents ses ancètres n'ont jamais entendu préjudicier) il est mandé taut aux cours du Parlement qu'aux séneschaux et aultres de réduire le nombre des procureurs au nombre nécessaire... Veu que par les dicts scindics a esté baillé au dict lieutenant le roolle, noms, surnoms de tous les dicts procureurs et des jours et des ans de leurs réceptions affin qu'il puisse mander à Sa Majesté de tels qu'il advisera fussent capables et gens de bien, Requerons estre surcis à la reception de

mai 1576, Henri III fit droit à la requête du syndic des procureurs (1). « Désirant retenir toute occasion de mal foulle et oppres-

Me François Bernard, notaire de la présente ville, nonobstant les lettres de provision par lui obtenues du feu roi Charles IX, dernier décédé, en date du 24 mai 1573, n'ayant esté les dictes lettres de provision présentées dans le temps, et pour raison en oultre que le dit Me Bernard est notaire royal au dict Marseilhe, qu'il ne peut exercer les deux charges ainsi que le feu roi l'a prohibé par ses ordonnances tant d'Orléans (1561) que de Mollins (Moulins sur Allier) 1566, sauf au dict Bernard de se pourvoir devant Sa Majesté ainsi que bon lui semblera.

« Nous Balthazard Catin, docteur ès droictz, sieur de St-Savornin, conseilher du Roy, lieutenant principal de la Sénéchaussée de Prouvence au siège de Marseille, en suivant les lettres patentes de Sa Majesté données à Avignon le 22 décembre 1574, par lesquelles nous est mandé donner advis à Sa Majesté du nombre de procureurs nécessaire ;

« Avons par les présentes donné et donnons advis à Sa dicte Majesté que là où serait le bon plaisir de Sa Majesté d'en faire réduction, chose nécessaire pour le bien et l'utilité du publiq, le nombre de dix huict des dictz procureurs serait suffisant aux juridictions et siège de Marseille. En témoing de quoi nous avons signé le présent nostre advis et scellé du sceau dudit siège.

« A Marseilhe le vingtième jour d'octobre mil cinq cents soixante quinze. Signé : B. Catin lieutenant.»

Archives départementales des B.-du-R., dépôt d'Aix, série B. reg. des lettres royaulx, f° 260.

(1) « Henri III par la grâce de Dieu, Roi de France et de Pollogne, Comte de Provence, etc... Ayant esté adverti qu'il y a en nostre ville de Marseille le nombre de trente procureurs postullans aux juridictions d'icelle, compris les advocats qui se sont faict donner puissance de postuller et exercer ledict estat de procureur, conjointement avec celluy d'advocat, et que le nombre est excessif (à cause que le ressort des juridictions de nostre dicte ville de Marseilhe ne passe point hors des murailles d'icelle) les dicts procureurs ne peuvent avoir practique suffisante pour pouvoir vivre de sallaires raisonnables, au moïen de quoi il estoit malaisé voire impossible qu'il ne se fit par aulcung d'eulx quelque exaction sur nostre pouvre peuple ou quelque chose de pire à la conduite de leurs causes et procez, par nos lettres patentes données à Avignon le vingt deuxième décembre mil cinq cens soixante quatorze Nous avons mandé au Sénéchal de Prouvence ou son lieutenant au dict Marseilhe de nous envoyer ou donner advis de la quantité de procureurs qui estoit nécessaire tant en son siège qu'aux aultres juridictions de la dite ville. Suivant lesquelles nos lettres, nostre amé et féal conseiller, Me Balthazard Catin, lieutenant général dudict Séneschal de Prouvence audict Marseilhe, nous auroit donné advis que le nombre de dix huit procureurs seroit suffisant pour postuller ès jurisdictions de nostre dicte ville et que la réduction audict nombre estoit nécessaire pour le bien et utillité publiques ; attendu ce que dict est et davantage que la juridiction des prieurs et consuls de la dicte ville (en laquelle les procureurs ne font aulcung exercisse) vuide beaucoup de mathières et de procès.

« Nous, à ces causes, désirant retenir toutes occasions de mal foulle et oppression à nostre dict pouvre peuple et prévenir les mauvais accidans qui pourraient de là advenir par la plus douce voye qui nous sera possible ;

« Avons de l'advis de nostre dict conseil privé restrainct, réduit et modéré, restraignons, réduisons et modérons, par ces présentes, le nombre des procureurs postullans en nostre dicte ville de Marseilhe au nombre de dix huict, Voullons et

« sion à nostre pouvre peuple et prévenir les mauvais accidents « qui pourraient de ce advenir pour la plus doulce voye qui nous « sera possible », il réduisit leur nombre à dix-huit.

Cet édit fut confirmé par Henri IV en avril 1596 (1).

ordonnons et nous plaict que advenantz cy après vaccation des dicts offices par mort, forfaiture ou aultrement, les dicts offices soient et demeurent estaintz, abollis et supprimés, que dès à présent comme pour lors nous les estaignons, supprimons par ces présantes jusques à ce qu'ilz soient réduicts au nombre de dix huit, sans que pour l'advenir advenant ladicte vaccation il y puisse etre pourveu, deffendant très expressément audict Seneschal de Prouvence recepvoir esdicts offices jusques à ce qu'ils soient (comme dict est) réduictz au dict nombre de dix huict. Sy donnons en mandement à nos amés et féaux justiciers ou officiers qu'ils fassent lire, publier et enregistrer, entretenir, garder et observer nostre présant édict de suppression. Car tel est nostre bon plaisir. Et avons faict metre nostre scel à ces dictes présantes.

« Donné à Paris au mois de may l'an de grace mil VC soixante seize et de nostre règne le troisième.

« Et sur le repli est escript : Par le Roi, Comte de Prouvence, en son Conseil. Maille. »

Archives départementales des Bouches-du-Rhône, dépôt d'Aix, série B. Lettres royaulx, reg. 23, f° 225 et s.

(1) « Henri IV, par la grâce de Dieu, Roy de France et de Navarre, comte de Provence, Forcalquier et terres adjacentes, à touts présents et advenir sallut. Comme nostre très honoré seigneur et frère, le roy Henry dernier, décédé, que Dieu absolve, par ses lettres patantes en forme d'édict données à Paris, au mois de mai mil cinq cens soixante seize, avec même délibération et pour les causes et raisons y déclarées et contenues auroit réduict le nombre des procureurs postullans ès jurisdictions de notre ville de Marseilhe à dix-huict seulement, sans que pour l'avenir il y peult estre pourveu du plus grand nombre avec deffenses très expresses au seneschal de Provence ou à son lieutenant au siège de la dicte ville et à tous aultres juges quelconques recevoir esdicts offices de procureur ceulx qui par importunité ou aultrement en pourroient estre pourveus, ainsi que plus a plain appert par les dictes lettres qui ont été verifiées par nostre Cour de Parlement au dict païs qui a encore rendeu quelques arretz et jugementz confirmatifs de la dicte réduction ;

« Nous, à ces causes, après avoir faict voir à nostre Conseil privé les dictes lettres patantes en forme d'édict contenant la dicte réduction des dictz procureurs au nombre de dix-huict, estre le retranchement de toutes occasions de mal foulle et oppression du peuple et prévenir les mauvais accidents qui pourroient advenir du nombre excessif des dicts procureurs, la réduction desquelz est salutaire et nécessaire à nos dicts subjetz de la dicte ville ;

« Avons de l'advis de nostre dict Conseil approuvé, ratiflé et confirmé comme par les présentes, approuvons, ratiflions et confirmons les dictes lettres patantes en forme d'édict et tout le contenu en icelles.

« Voulons et nous plaict que les dictz procureurs postullans ès juridictions de nostre dicte ville soient et demeurent à l'advenir réduictz au dict nombre de dix-huict, sans que par cy après y puisse estre pourveu de plus grand nombre soit par forme de crue ou aultrement en quelque façon et manière que ce soit, deffendant très expressement au dict seneschal ou son lieutenant et à tous aultres juges de la dicte ville recevoir ès dicts offices de procureurs ceulx qui par importunité ou

Ils demeurèrent au nombre de dix-huit jusqu'en 1643. En cette année, on ajouta « à leur roole » le procureur des pauvres (1), dont l'office avait été créé en 1536 et qui était chargé des affaires des indigents. Les procureurs s'opposèrent à cette adjonction devant le Parlement, mais une transaction intervint entre eux et Mᵉ Charles Durand, le dernier des procureurs des pauvres. Aux termes de cet accord, ils consentirent à admettre Durand dans leur communauté à la condition qu'il contribuerait pour sa part aux dettes du corps. Jusqu'au jour de leur suppression en 1790, les procureurs furent à Marseille au nombre de dix-neuf.

Les fonctions de procureur dérogeaient à la noblesse et empêchaient d'être échevin ou membre du Conseil de Ville.

Les procureurs exerçaient devant toutes les juridictions de Marseille et elles étaient nombreuses : Tribunal de la Sénéchaussée, de l'Amirauté, de Saint-Louis, de Saint-Lazare, de la police.

Les Tribunaux de Saint-Louis et de Saint-Lazare furent supprimés par l'édit de réformation, du mois d'août 1700, et leurs juridictions furent attribuées au Tribunal de la Sénéchaussée.

aultrement ont esté ou pourroient estre par cy après par nous pourveus. Sy donnons à mandement à nos amés et feaulx les gens tenant nostre Cour de Parlement de Provence, seneschal au dict païs ou son lieutenant au dict Marseilhe et à tous aultres nos justiciers ou officiers qu'il appartiendra que nos présentes lettres de confirmation, déclaration et nostre volloir et intention, ilz facent lire, publier et enregistrer, garder et observer de poinct en poinct sellon sa forme et teneur, contraignant à ce faire ceux qu'il appartiendra. Car tel est nostre bon plaisir. Et afin que ce soit chose ferme et stable à tousiours avons fait mettre nostre scel à ces dictes présentes.

« Donné à Paris au mois d'avril, l'an de grâce 1596, et de nostre règne le septième.

« Et sur le repli :

« Par le Roy, comte de Provence, en son Conseil :

« De Léveillé.

« Es registres des insinuations de la senechaussée de Provence au siège de ceste ville de Marseilhe, suivant l'ordonnance sur ce rendue le septième mai 1596, les présentes lettres ont été publiées, vérifiées et enregistrées au feuillet 204 du quatrième registre. Signé : Mollier. »

(Archives des Bouches-du-Rhône. Dépôt d'Aix, série B. Registre 23 des lettres royaulx, fᵒ 252 cl. S.

(1) Voir pièces justificatives relatives au Procureur des pauvres.

Cet édit fixa en outre le nombre des magistrats du siège : savoir un lieutenant-général civil, un lieutenant-général criminel, un lieutenant particulier et des submissions ; un lieutenant particulier, assesseur criminel et premier conseiller au civil, huit conseillers, un procureur et deux avocats du roi, « lesquels com-« poseront un seul corps de siège et sénéchaussée pour adminis-« trer la justice en première instance à nos subjets de la dicte ville « de Marseille, et ce aux gages effectifs de trois cens livres pour « le lieutenant-général civil, deux cens livres pour chacun des « licutenants-généraux criminels et des submissions, cent livres « pour chacun des lieutenant particulier civil et des submissions, « assesseur criminel et procureur du roy, et cinquante livres « pour chacun des dits conseillers et advocats pour nous......

« Jouiront en outre nos dicts officiers et leurs descendants de « la quallité de noble, et adsisteront aux processions et aultres « cérémonies publiques qui leur seront désignées... (1). »

Cette faveur exceptionnelle d'acquérir noblesse, qui avait été accordée à nos magistrats, donna à leurs charges une valeur considérable.

L'historique des droits de propriété et d'hérédité des offices de procureurs à Marseille est rapporté dans une délibération du 1er octobre 1648, fête de saint Remy. C'était le jour fixé pour la rentrée après les vacances du Tribunal de la Sénéchaussée.

« En l'année 1572, nos charges de procureurs furent érigées en offices, moyennant 75 livres de finance pour chacun, et deux ans après nous payâmes 20 livres pour droit de confirmation. En l'année 1579, cet édit fut révoqué, avec permission cependant de résigner et les dites résignations furent admises par les juges du lieu comme ils faisaient auparavant. Depuis par édit du mois de février 1620, les mêmes charges furent encore érigées en titres d'offices, et il fut ordonné que les procureurs payeraient finance

(1) Archives départementales des Bouches-du-Rhône. Registre des insinuations de la sénéchaussée de Marseille, années 1701 à 1710, folios 112 à 115. — Cour des Comptes, registre Rebellio, 2e partie, folios 4-6. (Voir pièces justificatives.)

et prendraient provisions escrites, ceux qui remplissaient les dites charges par simples résignations. Cet édit n'a pu être exécuté attendu la pauvreté des procureurs. »

En 1635, les procureurs des sénéchaussées dépendant du parlement de Provence (1) acceptèrent, moyennant le paiement de soixante mille livres « qu'il fallut remettre dans la bourse du roy », que leurs charges demeureraient des titres d'office pour en jouir héréditairement sans être obligés de prendre provision, conformément à l'édit de 1620. Cette somme importante fut répartie entre les neuf compagnies des procureurs dépendant du parlement de Provence. Ceux de Marseille furent taxés à la somme de 6.935 livres six sols six deniers, soit pour chacun d'eux (ils étaient dix-huit), 385 livres, qu'ils empruntèrent à M. de la Reynarde.

Après la mort de Louis XIII, d'heureuse mémoire « la couronne étant obvenue à Louis XIV, longuement soit avec félicité », les procureurs de Marseille durent encore payer, pour conserver le droit d'hérédité de leurs charges, une somme de trente livres chacun, qu'ils furent de nouveau obligés d'emprunter.

La vénalité des charges de procureurs à Marseille date donc de 1635.

En 1648, nos procureurs, craignant encore « quelques nouveautés au sujet de la propriété de leurs offices, et qu'advenant mort de quelqu'un d'entre eux, ses héritiers ou ses enfants soient troublés ou mollestés », délibérèrent « de mettre leurs offices en

(2) Il y avait neuf communautés de procureurs dépendant du parlement de Provence :

Aix, 36 procureurs au siège général.
Marseille, 18 procureurs.
Arles, 15 procureurs.
Draguignan, 28 procureurs. Ils furent réduits à 24 en 1691 ; à 20 de 1695 à 1703 ; à 15 en 1749 ; en 1791 ils n'étaient plus que 11.
Forcalquier, 19 procureurs.
Digne, 16 procureurs.
Grasse, 14 procureurs.
Hyères, 19 procureurs.
Brignoles, 8 procureurs.

assurance, et là où il arriverait que quelqu'un de nous ne vienne à perdre son office, ce que Dieu ne veuille, nous serons tous obligés d'en payer le prix que nous aurons fixé ; à cet effet évaluons et arbitrons à la somme de 6.000 livres chaque office, pour lesquelles six mille livres, nos offices sont dès à présent expressement affectés et hypothéqués, comme étant la présente pour la conservation d'iceux, promettant observer le contenu à peine de tous dépens et dommages, obligeant nos personnes et nos biens ; la présente délibération aura autant de force qu'un contrat public. »

Aux Etats Généraux assemblés à Paris en 1615, les avocats de Provence, et parmi eux ceux de Marseille, demandèrent « au roy de leur permettre d'exercer cumulativement les fonctions d'avocat et de procureur. »

Toutes les communautés de Provence envoyèrent des députés à Aix pour « empescher que rien ne se fit à leur préjudice et former opposition sy besoin était. » Celle de Marseille fut représentée par Me Marquesi. Les députés se réunirent à Aix le 21 mars 1615 et y demeurèrent jusqu'au 20 juin. Ils réussirent dans leur mission et ils rapportèrent la promesse que rien ne serait changé. M. de Beausset, lieutenant-civil, aida « fort les procureurs de ses faveurs, conseils, et mémoires. »

Les procureurs de Marseille « pour gratifier Me Marquesi de la peine qu'il avait prise », lui accordèrent, en outre des cinq livres par jour qui lui furent payées par l'assemblée générale, une somme de cent quatre vingt livres payables à raison de dix livres pour chacun.

Dans l'exercice de leurs fonctions, les procureurs portaient la robe « longue », le rabat et le bonnet carré. Dans les cérémonies publiques, ils prenaient rang après les avocats.

En 1663, les huissiers au parlement prétendirent avoir la préséance sur les procureurs du même siège. Des mémoires furent échangés par chacune des compagnies en procès.

« On disait pour les huissiers que la dignité de leurs fonctions « venait des douze licteurs ; qu'ils sont les yeux de la justice

« avec lesquels elle découvre les crimes les plus cachés. Ce sont « les canaux qui transportent partout l'influence des lois. Ils « ressemblent à ces illustres animaux qui transportaient le char « d'Ezéchiel. Ils sacrifient leur travail, comme les bœufs, à la « tranquillité publique.

« Au contraire les procureurs disaient que les huissiers flattaient « leur imagination de la dignité de leurs fonctions, de leur ancien- « neté et de leurs prérogatives. En ce qui concerne la dignité de « leurs fonctions, elle n'a d'autre principe que celle de *servus* « *ostiarius* ; en 1317 ils étaient appelés *valeti curiæ*. Le rang « que les huissiers ont devant les magistrats n'est pas une « préséance, comme ils se l'imaginent, autrement ils précède- « raient même leurs maîtres, mais ils prennent le devant pour « empêcher la presse. Il en est de même de ce qu'ils disent qu'ils « sont assis en présence des juges, car ce n'est pas leur séance qui « les met à la chaire, mais leur service. Cicéron appelle les « procureurs *defensores calamitatum, ultores injuriarum,* « *cognitores juris, actores causarum*. On les a comparés aux « fondements des maisons, lesquels soutiennent l'édifice. »

Le Parlement rendit arrêt le 13 avril 1663, donnant la préséance aux procureurs, mais ordonnant que les mots injurieux « couchés de part et d'autre, seraient rayés en présence du commissaire ».

En 1688, les huissiers de Marseille eurent la prétention de porter, comme les procureurs, la robe longue et le bonnet carré, et ce, pour se distinguer des sergents. Les Procureurs de Marseille se pourvurent devant le parlement contre cette prétention. Ils dressèrent contre les huissiers un long mémoire. Pour leur interdire la robe, ils donnent pour raison que les huissiers ne manqueraient pas, dans l'exercice de leurs fonctions, de la porter dans la rue, « ce qui serait un scandale en même temps qu'un grand dommage pour les négociants qui reçoivent beaucoup d'exploits ; car tous les voisins pourraient savoir la visite qu'ils auraient reçue ». Ils disaient aussi que si les offices de Procureurs avaient du prix, c'était surtout parce qu'ils avaient le même costume que les magistrats, et que, les huissiers ayant ce privilège, leurs charges seraient davantage recherchées, ce qui diminuerait les leurs. Les huissiers, d'après eux, devaient se tenir pour satisfaits d'avoir été dispensés d'assister aux tortures ordinaires et extraordinaires et aux exécutions capitales, auxquelles la présence des sergents était devenue seule nécessaire, sans vouloir porter « un costume qui n'appartenait qu'à ceux qui sont magistrats, avocats et procureurs ». Le parlement débouta les huissiers. « Ils furent ainsi guéris de cette maladie qui avait pour cause la robbe et le bonnet quarré ».

Les huissiers audienciers portèrent dorénavant la robe courte, sans rabat, ni toque, et dans les cérémonies publiques, le mantelet et la baguette : les sergents à l'audience « le collet sans gravatte, qu'ils pouvaient cependant porter hors du service ».

La Compagnie des Procureurs avait conservé les armoiries de la confrérie de la basoche. Elles se composaient d'une écritoire avec une plume au-dessus de laquelle était un bonnet carré sur fond d'or. On les modifia en 1628, par la suppression de l'écritoire et de la plume.

Un édit du roi de 1697 prescrivit à toutes personnes, confréries, chapitres et communautés, de faire enregistrer leurs armes devant le parlement moyennant un droit de 23 livres 10 sols. Les Procureurs n'ayant pas obtempéré à cet édit, furent frappés chacun d'une amende de 300 écus. Afin d'éviter les poursuites d'exécution qui étaient dirigées contre eux, ils dressèrent une longue requête pour prouver « qu'ils n'avaient point d'armes, qu'ils n'en voulaient pas et que cet édit ne devait concerner que les nobles. » Pour soutenir leur cause, ils envoyèrent un des leurs à Aix avec mandat de « transiger, si, avec une douce composition, on pouvait se tirer d'affaire ». Le délégué réussit, et il intervint, le 15 novembre 1697, la transaction suivante :

« Il est convenu entre M. Silvi, commissaire secrétaire du Roy, procureur général aux armoiries, et M. Jacques Sinety, procureur au siège de Marseille, ayant charge du corps et de la communauté des Procureurs audit siège, qu'en payant pour ledit corps 329 livres, somme à laquelle se trouvent monter quatorze enregistrements d'armoiries de procureurs, tous les siens procureurs audit siège, tant en corps qu'en communauté, en sont et demeurent déchargés de toutes recherches au sujet des droits d'armoiries. — Signé : Silvi. »

Pour faire face à cette dépense si extraordinaire, les procureurs s'imposèrent de 40 sols par semaine chacun, jusqu'à parfait paiement de cette taxe.

La Communauté avait pour chefs deux syndics : le premier, dit des vieux, était choisi parmi les neuf plus anciens ; le second, dit des jeunes, parmi les neuf derniers. Ils étaient si scrupuleux des traditions qu'à plusieurs reprises nous voyons le premier syndic se pourvoir devant le parlement contre son élection, « malgré le grand honneur que le corps vient de lui faire », par le seul motif qu'il se trouve dans les jeunes.

A côté des syndics étaient les officiers de la Compagnie, savoir : un trésorier, deux auditeurs des comptes, deux procureurs des taxes, dont les fonctions ne duraient que trois mois, pour permettre « à chacun d'estre dans les honeurs », et un archiviste. Cette dernière charge fut créée suivant délibération du 9 juillet 1697, « pour l'évidente utilité et avantage du corps, sous le secours de Dieu que nous implorons ». Cet « archivaire » devait dresser un inventaire fidèle de tous « les sacs » appartenant à la Compagnie ; il devait tenir trois registres reliés : sur le premier, il avait à transcrire tous les comptes approuvés par les auditeurs, sur le second, toutes les délibérations sans interruption, et sur le troisième, tous les contrats passés par le corps. « Et attendu que le plus pénible lui sera dans le commencement le recouvrement et l'arrangement de tous les papiers », il lui est attribué quarante livres à titre d'honoraires.

Les obligations qui étaient imposées à l'archiviste indiquent le désir qu'avaient les procureurs de laisser après eux l'histoire de leur compagnie ; et tandis que les basochiens mettaient en tête de leurs délibérations « Au nom de Dieu », les procureurs ont changé la formule. « *Pro memoria et posteritate* », tels sont les mots par lesquels ils commencent les délibérations importantes. C'est donc réaliser leurs désirs que de vous faire connaître leurs archives. Comment nous sont-elles parvenues ? Qui les a conservées pendant le laps de temps si tourmenté qui s'est écoulé du jour où ils ont quitté leurs fonctions à celui où nous avons commencé les nôtres ? Impossible de répondre.

Le Tribunal de la Sénéchaussée tenait ses audiences au Palais Royal. Un beau jour du mois de mars 1747, les procureurs arrivèrent au Palais à l'heure fixée. Les portes en étaient complètement closes et les huissiers ne se trouvaient pas sur le seuil (comme c'étaient leurs fonctions) pour accompagner et précéder les magistrats de la rue jusqu'à la salle d'audience. On s'interroge, et on finit par apprendre qu'à cause du palais qui menace ruine, le Tribunal, en vertu d'un arrêt du parlement rendu sur la requête qui lui a été présentée par le lieutenant civil, est transféré dans le couvent des Carmes déchaussés. Les syndics des procureurs réunissent d'urgence le corps pour délibérer sur ce qu'ils doivent faire. On décide de faire opposition à l'arrêt du parlement et les syndics dressent une requête qu'ils font approuver par les échevins. Ils soutiennent que le local choisi est tellement éloigné du centre des affaires, qui est la Loge, qu'il leur sera impossible de remplir leur ministère devant les autres juridictions; que d'autre part leurs clercs, pendant ce long trajet, trouveront de nombreuses distractions, qui les empêcheront d'accomplir les missions à eux confiées, avec toute la célérité désirable. Ils ajoutent enfin qu'il faut que le palais soit accessible à tous, et que le couvent des Carmes déchaussés étant cloîtré, les femmes ne pourront y entrer pour assister aux audiences. Ils proposent alors une maison sise près de la Loge, appartenant à un sieur de Jarente, mais le lieutenant général tient absolument aux Carmes. Le parlement fit droit à la demande des syndics et ordonna le transfert dans la maison du sieur de Jarente.

Les procureurs se réunissaient dans la chambre du lieutenant civil. En 1652, ils obtinrent un local spécial pour leur chambre de délibération dans le Palais Royal. Il était situé à côté du greffe, et était entouré d'une « banque » en bois de Flandre. En 1716, il fut nécessaire d'agrandir le greffe ; les procureurs consentirent à céder leur salle et il leur fut accordé en échange une « pièce au-dessus du parquet des gens du roi et sur le courroir ou allée attenant ». Ils approuvèrent le devis, s'élevant à 500 livres, que dressa « le maçon », mais ils ne purent prendre possession du nouveau local qu'en 1722.

Leur mobilier était des plus modestes. Pour les assemblées générales ils étaient obligés de louer des chaises au loueur de chaises à porteur.

Deux tableaux ornaient les murs. L'un représentait un Christ en croix. Il fut placé sur la porte de la chambre des consultations le 15e du mois de janvier 1687.

L'histoire de ce tableau est assez curieuse, et elle est rapportée dans une délibération du 6 décembre 1686.

A la suite d'une ordonnance de taxe obtenue par Me Pastoret contre son confrère Me Garoutte, ce dernier fit au bas une réponse « tansant Me Pastoret aussi bien que quelques autres procureurs d'avoir donné les mains et comploté l'assassinat de son clerc, n'ayant pu réussir sur sa personne ». De cette épouvantable calomnie, Me Pastoret porta plainte à M. le lieutenant général, et en suite de l'information, il obtint décret le 15 du mois d'octobre, qu'il fit signifier à Me Garoutte, « à l'effet d'obtenir la réparation qu'une injure de cette qualité méritait ». Me Garoutte, se voyant engagé dans une mauvaise affaire, pria les syndics d'intervenir. Son confrère, quoique gravement injurié, voulut consentir à prendre l'assemblée générale des procureurs pour arbitre. L'assemblée les entendit tous deux séparément. Me Garoutte reconnut avoir écrit lui-même la réponse incriminée et déclara qu'il en était « marry ; que lorsqu'il l'avait faite, il n'avait suivi que sa passion et qu'il priait le corps de prendre les tempéraments nécessaires pour finir cette triste affaire ». L'assemblée, après toutes choses bien et mûrement considérées et examinées, « résolut que les mots injurieux et calomnieux couchés « par ledit Garoutte dans sa demande seraient par lui, et de sa « propre main, biffés et rayés, comme couchés inconsidérement « et téméraireinent et qu'en outre Me Garoutte demanderait par- « don tant audit Me Pastoret qu'au corps offensé dans la personne « d'iceluy et de ceux dont Me Garoutte a entendu parler par les « mots génériques « les autres », et que pour les amendes et « dépens que ledit Me Pastoret aurait pu prétendre et obtenir, « attendu la déclaration d'iceluy, Me Garoutte donnera une somme « de 33 livres pour être employée à un tableau où il sera depeint « un Christ qui sera exposé dans notre chambre de consulta- « tions. Et à l'instant ayant fait entrer lesdits Mes Garoutte et « Pastoret, leur ayant fait lecture de la présente délibération, ils « ont remercié le corps et de même suite Me Garoutte a satisfait « à icelle soit par la rature, pardon, que par la consignation de « 33 livres en mains de Me Conte, doyen. »

Le second tableau représentait Jésus-Christ en croix « peint à l'huile avec la bordure susdorée ». Il fut mis en place dans la chambre des délibérations le 8 septembre 1747, après la reconstruction du Palais.

En 1764, la chambre des consultations fut l'objet d'un grand embellissement. Quelques-uns des membres de la Communauté avaient témoigné à Me Pélissier, premier syndic, qu'il serait convenable de faire établir dans la chambre des consultations des armoires pour y tenir leurs robes, afin de pouvoir les mettre dans toutes les occasions, et ils avaient chargé Me Pélissier de ce soin.

Me Pélissier ne se borna pas à faire construire des armoires, il procéda à une nouvelle décoration de la chambre. En voici le détail :

« Deux fauteuils pour distinguer dans l'assemblée nos syndics « et vingt-quatre chaises de pailles fines teintées en jaune, deux « rideaux d'une fort jolie indienne pour nos fenêtres, un feu pour

« la cheminée fort propre, un miroir avec son cadre doré sur la « cheminée dit trumeau ; au-dessus du Christ deux anges adora- « teurs en plâtre, dix-neuf armoires pour renfermer nos robbes, « rabbats et bonnets carrés, numérotées de un jusqu'à 19, avec « une clef double, c'est-à-dire la clef pour ouvrir la chambre et « l'autre pour l'armoire, avec cette observation judicieuse de « notre syndic que les armoires ne peuvent être ouvertes que par « la clef affectée à chacun, une teinture sur les armoires et tout « autour de la chambre parfaitement figurée de couleur grise « foncée, et au-dessus des armoires un rond en ovale avec les « chiffres 1764.

« L'inauguration de ces armoires eut lieu le 9 février 1764 à « cinq heures du soir. Quelle fut la surprise agréable d'un chacun « de nous du bon goût et de l'ordre de notre chambre : sur la « cheminée deux chandeliers, sur la table deux autres chande- « liers, l'écritoire, plumes, canifs, pains à cacheter ; sur cette « même cheminée deux grands bouquets de fleurs naturelles, dans « des vases, et une autre table avec quatre chandelles et plats « remplis de tartelles, biscuits et quelques bouteilles de vin blanc. « Cette collation réunit tous les suffrages et affecta toutes les « santés à Me Pélissier, pour le remercier. Et cette charmante « récréation fut terminée par la prise de la clef de l'armoire, « qui tenait à chacun, suivant l'ordre des numéros, à commencer « le premier par Me Monier, notre doyen, qui, sortant le premier, « fit son embrassade à Me Pélissier et son remerciement, et à ce « digne exemple, tous firent la même chose et nous nous reti- « râmes chacun à nos études, enchantés de tout ce qui a été fait. »

Cette salle des délibérations servit aux procureurs jusqu'au jour de leur suppression.

Le guichetier de la geôle du Palais fut chargé du soin de l'entretien et de la propreté de cette salle moyennant le salaire de 6 livres par mois.

Les procureurs se firent même une bibliothèque : en 1778, ils dépensent 112 livres, pour acquisition des œuvres de Dagueseau, livres 83, de Pothier, livres 39.

Les délibérations étaient prises par l'assemblée générale réunie par les syndics au moyen de « billets » qu'ils faisaient porter par leurs clercs à chacun des procureurs, et il était convenu, vu le peu d'exactitude que l'on apportait aux assemblées, que les présents délibèreraient pour les absents.

Les peines les plus sévères étaient encourues par ceux qui trahiraient les secrets des délibérations. « Il sera privé des honneurs du corps et il sera ensuite puni de telle autre peine qu'il plaira au corps de trouver à propos et suivant l'exigence des cas. »

Le 19 mai, jour de la fête de saint Yves, le premier syndic requérait la Compagnie de faire choix « de tel du corps qu'elle trouvera convenable pour agir avec soin et attachement à tout ce qu'il y aura à faire pour le bien, l'avantage et le repos de Communauté ».

Les élections étaient faites à la pluralité des voix, le plus souvent les syndics, sortant d'exercice, indiquaient ceux qui devaient leur succéder, et ces choix étaient ordinairement ratifiés par l'assemblée. Elles avaient lieu à l'audience du lieutenant général et sous sa présidence, en présence du procureur du roi. Les nouveaux élus prêtaient immédiatement serment en mains de ces magistrats. « Mais il arriva que la chaleur, qui accompagnait « ordinairement les nouvelles élections, causait du mouvement, « contre l'intention des procureurs, qui a toujours été portée à « honorer ce lieu où la justice s'administre publiquement, comme « aussi les magistrats qui y siègent. C'est pourquoi, pour faire les « choses avec plus de tranquillité et estant même de bon ordre, « il fut décidé que les élections auraient lieu dans la chambre « des consultations des procureurs, que le résultat en serait inséré « dans le registre des délibérations afin qu'on n'ait d'autre chose « à faire à l'audience qu'à faire prester serment aux syndics nou- « vellement élus ».

Immédiatement après la nomination des syndics, l'Assemblée générale procédait à l'établissement du « roole » (ce que nous appelons aujourd'hui le tableau) de la Compagnie. Le plus ancien que nous ayons retouvé est de l'année 1601 (1).

Les luttes électorales donnèrent lieu quelquefois à des incidents regrettables. En 1700, Me Jourdan, ayant échoué, dressa contre son heureux adversaire une protestation dans des termes si outrageants, que l'assemblée indignée, prononça son exclusion de la chambre des consultations pendant six mois.

En 1692, sous les menées ténébreuses de M. de Lagarde, lieutenant particulier, une guerre intestine surgit entre les procureurs. Des imprudents, mécontents des choix qui avaient été faits, voulurent faire régler par le lieutenant civil le mode des élections des syndics. Profitant de la division qui déchirait la Compagnie, le lieutenant s'attribua le droit de nommer lui-même les syndics. Comprenant alors la faute qu'ils avaient commise, les procureurs « infidèles, les brebis égarées rentrèrent au bercail » et tous ensemble se pourvurent devant le Parlement contre les nominations ainsi faites. Vous verrez dans la suite les tristes détails de cette guerre civile.

Mais ce droit d'élire eux-mêmes leurs syndics que les procureurs avaient acquis par un usage de cent soixante-cinq ans, faillit leur être enlevé.

En 1702, à la suite des revers de la guerre, le Trésor royal était à sec. Pour le remplir on créa à tort et à travers des offices héréditaires, voire même de barbiers. Il en fut ainsi pour les fonctions de syndics des procureurs, des huissiers et des avocats.

Sous prétexte que « ceux qui avaient rempli ces fonctions jusqu'à « ce jour, n'avaient eu pour tout travail auquel ce service les « engageait aucune rétribution ; qu'ils changeaient tous les ans,

(1) « Roole des procureurs en 1601, qui sont au siège de Marseille, icy rangés chacun suivant leur ordre ;

« Claude Rossel, doyen ; Gaspar Peyronnet ; Jehan-Baptiste Delamer, Jehan Soleiet ; Loys Beau, Guillaume Arbousset (1er syndic) ; Pierre Berardy, Balthazar Vitalis, Pierre Ventre, Jehan-Sauzède, André Compian, Pierre Dubellie, Pierre Durand, Jehan-Baptiste Marquesi, Jehan Longis (2e syndic) ; Pierre Ruffi, Charles Massuque, Claude Reynaud. »

« avant qu'ils fussent instruits des affaires de leur communauté, « pour leur permettre de remplir ces fonctions avec honneur pour « le bien de leur communauté et du public », par son édit de Versailles de 1702 (1), le roi créa en titre d'office « formé et

(1) « Louis, par la grâce de Dieu, roy de France et de Navarre, Comte de Provence, Forcalquier et terres adjacentes, à tous présans et avenir Salut. Les communautés des procureurs et des huissiers des cours et sièges de notre Royaume ont establi parmi elles des procureurs des communautés ou syndics, pour diriger les affaires de leurs communautés dont l'élection se fait annuellement; mais comme ceux qui ont rempli cette fonction jusqu'à présent n'ont eu pour le travail auquel ce service les engage aucune rétribution ; que d'ailleurs ils changent tous les ans avant qu'ils soient instruits des affaires de la communauté : Avons résolu de perpétuer la fonction des dits offices et de les ériger pour cet effet en titre d'office en leur attribuant des émoluments qui puissent les mettre en état de remplir leurs fonctions avec honneur.

« A ces causes, et autres; ce nous mouvant de notre certaine science, pleine puissance et authorité royale, Nous avons par le présent édit perpétuel et irrévocable, créé et érigé, créons et érigeons, en titre d'office formé et héréditaire, des offices de syndics perpétuels dans chacune des communautés de procureurs et advocats et huissiers de nos cours et parlements et sièges de notre Royaume pour faire par les pouvoirs des dits offices les fonctions qui étaient ci-devant faites par les syndics electifs des dites communautés, sans aucune exception ny différance, et jouir, outre les droits qui seront a eux cy après attribués, des mêmes et semblables privilèges, advantages et droits appartenans aux syndics electifs et dont ils ont joui ou deu jouir : Voulons que les procureurs syndics perpétuels soient établis dans chacune communauté au même nombre qu'ils s'elisaient cy devant, et affin qu'ils puissent s'apliquer aux fonctions de leurs affaires avec soin et à la satisfaction de leur communauté et du public nous leur avons attribué et leur attribuons les droits cy après, savoir aux syndics perpétuels des procureurs de nos cours et autres juridictions royales, six deniers par livre du montant de tous despans, bailloires, frais ordinaires, de criées, d'ordre, et généralement de tous autres frais qu'ils soient adjugés par arrêt, jugement, apointement ou autrement, tant en matière civile que criminelle. . . .

« Deffandons aux procureurs et huissiers de contrevenir à ce que dessus et de faire entre eux aucun accomodemans ou conventions au préjudice des dits sindics et des droits à eux attribués à peine de tous dépans, dommages-interets, restitution du quadruple et de trois cents livres d'amende pour chacune contravention applicable moitié aux officiers au préjudice desquels la contravention a été faite, l'autre moitié à l'hopital, sans que la peine puisse estre réputée comminatoire, remise, ny moderée.

« Voulons que les droits soient portés en bourse commune entre les procureurs des dits offices dans les communautés ou il en sera establis plusieurs et qu'ils puissent commettre telles personnes que bon leur semblera pour prévoir les droits.

« Voulons pareillement que lorsque les syndics des communautés des procureurs occuperont pour aucuns des opposans aux saisies, décrets, ou ordres, ils soient pour toujours plus anciens des opposans, nonobstant qu'il y ait de plus anciens procureurs, comme aussi qu'ils soient en l'advenir procureurs, tant des commissaires aux saisies réelles, que des receveurs des consignations dans les procédures et poursuites qu'ils feront pour raison des fonctions de leur office. Soient aussi

héréditaire et perpétuel » les fonctions de syndics des procureurs, des huissiers et des avocats, de tous les sièges du royaume. Comme émoluments, il était attribué aux nouveaux syndics « six « deniers par livre du montant de tous les dépens et bailloires, « frais ordinaires, de criées, d'ordre, dommages-intérêts et « généralement de tous autres frais soit qu'ils fussent adjugés « par arrêt, jugement, appointement ou autrement tant en « matière civile que criminelle ». Il leur était concédé en outre, à l'exclusion de tous les autres procureurs, les curatelles des successions vacantes et abandonnées, et les procédures intéressant les commissaires aux saisies réelles et aux receveurs des consignations. Comme le but qu'on se proposait en créant ces offices était de les faire racheter par les communautés des procureurs,

les dits sindics des procureurs curateurs aux successions vacantes et abandonnées et jouiront pour raison des dites fonctions des droits et émoluments dont jouissent ceux qui en font actuellement les fonctions. Faisons deffances aux dits commissaires aux saisies réelles, receveurs de consignations et aux curateurs aux successions vacantes et abandonnées de se servir d'autres procureurs que des dits syndics et à tous autres procureurs de s'immiscer aux dites fonctions à peine de faux et de cinq cents livres d'amende. Permettons aux communautés de procureurs et huissiers des dites cours et sièges d'acquérir les dits offices et les droits créés par le présent édit pour les réunir et choisir en ce cas des syndics perpétuels ainsi qu'ils aviseront bon estre, à l'effet de quoi nous accordons aux communautés la prefferance sur les dits offices pendant le temps de deux mois de l'enregistrement du présent édit, après l'espiration duquel il sera loisible aux particuliers dont les dites communautés sont composées et aux praticiens, qui se trouveront avoir le temps de Palais suffisant, d'acquérir les dits offices et de s'en faire pourvoir en vertu du présent édit. . . . .

« Entendons comprendre en la présente création la communauté des advocats de nos conseils lesquels sont à la nomination de notre cher et feal chancelier de France. . . . . , ... , ...

« Ne pourront les acquéreurs des dits offices et droits estre cy après troublés dans la jouissance d'iceux, ny taxés pour raison et sous prétexte de confirmation d'hérédité, supplément de finance ou autrement, en quelque sorte et manière que ce puisse estre, dont nous les avons dès à présent dispensés et déchargés, leur permettant aussi d'emprunter les sommes nécessaires pour payer la finance des dits offices et droits et les affecter et hypotéquer pour raison des dits emprunts. Ordonnons qu'en attendant la vente des dits offices, les droits y attribués soient perçus et appartiennent à celui qui sera par nous préposé pour l'exécution du présent édit à l'effet de quoi il pourra commettre telle personne que bon lui semblera.

« Sy donnons, etc.

« Donné à Versailles l'an de grâce 1702. »

l'édit leur accordait la préférence sur les dits offices pendant deux mois à compter de l'enregistrement de l'édit, à défaut de quoi « il « sera loisible aux particuliers dont les dites communautés sont « composées, aux praticiens qui se trouveraient avoir le temps « de palais suffisant d'acquérir les dits offices et de s'en faire « pourvoir. »

Les Procureurs au Châtelet furent les seuls qui opérèrent le rachat dans le délai prescrit. Les autres demandèrent une prolongation et le droit d'acquérir ces offices au profit de la communauté. La question était en effet trop grave pour que les Procureurs ne s'imposassent pas tous les sacrifices pour recouvrer la seule liberté qu'ils avaient : celle d'élire leurs syndics. Les deux faveurs demandées furent accordées : le rachat devait se faire, non au profit de l'un des membres de la communauté, mais du corps tout entier, et le délai fut prolongé avec faculté de s'acquitter de la somme à payer au moyen de deux acomptes faits à trois mois d'intervalle.

Nos procureurs acquirent les deux offices au prix de 4.500 livres, qu'ils se virent de nouveau dans l'obligation d'emprunter.

A partir de cette époque jusqu'à leur suppression ils continuèrent à élire leurs syndics suivant les anciennes coutumes, à la pluralité des voix. La date des élections, qui avaient lieu le jour de saint Yves, fut changée en 1752, et elles eurent lieu à la première audience du mois de mai. Les fonctions de syndic duraient un an. Les élections ne se faisaient plus à l'audience publique.

De par le concordat passé entre M. le lieutenant-général de Villeneuve et le corps des procureurs le 14 mai 1710, les syndics immédiatement après leur élection étaient tenus « de se porter » tous deux à la maison du lieutenant-général pour lui faire savoir leur nomination et le prier de leur donner le serment, la quelle visite faite, les nouveaux syndics devaient comparaître dans la chambre du Conseil au jour assigné, accompagnés de ceux qui les avaient nommés.

Les nouveaux élus, suivant une ancienne coutume, envoyaient

à chaque magistrat de la sénéchaussée et à ceux de l'amirauté des boîtes de confitures.

Les fonctions de syndics furent toujours remplies, sauf deux exceptions, pour « le bien, le repos et la dignité de la Compagnie ».

En 1687 Me Gigeard, premier syndic, donne lieu à de vifs reproches. Me Vincens, son ami, et lui ont refusé de signer une délibération. Le deuxième syndic donne connaissance au corps assemblé que Me Gigeard « n'a jamais répondu à sa fonction de syndic, soit au sujet des affaires du corps pour lesquelles il a toujours témoigné de l'indifférence et bien souvent du mépris, déclarant ouvertement s'en vouloir mêler ni prendre connaissance, affectant de se faire attendre aux assemblées et de ne s'y rendre que le dernier, d'où la difficulté que l'on a de disposer de lui pour les dites affaires, que Me Vincens reconnaît que c'est lui qui a trahi le secret de la délibératien du 28 février dernier et ne veut ni signer ni exécuter les délibérations prises même avec son assentiment, que le procédé de l'un et de l'autre est un mépris qui a et pourra causer des dommages-intérêts au corps ; il est délibéré que le deuxième syndic fera seul tout ce qu'aurait pu faire le premier et que Me Vincens sera admonesté à ne commettre plus semblable faute à peine de ne plus être convoqué aux assemblées du corps pendant un an. »

En 1698, Estienne, deuxième syndic, se refuse à payer dix sols mis en communion. L'assemblée prend alors, le 6 juillet 1698, la décision suivante : « Attendu qu'il est reproché à Estienne de n'agir comme un bon père de famille, qu'on ne trouve en lui aucune facilité, qu'il s'oppose aux choses les plus justes, les plus raisonnables, il est décidé que les convocations seront désormais signées par le premier syndic seul et que les mandats seront signés par le premier syndic et le doyen. » Autrement dit, le deuxième syndic était relevé de ses fonctions.

Les fonctions de syndics, ainsi que nous l'avons déjà dit, duraient un an. Il y eut cependant une exception pour les années de la peste, 1720 à 1722. Le 8 mai 1722 Mᵉ Payan expose « que le corps lui ayant fait l'honneur de le nommer avec Mᵉ Charles Louis par délibération du 8 mai 1720, il a tâché de remplir son devoir le moins mal possible, jusqu'à ce que la contagion se manifesta dans la ville, qu'il a eu le malheur de perdre son collègue du mal et encore Mᵉ Deanage, trésorier, et que pendant son absence le corps l'a confirmé et donné pour adjoint Mᵉ Pellegrin, que depuis son arrivée de la quarantaine aux infirmeries qui fut aux fêtes de Noël dernier, il a bien voulu agréablement accepter la confirmation et continuer ses fonctions, mais qu'il y a lieu pour se conformer aux usages de procéder à des élections pour nommer de nouveaux syndics ».

Les syndics avaient pour premier devoir de veiller à l'intérêt général, de représenter le corps, de maintenir la discipline, de réprimer les abus.

Pour la défense de leurs intérêts communs, des délégués de toutes les communautés des sénéchaussées du parlement se réunissaient presque mensuellement à Aix. Chaque compagnie versait, suivant le nombre de ses membres, en mains du trésorier d'Aix une cotisation qui servait aux frais des dépenses communes. Les procureurs de Marseille payaient à cet effet une somme annuelle de 192 livres, et comme les réunions étaient fréquentes, ils allouèrent au premier syndic, leur délégué, un honoraire de cinq livres par jour qu'il demeurerait à Aix.

Le procès-verbal qui fait mention du départ du délégué pour Aix se termine par les mots : « que Dieu le garde », souhait plein de candeur et de naïveté qui indique bien l'esprit de confraternité qui unissait les procureurs entre eux.

Dans les comptes du trésorier nous avons trouvé la dépense du délégué pour son voyage.

« Pour la poste, aller et retour 30 livres, au cabaret du Pin une « livre, au cabaret d'Aix deux livres, pour se faire coeffer trois « livres, pour la voiture 15 livres. »

Les délégués de Draguignan étaient plus grands seigneurs, si nous en jugeons par la note d'un repas qu'ils firent à Aix le 14 juin 1714. Ils étaient quatre ; le menu se compose de :

Un mambre (*sic*) de mouton.......	1 livre	2 sols.
Une assiette creuse d'ail avec le jeus.		5 »
Une fricassée de poulet............		18 »
Trois poulets rôtis...............	1 »	07 »
Salade.........................		2 »
Fruits.........................		12 »
Pain...........................		8 »
Vin et glace...		12 »
Total................	5 livres	6 sols (1).

Les syndics prescrivaient aussi les mesures d'ordre intérieur. C'est ainsi par exemple qu'ils décidèrent qu'un procureur ne pourrait prendre un clerc sortant d'une étude sans le consentement de son confrère, et que les clercs qui, aux audiences, s'assiéraient aux bancs réservés aux procureurs, seraient punis d'une amende de cinq sols.

Jaloux de la dignité du corps, les syndics de Draguignan, avaient, en 1685, établi un bureau pour surveiller certains procureurs qui pratiquaient la chasse aux clients au moyen de pourvoyeurs qui leur servaient d'appeaux et qu'ils envoyaient dans les villages du ressort, voulant réprimer ces manœuvres qu'ils qualifiaient de *viles et basses* (2).

Ils avaient aussi pour devoir de traduire devant l'assemblée générale ceux de leurs confrères qui se rendraient coupables de fautes professionnelles. Hâtons-nous de dire, à la louange des procureurs, que dans leurs archives de 1605 à 1790, nous n'avons trouvé qu'une seule action disciplinaire intentée à l'encontre d'un procureur. C'était en 1724. Me Estienne dénonce aux syndics les actes de son confrère Me Jourdan, qu'il accuse de se livrer à des

(1) Archives du département du Var.
(2) Archives du Var.

procédures « géminées ». « Mais comme il est prudent de ne pas « donner créance à cette dénonciation et qu'il faut auparavant « l'approffondir, soit pour soutenir l'honneur et la réputation du « membre attaqué, soit pour prendre contre lui des mesures « efficaces pour le ranger à son devoir s'il a eu le malheur de s'en « écarter » il est nommé des commissaires à l'effet d'examiner avec les syndics la nature et la vérité des plaintes. Les commissaires se firent remettre les sacs incriminés, et ils étaient nombreux. Le corps fut de nouveau convoqué. Il fut délibéré que Me Estienne le plaignant, n'assisterait pas à la délibération. Celui-ci n'ayant pas voulu se retirer, les syndics et toute l'assemblée portèrent plainte à messieurs les magistrats assemblés dans la chambre du conseil, lesquels, après avoir ouï la plainte et les raisons de Me Estienne, lui enjoignirent de sortir. Passant alors à l'examen de la plainte contre Jourdan, « l'assemblée déclara qu'il avait « manqué essentiellement à ses devoirs, qu'il avait fait un « nombre considérable de procédures inutiles, inusitées et sans « mérite, qu'il était d'autant plus utile et nécessaire d'y remédier « que son exemple pourrait être suivi, et les suites pernicieuses « et dangereuses. Il est alors délibéré par la pluralité de suffrages, « sous le bon plaisir de nos seigneurs de la souveraine Cour de « justice du parlement, que le dit Me Jourdan sera sévèrement « réprimandé devant le corps assemblé par les syndics, qu'il sera « tenu la main par eux à lui faire radier les procédures inutiles et « qu'en outre, Me Jourdan remettra aux mains des syndics « cinquante livres pour être sur-le-champ données en aumône à « l'Hôtel-Dieu.

« Me Jourdan ayant reçu à l'instant lecture de la dite sentence, « déclara y adhérer et versa immédiatement les cinquante livres. »

Les Syndics avaient aussi à défendre leurs confrères contre les injures et, souvent même, les voies de fait dont plusieurs furent l'objet de la part de la partie adverse qui avait perdu son procès. Citons quelques exemples :

Le 29 mars 1686, le procureur Gasquet est injurié par le sieur

Bourrely, censal juré, qui dans son étude lui a dit « que sa partie était un voleur, méchant homme, et que son conseil, Mr Gasquet, ne vaut pas mieux ». Le procureur Gasquet introduit contre Bourrely une action criminelle. Les syndics interviennent dans la dite action « parce que cette insulte regarde tout le corps ; car cy cella avait lieu leurs fonctions ne seraient plus libres et seraient au contraire subjectes aux caprices des parties ». Bourrely reconnaît alors sa faute et « déclare qu'il est prêt à la réparer en l'étude de Me Gasquet où l'injure a été faite, et au corps dans la chambre des consultations ». Me Gasquet, consulté par l'assemblée générale, déclare « qu'il est plus glorieux de pardonner et de se vaincre que de pousser une affaire à bout » et qu'il s'en remet à la décision de l'assemblée. Celle-ci accepte les excuses de Bourrely et le condamne à payer sur le champ une aumône de 2 pistoles à l'hôpital du Saint-Esprit.

En 1689, c'est le procureur d'Albert qui est injurié par un sieur Bellevot, partie adverse, qui prétend que s'il avait voulu donner à d'Albert 10 pistoles, celui-ci aurait fait perdre son procès à son client pour le faire gagner à Bellevot. De plus, Bellevot attendit d'Albert devant son étude pour l'assassiner, « ce que sans doute il aurait fait, si d'Albert ne se fût pas promptement retiré chez lui ». Les syndics décident d'intenter une action criminelle contre ce plaideur peu commode.

Les syndics, pour maintenir intactes les prérogatives du corps, n'hésitèrent pas à soutenir contre certains magistrats des procès longs et coûteux qui, malgré la disproportion des forces et des moyens, tournèrent souvent à l'avantage de la communauté. S'ils rencontrèrent le plus souvent, dans les lieutenants civils, des maîtres bienveillants, quelques-uns, au contraire, firent peser sur la compagnie une autorité absolue et tyrannique. Parmi ces derniers, citons M. de la Garde. Ce fut, entre lui et les procureurs, une guerre qui dura neuf ans, de 1683 à 1692. Elle fut déclarée à l'occasion d'un coup de pied que le lieutenant de la Garde donna au procureur Vincens, à l'audience du jeudi, 16 octobre 1683. Le récit de ce qui se passa ce jour-là fait par les procureurs vaut mieux que celui que je pourrais faire, et je le transcris textuellement :

« Ce matin à midi à l'audience de M. de Beausset, lieutenant-
« général du Sénéchal, Mr Vincens, un des nôtres, ayant plaidé une
« cause pour une de ses parties contre Me Sinety, procureur de
« la partie adverse, ledit lieutenant, après avoir pris conseil entre
« autres de M. de la Garde, lieutenant particulier, aurait prononcé
« une condamnation aux dépens contre la partie de Me Sinety,
« lequel après le prononcé ayant supplié messieurs d'ouïr et faire
« considération sur quelques raisons et circonstances de l'affaire
« dont il s'agissait et proposait des raisons, le conseil se serait de
« nouveau assemblé et comme M. Vincens désirait y répondre
« pour faire subsister le jugement prononcé, il aurait supplié
« Messieurs de l'écouter, mais parce qu'ils continuaient d'opiner
« sans l'ouïr, *il aurait doucement tiré le bout de la robe* du dit
« lieutenant particulier qui tournait le dos au parterre de l'au-
« dience, le suppliant ainsi de se détourner et avoir la bonté de
« permettre qu'il pût répondre à ce que Me Sinety avait dit après
« la prononciation. Sur quoi, le lieutenant particulier s'étant
« effectivement détourné, il aurait donné un *grand coup de pied*
« au bras dudit Me Vincens et lui aurait ensuite dit qu'il était un
« insolent et qu'il le ferait mettre en prison, de sorte que Me Vin-
« cens a été obligé de se retirer couvert de honte et de confusion
« du coup et de l'affront qu'il venait de recevoir publiquement en
« pleine audience et au grand scandale de tout le monde. Qu'il y
« avait comme il a intérêt d'en être réparé, il a résolu d'en porter
« incessamment sa plainte à la Cour et requis la Compagnie d'y
« vouloir intervenir. Attendu que cet affront les touche tous en
« général par leur ministère en la fonction duquel ils ne doivent
« ni ne peuvent être battus ni traités avec tant de mépris et d'in-
« dignité lorsqu'ils plaident et soutiennent l'intérêt de leur partie
« avec descence et l'honneur qu'ils doivent à la justice et aux
« magistrats, et en des causes justes comme estant celle que

« Me Vincens playdait puisqu'il a gagné le procès avec dépens « et qu'il a playdé en des termes respectueux et tiré sans violence « la robbe dudit lieutenant particulier, ce qui se pratique tous les « jours et en tous les tribunaux de cette ville, sans que pour cella « auscun autre magistrat ait jamais tesmoigné de se fascher, ni « trouvé à redire à cet usage, pas mesme ledit lieutenant parti- « culier en auscune autre occasion, bien que cella luy soit arrivé « plusieurs fois ; au contraire tous les magistrats, jugeant par là « que les procureurs ont quelque raison à dire qu'ils ont oubliée « en playdant, ou autrement, se détournent ordinairement pour « écouter afin de ne rien négliger pour rendre la justice avec « tout le poids et l'exactitude qu'elle demande et qu'en effet « M. le lieutenant de Beausset, qui est le chef de la justice, n'a rien « trouvé à redire audit Me Vincens, son silence tesmoignant qu'il « a désavoué l'action dudit lieutenant particulier.

« Sur quoy après avoir murement examiné et approfondi toutes « les raisons qui peuvent obliger les procureurs de se ménager « avec les magistrats pour gagner leur bienveillance et au respect « qu'ils leur doivent, et n'ayant pas trouvé auscun moyen ni « raison pour pouvoir dissimuler l'action dudit lieutenant parti- « culier par laquelle il a blessé et flestry l'honneur du corps en la « personne de Me Vincens, un de ses membres, et ayant lieu d'ap- « préhender que puisqu'il s'est porté en cette extrémité contre « ledit Me Vincens, sans sujet ni raison, qu'il ne soit en estat « d'agir avec la même indignité envers les autres ;

« Considérant que non seulement durant l'audience mais encore « lorsqu'elle a été finie il a tesmoigné par ses discours qu'il vou- « lait mortifier les procureurs, si bien que pour prévenir ses mena- « ces et avoir réparation d'honneur au sujet de l'insulte et affront « reçus par le corps : il a été résolu unanimement qu'il serait « donné requête au nom des Syndics. »

Sur cette requête intervint, le 26 novembre 1683, un arrêt du parlement ainsi conçu : « Arrête que M. de la Garde et les procu- « reurs de Marseille seront mandés dans la chambre et qu'il

« sera dit aux procureurs qu'ils doivent être assidus aux au-
« diences et à M. de la Garde qu'il doit s'abstenir de parler inju-
« rieusement aux procureurs et qu'il doit se tenir avec décence
« aux audiences pour y être respecté. » M. de la Garde et les procureurs se rendirent devant le Parlement qui leur fit les admonestations ordonnées par l'arrêt.

Ce résultat ne fit qu'augmenter la « haine » du lieutenant particulier contre les procureurs, il la fit partager à l'avocat du roi Dupont et au lieutenant-général M. de Beausset, et un nouvel incident se produisit à l'audience du 3 août 1690.

« Ce jour-là, M. de la Garde tenant l'audience, M. l'avocat du
« roy Dupont, après avoir remontré que Mes Bugon, Derue
« et Peix, procureurs, parlaient à l'audience indécemment, avait
« requis contre eux qu'ils fussent condamnés à une amende de
« cinq livres chacun avec défense de commettre semblable faute
« à peine d'interdiction. Ce qu'entendu par les susnommés,
« Me Bugon, comme le plus ancien, ayant voulu représenter qu'ils
« étaient assis à un coin de l'auditoire le plus reculé du siège, sans
« parler, dont il prenait à témoin l'audience entière et qu'il
« suppliait le dit lieutenant de mettre leur dire, ce qu'il aurait pro-
« mis, ayant néanmoins prononcé la condamnation à l'amende;
« après l'audience, M. le lieutenant particulier leur fit dire qu'il
« avait dressé son verbal et fait son ordonnance sans avoir voulu
« insérer leurs explications. »

Le syndic s'étant fait présenter le verbal, « vit que l'advocat du
« roy et le lieutenant n'avaient fait aucune difficulté, pour tâcher
« de donner quelque couleur à leur verbal, d'y insérer plusieurs
« faits, qui étaient, sauf respect, contraires à la vérité ; ce qui
« tesmoigne que l'un et l'autre abusent de la justice qui leur est
« confiée pour chagriner et ruiner la compagnie en général et en
« particulier, ainsi que les nombreux procès qu'ils ont suscités
« jusqu'à ce jourd'huy le justifient démonstrativement. »

« Il est délibéré que Mes Bugon, Derue et Peix se pourvoyeront
« contre le dit verbal par toutes les voies de droit, aux frais de la
« Compagnie. »

Le 13 octobre 1691, M. de la Garde, profitant que le corps des procureurs était au complet à l'audience pour prêter le serment d'usage, leur adressa le discours suivant :

« Vous êtes des criards de profession ; par vos passions brutales « vous masquez les causes et faites comme les chiens de l'Evan- « gile, vous aboyez ordinairement lorsque vous playdez pour « surprendre et étourdir vos juges, vous ressemblez à des lions « rugissants et à des chiens enragés », et il continua ensuite en termes « mesprizants ».

Les procureurs se réunirent et prirent la délibération suivante : « Comme cella n'est pas tolérable et que c'est une continuation de « la haine et du chagrin particulier que le dit M. de la Garde « a contre la Compagnie, les syndics requièrent de délibérer sur « ce que l'on doit faire, et l'Assemblée décide de se rendre tous à « Aix pour voir le Président du Parlement et obtenir de lui justice « de pareilles injures.»

Le Procureur général du Parlement écrivit à M. de la Garde pour lui reprocher les termes dont il s'était servi à l'encontre des procureurs, et lui « remontra à nouveau d'avoir à tenir à l'advenir ses audiences avec plus de décense qu'il ne faisait. »

De plus en plus irrité par suite des observations qu'il avait reçues, M. de la Garde, abusant de son pouvoir, réglementa l'ordre et la tenue des audiences, et prononça contre les procureurs des amendes fort élevées pour la moindre contravention et pour les motifs les plus inimaginables. « Si un procureur atteint « d'un rhume de cerveau venait à se moucher ou à esternuer « pendant l'audience, après l'avoir puni d'une amende, il le « traitait de « marrot », de « malautru » et le faisait sortir, et il « y eut au greffe de Marseille, depuis l'exercice de M. de la Garde, « plus de verbaux de cette qualité qu'il y en avait eu auparavant « pendant plus d'un siècle ».

Las de souffrir, les procureurs se plaignirent de nouveau au Parlement et demandèrent d'abord l'annulation du règlement fait par M. de la Garde et ensuite d'être déchargés des amendes arbitraires qu'il prononçait contre eux pour le moindre motif, et ce « sans droit et sans justice ».

Le 16 janvier 1692, le Parlement rendit l'arrêt suivant :

« Louis, par la grâce de Dieu Roy de France et de Navarre, « Comte de Provence, Forcalquier et terres adjacentes, à tous « ceux quy ces presantes verront salut : Procès aurait esté meis « par devant nos amis et féaux conseillers les gens tenans nostre « Cour de parlemant audit pays entre les sindicts du corps et « communauté des procureurs au siège de nostre ville de Marseille « demandeurs, et M. André de la Garde, nostre conseiller, lieute- « nant particulier civil et criminel. Sçavoir faisons que les « audiances audit siège de nostre ville de Marseille seront com- « mencées despuis le premier octobre jusques à Pasques à huit « heures précisément et continuées jusques à dix et despuis les « dittes festes de Pasques jusques audit jour premier octobre, à « sept heures du matin jusques à neuf, conformément à l'arrest « de nostre Conseil de 1634 : enjoignons aux advocats chargés des « causes de venir présis pour plaider et aux procureurs d'y « adcister avec assiduité et en cas d'absance et d'empeschement « seront tenus d'y substituer un de leurs collègues pour faire « leurs fonctions. Enjoint aussy aux dits procureurs de ce trouver « aux dites audiances en robe et bonnet, leur fait deffances d'y « paraistre en habit court ny de se présenter à la Chambre du « Conseil qu'en robe et bonnet lorsqu'ils y seront mandés mesme « les jours fériats à paine de trois livres d'amende. Ordonne qu'ils « se tiendront à l'audiance à leurs places sans pouvoir se présan- « ter au barreau que lhorsque leurs causes seront appelées, ni « vacquer dans l'auditoire, ni faire des expéditions et communiquer « des actes et pièces pendant la tenue des dittes audiances soubs « mesmes paines. Fait deffanses à l'huissier audiansier de perme- « tre que les places des procureurs soient occupées par d'autres « personnes, lui enjoint de les faire retirer affin que les dittes « places despuis la barre des advocats jusques à celle des greffiers « ne soient occupées que par les procureurs, à paine de trois livres

« d'amande contre l'huissier audiancier ; permet néantmoins aux « dits procureurs de faire entrer leurs clercs dès que l'audiance « sera ouverte et de les faire placer au banc le plus reculé de « l'audictoire; fait inhibition et deffances tant à ceux des officiers « de la Sénéchaussée de nostre ville de Marseille qu'à tous autres « de la province de faire aucun autre règleman pour l'adminis- « tration de la justice que pour la discipline du pallais à paine « de nullitté et autre arbitraire ; descharge les dits procureurs « des amandes contre eux arbitrairement prononcées, et de « mesme suite enjoint aux huissiers et sergens d'estre assidus « aux services accoutumés suivant le roolle quy en est fait tous « les ans, de ce trouver au pallais avant les heures marquées, de « ce tenir à l'avant-chambre de celle du sénéchal et des submis- « sions tant que les officiers sont dans les dittes chambres, à « moins qu'ils ne soient par eux commandés ailheurs, auxquels cas « ils ne pourront quitter les dittes chambres que celluy quy sera « au service du Sénéchal ny laisse celluy quy servira aux « submissions, affin qu'il reste toujours à l'avant-chambre un « huissier pour le service, qu'ils ne pourront faire qu'en robe et « bonnet, sans pouvoir substituer leur clerc ou enfant, soubs « quelque prétexte que ce soit, pourront néantmoins en cas de « maladie substituer tels de leurs collègues que bon leur semblera « avec la permission toutefois de celluy des officiers qui présidera; « leur fait inhibition et deffance d'y laisser entrer personne « lorsqu'ils sont en séanse, mais ils pourront appeller ceux quy « seront demandés, et mesmes lorsque les procureurs se présen- « teront aux portes des dittes Chambres pour faire décréter des « requestes ou comparants ils ce les feront remetre pour les porter « sur les bureaux des dittes Chambres et y estre fait droit par « ceux quy président, ainsy qu'il appartiendra sans interrompre « toutefois leurs fonctions pour le bien et expédition de la justice. »

M. de la Garde avait de nouveau échoué dans ses mauvais desseins contre les procureurs, puisqu'ils étaient déchargés des amendes, que l'arrêt déclarait prononcées arbitrairement, et que le

Parlement avait fait un règlement pour la police de l'audience, avec défense aux magistrats d'y contrevenir. Cet échec ne fit qu'augmenter son courroux et son désir de tirer vengeance des procureurs. Cette fois, plus rusé et plus adroit, il fit naître la division entre eux et alluma une véritable guerre civile. « Ce mesme « M. Vincens, oubliant cet affront insigne qui n'a point d'exemple « mesme chez les souverains, va devenir un des plus passionnés « émissaires de M. de la Garde, par les flatteries duquel il s'est « laissé éblouir. »

Par une requête présentée le 16 avril 1692 au lieutenant du Sénéchal, Mes Vincens, doyen, Garoutte, Pélissier, Etienne, Foucou et Décujis exposent « que quelques particuliers du Corps « se sont fait une estude et une appliquation, depuis quelques « années, de régler les affaires de la communauté en maistres « absolus, de faire les élections conformes à leurs désirs et à leurs « passions et à leurs intérests, pourquoy remédier ils demandent « que les scindicz du Corps seront assignés pour le samedy « prochain pour voir dire qu'il sera par le dit lieutenant statué et « fait des règlements sur la manière et la forme qu'on procèdera « à l'advenir à l'eslection des scindicz. »

Cette accusation était sans fondement, Mes Vincens et Etienne, deux des plaignants, avaient exercé les fonctions de syndics à plusieurs reprises. Ce qui motivait la plainte de ces mécontents, était que le corps avait, par exception, maintenu comme syndic Me Bouzon en récompense des services qu'il venait de rendre à la compagnie.

A la citation de comparaître devant le lieutenant, les syndics des procureurs font signifier, le 18 avril, un déclinatoire d'incompétence. Ils soutiennent que ce n'est pas devant le lieutenant du sénéchal qu'une pareille demande doit être portée mais bien devant le juge du palais. Leur déclinatoire est fondé sur ce que « aulcune des parties n'étant point d'une qualité de noblesse ne « sont pas justiciables du sénéchal, aux termes d'un arrest du « Parlement de Grenoble randu entre le dit lieutenant et M. de

« Foresta, juge du pallaix, le 7 septembre 1675, par lequel il est « dit que toutes les causes et procès des confréries, collèges et « communautés de la ville de Marseille et territoire d'icelle seront « de la compétence des juges du pallaix, et l'on ne peut pas « oposer qu'il s'agist en cette cause d'un fait de pollice puisque « cella n'est pas vray, parce qu'il n'est pas question d'une « maistrise et jurande des arts et mestiers, que par suite cette « cause doibt estre ranvoyée par devant le juge où l'on fera voir « l'injustice de cette requeste. »

Le 24 avril 1692, M. de la Garde, lieutenant particulier, rend une ordonnance « injuste et extraordinaire ». Il déboute les procureurs fidèles de leur déclinatoire. « Attendu, dit-il, qu'il « s'agist de pollice et de discipline du pallaix » et sans leur laisser le temps de plaider au principal ou de laisser le choix aux parties d'acquiescer ou d'appeler du déboutement du déclinatoire, « comme c'est l'ordre de la justice quand un juge n'est point prévenu », M. de la Garde juge en même temps au principal, et, faisant droit à la requête de Me Vincens, ordonne qu'il procèdera lui-même au règlement dont s'agit.

Au lieu de faire signifier cette ordonnance, Me Vincens et ses adhérents, « par une procédure sans exemple et précipitée », assignent les syndics des procureurs, le 6 mai 1692, pour le lendemain, à l'effet de voir dire par le lieutenant qu'il sera procédé en sa présence à la nomination des nouveaux syndics.

Le 7 mai, à 7 heures du matin, M. Sardou, un des syndics, fait signifier à Vincens un appel de l'ordonnance du 24 avril et comme « cette apélation a de soy un effet suspansif, jusqu'à ce que l'ap- « pel eust été vuidé », il convoque le corps d'urgence et il est procédé à la nomination de deux nouveaux syndics, Mes. Bousquet et Chaulan, « personnes de mérite et de probité ».

Le lendemain 8 mai, les procureurs fidèles font signifier à M. de Beausset, lieutenant principal au siège, l'acte d'appel du 7, pour qu'il n'en prétende cause d'ignorance. Ce magistrat fait au bas de cet acte la réponse suivante : « qu'il fera voir dans la suite aux procureurs qu'ils ne font cette grimace que pour tascher de se soustraire à la juridiction du sieur lieutenant sans aucune raison ni solide fondement, protestant de tout ainsi qu'il doibt. »

Ne tenant aucun cas de l'appel de ses ordonnances, le lieutenant fait citer les syndics pour qu'ils convoquent le corps pour le samedi 10, à l'effet d'être procédé en sa présence à l'élection des syndics.

Le 10 mai, les procureurs fidèles se pourvoient devant le parlement pour obtenir « des deffanses contre l'attantat formel du dit lieutenant au préjudice de l'appel par eux émis. »

Ces « deffances » furent inutiles et infructueuses, car le même jour 10 mai, M. de la Garde nommait pour syndics Me Antoine d'Albert et Me Antoine Décujis. Le 12 mai les deux nouveaux syndics sont cités devant M. de la Garde pour prêter le serment « de bien et deubement vacquer aux fonctions de leurs charges ». Me Décujis prête le serment, mais M^e^ d'Albert, qui veut rester étranger à cette caballe, s'y refuse. Le lieutenant ordonne alors que ce dernier sera « enjoint à se présenter demain mattin à la « chambre pour presté le dit serment. » M^e^ d'Albert répond à la citation qu'il ne peut y satisfaire parce que le corps, à quy la nomination des syndics appartient, avait déjà procédé à leur élection le 7 mai dernier.

« Le 13 may, autre ordonnance du dit lieutenant portant qu'il « sera derechef enjoint à M^e^ d'Albert, scindic, de se présenter « vendredy mattin à la chambre, et à deffaut de comparoir sera ouy « d'office pour ses réponses être communiquées au Procureur du « Roi, aux fins d'être relevé de ses fonctions de procureur. » Malgré cette menace, M^e^ d'Albert déclare persister « à sa précédente réponse ».

Le 16 mai, les procureurs fidèles font appel de l'ordonnance du 10 mai par laquelle le lieutenant a nommé les syndics. Le même jour, M^e^ d'Albert se présente devant MM. de Beausset et de la Garde, mais on ne veut pas l'entendre, le lieutenant abandonnant par cela cette procédure « extraordinaire, imaginée par lui pour l'intimider. »

Le 17 mai, se produit un curieux incident de procédure. Cette fois, les procureurs fidèles ayant appris que M. de Beausset, lieutenant principal, « avait mangé et beu dans des festins et réjouissances qu'il avait faits avec Me Vincens et ses adhérants pendant le procès et instance qu'ils avaient par devant luy », présentent comparant audit sieur lieutenant-général de Beausset, « le supliant de vouloir se récuser au jugement du dit procès. Et au lieu de ce faire ou de répondre audit comparant, ledit sieur de Bausset, après avoir pris lecture dudit comparant, le jette par terre et le déchire. Ce quy oblige lesdits procureurs de lui faire signifier un semblable comparant le mesme jour, dans lequel, après avoir représenté avec beaucoup de soumission que ledit Me Vincens et ses adhérants ayant capté l'honeur et la bienveillance dudit M. de Beausset, il avait heu avec eulx diverses conférances au sujet des différants et procès, qu'il avait mangé et beu plusieurs fois avec eulx, tant dans la ville de Marseille qu'à des bastides au terroir et particulièrement le quinze du mois de may, jour et fête de l'Asension, dans la bastide de Me Vincens au cartier de Saint-Just, ayant ledit lieutenant disné et soupé avec lesdits Mes Garoutte, Vincens, Estienne, Décujis et Pélissier, et passé avec eux la nuit dans cette bastide ; qu'il va presque d'ordinaire dans la maison de Me Pélissier qui est un nouveau marié ; qu'il est encore d'ordinaire avec les six procureurs égarés du troupeau, et comme au moyen de ce, ledit sieur lieutenant estait suspet aux scindicz et à la communauté des procureurs, on le supplie de vouloir abstenir au jugement du procès avec offre, en cas de déni, de vérifier pardevant quy de droit lesdits moyens de récusation. »

Le parlement rendit enfin un arrêt qui fit droit à l'appel des procureurs fidèles, en déclarant que les élections des syndics appartenaient au corps, à la pluralité des suffrages, et que l'on devait suivre à cet égard les anciennes coutumes. Les brebis égarées revinrent au bercail pour le bien de la communauté.

A la suite de cet arrêt, M. de la Garde acheta la charge de Procureur général au parlement, il quitta Marseille à la grande joie des procureurs, qui délibérèrent de ne point lui faire visite, ainsi qu'il était d'usage.

Les procureurs eurent encore quelques difficultés avec M. de Catelin en 1778. Ce dernier, lieutenant particulier, avait acquis de M. de Paul la charge de lieutenant général civil, mais il n'exerçait pas encore cette dernière fonction, M. de Paul attendant d'avoir droit à l'honorariat pour se démettre définitivement de sa charge. M. de Catelin voulut « introduire des novations » et malmener les procureurs. Sous sa protection, et pour ainsi dire sa direction, les diverses classes d'huissiers formèrent une association en bourse commune qui imposait aux procureurs des gênes et des entraves pour la remise et la reddition des actes aux huissiers. M. de Catelin leur avait fait construire un bureau dans le vestibule du palais. Les huissiers exigeaient que les exploits leur fussent portés et ensuite retirés, au lieu d'aller eux-mêmes les prendre dans les études des procureurs. Un procès s'en suivit. M. de Catelin ne vit pas d'un bon œil les procureurs se défendre vigoureusement contre les prétentions des huissiers, qui étaient son ouvrage. Ce qui donna lieu à des altercations assez vives en différentes occasions. Les procureurs se rendirent auprès du Procureur général au parlement pour porter plainte sur les procédés, les traitements et les torts de M. de Catelin envers eux. Ils furent accueillis « avec la plus grande affabilité, avec une attention particulière et ils reçurent la promesse que M. le Procureur général leur fit d'écrire à M. de Catelin d'une manière monitive et correctionnelle ».

En outre, les procureurs instruisirent le Procureur général au parlement de la résolution qu'ils avaient prise de ne plus laisser procéder à la nomination des curateurs par procédure verbale devant M. le lieutenant, ce qui donnait lieu à des frais et droits fort coûteux, mais de venir par simple comparant à l'audience pour demander acte de la nomination du curateur. Cette procédure rapide avait pour avantage d'éviter les droits du roi et du greffe, et surtout les honoraires du lieutenant. « *Hœc erant initia dolorum domini Cathelini.* »

M. de Catelin ayant vendu sa charge, dans ces entrefaites, le combat finit faute de combattant.

En 1769, graves démêlés entre les procureurs et le greffier en chef, qui se terminèrent par une lutte corps à corps et des coups de poings. Les procureurs se plaignaient des retards qu'apportait le greffier en chef, M. Varages, à leur délivrer les expéditions. M. Varages, mécontent des observations qui lui avaient été faites, voulut interdire aux procureurs l'accès du greffe. A cet effet, il dressa contre la porte d'entrée une véritable barricade formée de « sept bureaux, de tables et de chaises », et il leur fit passer les expéditions par les « trous d'une fenêtre grillée, semblable à un tour comme au parloir des religieuses ». Les syndics portèrent plainte au lieutenant-général. Ce magistrat, accompagné du procureur du roi et du premier syndic, Me Porre, et assisté d'Arnaud, huissier, se rendit au greffe le 21 juillet 1769, à 11 heures, pour dresser procès-verbal du local. M. Varages déclara à ces magistrats qu'il avait à sortir ; ceux-ci lui enjoignirent l'ordre de rester, sa présence étant nécessaire pour dresser le verbal. Ne tenant aucun compte de cet ordre, le greffier persista à vouloir sortir du greffe. « Ce que voyant, « le Procureur du roy requit qu'il fût arresté par Arnaud, huissier. « Arnaud se plaça alors devant la porte de telle manière que le « plus petit enfant n'aurait pu sortir ». Varages furieux se rue sur l'huissier « et avec les mains jointes lui donne un coup sur « l'estomac et le repousse violemment. Son frère Varages, cadet, « vient à son secours et s'adossant à l'huissier, il lui porte un « nouveau coup de poing à l'estomac en criant : Laisse sortir mon « frère. Pendant cette scène de pugilat, M. le lieutenant-général « ne cessait de dire aux frères Varages qu'ils se perdaient par « moyen d'une si étrange rebellion à la justice. Cette invitation « réitérée et prononcée avec majesté et cette douceur que tout le « monde connaît à M. le lieutenant-général détermina enfin les « frères Varages à reprendre leurs places. Le verbal de description « fut alors fait avec mention de leur rebellion. M. le lieutenant-« général rendit le surlendemain une ordonnance qui enjoignit au

« greffier en chef de remettre la chambre du greffe comme elle « était auparavant ».

La Chambre du parlement, en vacation, instruite de cet incident, rendit le 6 juillet suivant un arrêt « portant que les frères « Varages se présenteraient à messieurs de cette sénéchaussée, « assemblés, pour recevoir l'admonestation et mercuriale qui leur « seraient faites et pour faire leurs excuses, et que de plus, « Varages cadet serait interdit du greffe pour trois jours. Au bas « de cet arrêt, Varages aîné écrivit : J'acquiesce aux peines « ci-dessus. »

Les avocats contestèrent aux procureurs le droit de compléter le tribunal, en absence de magistrat, et d'avocat présent à l'audience.

Le 22 août 1769, « au tribunal de la police à l'audience de ce « jour, M. le Procureur du roy estant absent, pour faire sa fonction, « ne se trouvait qu'un advocat, M. Villecroze, lequel étant en estat « de minorité, ne pouvait la remplir. Messieurs les Echevins firent « alors siéger M. Remusat, procureur le plus ancien présent à « l'audience. Divers jugements furent rendus. Les advocats ayant « eu connaissance de ce fait, demandèrent la nullité de ces juge- « ments, soutenant que messieurs les lieutenants-généraux de « police auraient du faire prendre le plus ancien advocat chez lui, « et à son défaut l'advocat qui vient après sur l'ordre du tableau, « et ainsi de suite ». Le Procureur du roi, saisi de la question, décida « que l'ordre du tableau ne devait être suivi que pour les « advocats qui étaient présents à l'audience, mais que s'ils ne « s'en trouvaient pas, ou que les présents ne fussent point d'âge, « c'était au procureur le plus ancien de faire fonction d'advocat « du roy et par une conséquence celle de juge. » Cette décision fut acceptée par les avocats et les procureurs.

Les archives des procureurs, qui nous sont parvenues à peu près complètes, au moins pour les deux derniers siècles, retracent les attristantes péripéties de toutes les luttes qu'ils eurent à soutenir pour échapper à une ruine complète. De 1682 à 1690, ce fut d'abord un procès, long et coûteux, engagé par toutes les communautés des procureurs, qui dépendaient du Parlement de Provence. Il avait pour objet de faire restituer aux sénéchaussées la connaissance des causes de tailles, aides et gabelles, qui leur avait été attribuée par un arrêt du Conseil d'Etat de janvier 1690, jusqu'à dix sols en principal, en dernier ressort, et au-dessus en première instance. Les procureurs en sortirent victorieux grâce à l'arrêt du 18 janvier 1690. Ils eurent ensuite à se défendre contre la fiscalité du fermier du Timbre, et furent contraints à payer des amendes qui ne s'élevèrent pas à moins de 7.200 livres et « des sommes considérables et immenses ». Pour en avoir paiement, on se livra contre eux à des exécutions violentes. A Draguignan, par exemple, un conseiller de la Cour des Comptes fit fermer et saisir les études. Tous ces procès furent soutenus par les procureurs coalisés, mais la discorde se mit bientôt entre eux. Ceux de Draguignan refusèrent de payer la quote-part qui avait été mise à leur charge pour l'achat de l'hérédité des offices en 1635. Ils prétendirent que leurs offices ne valaient pas ceux de Digne et de Grasse, auxquels ils avaient été assimilés.

Ces divers procès, dont nous ne citons que les plus importants, avaient fait une large brèche à leurs faibles ressources ; mais ce qui les réduisit presque à la misère, ce furent les saignées incessantes pratiquées à leurs bourses de 1664 à 1714 sous forme de taxes diverses et de créations d'offices dont le roi imposait le rachat en les réunissant aux compagnies. On en jugera par la récapitulation des principales sommes que notre compagnie de procureurs fut obligée de payer :

En 1649, un édit du roi supprime la Chambre des requêtes établie à Aix. Pour rembourser ces offices, on taxa les procureurs et les magistrats des sièges de Provence. Ceux de Marseille durent payer 12.000 livres, savoir : 4.500 pour les lieutenant civil, conseillers et greffier en chef et 7.500 pour les procureurs.

En 1635, l'hérédité des offices est accordée aux procureurs moyennant le paiement de 6.935 livres.

En 1689, création de deux offices de procureurs référendaires, taxateurs des dépens, que nos procureurs rachetèrent moyennant 9.630 livres.

En 1690, confirmation de l'hérédité des charges.

En 1696, rachat de l'office de premier huissier audiencier, qui avait droit à certaines procédures.

En 1702, rachat, moyennant la somme de 4.300 livres, des offices de syndics.

En 1709, réunion de l'office de parapheur des registres.

En 1710, un édit du roi créa de nouveaux offices près le Tribunal de l'Amirauté. Les procureurs se trouvaient ainsi privés de la source la plus abondante de leurs profits. Ils envoyèrent un des leurs à Paris, Me Décugis, pour essayer de faire annuler cet édit. Ce député se rendit auprès du Ministre. « Il m'a fait, écrit-il à ses confrères, beaucoup d'honneurs du corps de Marseille, il m'a dit que j'estois homme d'esprit, persuasife, vigillant et capable d'entreprise. » Il fut admis à parler « quatre fois au roi au sortir de sa messe. » Mais, malgré tous ses efforts, il ne put arriver à obtenir la révocation de l'arrêt. Il fallut encore passer sous les fourches caudines du pouvoir, et, pour obtenir la postulation devant le Tribunal de l'Amirauté, nos procureurs se virent contraints non seulement de racheter les nouveaux offices créés, mais encore ceux d'huissiers et de sergents près le Tribunal de l'Amirauté. La somme qu'ils eurent à verser fut considérable ; elle s'éleva, après de nombreuses réductions obtenues, à plus de 25.000 livres.

En 1728 et 1730, droits de confirmation ou de joyeux avènement, soit 2.600 livres.

Les procureurs avaient en outre à payer des impôts très élevés dont les uns étaient fixes et les autres du vingtième sur le revenu des offices.

En 1721, la misère provenant de la peste était générale. Les habitants de Marseille demandèrent à être dispensés du paiement des taxes. Nos procureurs adressèrent une requête en ce sens, dans laquelle « ils exposent que depuis près de deux ans, le Tribunal de la Sénéchaussée n'a pu tenir ses audiences, et que le manque d'affaires les a mis dans une gêne telle qu'ils sont dans l'impossibilité de payer les intérêts des sommes qu'ils doivent, et ils demandent, comme les marchands et autres, à être dispensés de payer l'impôt. »

Pour faire face à ces appels de fonds répétés, la Communauté des procureurs avait recours à l'emprunt, lorsque cette voie ne lui était pas fermée par quelque crise économique. Le livre des délibérations contient presque à chaque page la transcription d'actes de cette nature. Les hôpitaux du Saint-Esprit, de Saint-Jean-de-Gallice, les communautés religieuses, principalement celles de femmes, étaient leurs créanciers de rentes perpétuelles. Des particuliers, voire même le célèbre M. de la Garde, leur prêtaient des sommes importantes à des taux plus importants encore. En 1689, leur passif s'élevait à la somme considérable de 60.000 livres ; en 1790, il dépassait 100.000 livres. Les taxes personnelles dont ils se frappèrent, la ferme des droits de taxe, étaient insuffisantes pour leur permettre de faire face d'une manière régulière au paiement des intérêts des sommes qu'ils devaient. Aussi, les voyons-nous, à chaque instant, sous le coup d'exécutions et de mises de provisions. Le mobilier de leur chambre de consultations fut plusieurs fois saisi.

Citons un fait : un jour, le premier syndic rencontre dans la rue, près du palais, le procureur général au parlement escorté de quatre sergents. Il présente à ce haut magistrat ses salutations respectueuses et ils cheminent ensemble. M. le Procureur général informe alors le syndic qu'il va de ce pas saisir la chambre des consultations des procureurs pour avoir paiement des intérêts dus par le corps à M. de Gantès, conseiller au Parlement.

Des créanciers poussèrent les exécutions jusque sur leurs biens personnels.

En 1714, les procureurs firent juger que leur fortune personnelle leur était propre et non sujette aux dettes du Corps.

Leur bourse commune était alimentée par les droits sur la « taxe des sacs » ; mais un grand nombre d'entre eux, au grand détriment du corps, ne se faisaient point taxer et évitaient ainsi le paiement des droits. Les syndics édictèrent à cet égard les mesures les plus sévères, même des visites domiciliaires dans les études ; ils prononcèrent des peines contre le trésorier qui ne remettrait pas exactement la liste de ceux qui étaient en retard pour le paiement de la taxe. Tout fut inutile. C'est alors qu'on chercha à se procurer des ressources par un autre moyen et qu'on établit un droit au profit du corps sur certains actes de procédure du greffe, notamment sur les expéditions des jugements, et le greffier fut chargé, moyennant un léger salaire, de ces recouvrements. Cette mesure, qui empêchait toute fraude, fut la seule qui donna des résultats appréciables.

La charge de trésorier était tellement difficile à remplir qu'aucun des membres ne voulait accepter cette fonction. Le corps fut obligé de la rétribuer. Les honoraires de cet officier de la communauté furent d'abord fixés à quarante livres par an. Ce n'était pas suffisant ; en 1690, ses honoraires furent élevés à deux cent quarante livres payables par trimestre.

Malgré les difficultés pécuniaires, au milieu desquelles se débattaient nos procureurs, ils maintinrent intactes les joyeuses traditions des dîners de corps. Au chapitre qui va suivre, vous verrez que pour la fête de saint Yves, réunis autour d'une table plantureusement, sinon délicatement servie, ils prenaient forces suffisantes pour lutter contre leur situation obérée.

CHAPITRE III

Us et Coutumes des Procureurs.
La fête de Saint Yves. — Les Funérailles.

FÊTE DE SAINT YVES.

Au Moyen Age, toutes les corporations avaient leur patron. Les procureurs, dans toutes les sénéchaussées du Parlement de Provence, s'étaient mis sous la protection de saint Yves, qui avait été « *procurator sed non latro* ». Les basochiens de Marseille fêtaient le 19 mai, jour de « M. de Saint-Yves ». Après l'élection et le couronnement du roi, ils se réunissaient pour faire un banquet « honeste », aux frais du monarque nouvellement élu. La basoche supprimée, nos procureurs avaient choisi ce jour pour la nomination de leurs syndics, et ils avaient conservé l'usage de fêter la journée du 19 mai. A Draguignan, les procureurs avaient fondé une confrérie d'hommes de loi sous le vocable de Saint Yves, dont les prieurs étaient chargés d'assurer au moyen de cotisations, la célébration de cette fête, tant au point de vue spirituel que matériel.

A Marseille, dès la veille, les syndics allaient voir « le lieutenant principal ou, en son absence, le lieutenant particulier, à sa maison, et un des messieurs les substituts de M. le Procureur général au siège et le plus ancien d'eulx et le priaient de se rendre le lendemain au Pallaix pour aller à la messe à l'église Cathédrale en compagnie du corps des procureurs. »

La salle du palais était ornée, par leurs soins, de verdures et de fleurs. Des « mays » étaient plantés devant le palais royal, et les cloches des Accoules sonnaient les petites vêpres et annonçaient la cérémonie du lendemain.

Le 19 au matin, les procureurs se réunissaient en assemblée générale, et ils procédaient à l'élection de leurs syndics. Les nouveaux élus, en « robe longue », vont « chercher à sa « maison le lieutenant général ». Ils marchent à ses côtés depuis sa maison jusqu'au palais où se sont réunis les autres magistrats et le corps des procureurs. Au dehors, les cloches des Accoules redoublent leurs sonneries, et la foule se masse devant la porte du Palais pour voir sortir le cortège, qui va se rendre, les magistrats en robes rouges avec hermines, les procureurs en robes longues, à l'église, pour entendre la grand'-messe. Avant de se mettre en marche, les syndics des procureurs offrent à chaque magistrat et à chacun de leurs confrères un bouquet de fleurs naturelles, que tous tiennent à la main, et le cortège s'avance dans l'ordre suivant :

« D'abord, le lieutenant du viguier, suivi de six archers « portant leurs bandolières et mousquetons ; après, suivent les « sergents et les huissiers avec leurs robes courtes et bonnets, « après les premiers huissiers, marche le sieur Rampal, en « qualité de greffier, avec la robe et le chapeau, ensuite le corps « de messieurs du siège avec les hermines et chaperons, com- « posé de M. de Villeneuve, lieutenant-général civil ; M. de « Poirade, lieutenant-général criminel, qui forment le premier « rang ; M. Guillermy, lieutenant particulier civil, et M. Touche, « doyen de Messieurs les conseillers ; M. Ricord, subdélégué de « Monseigneur l'intendant et conseiller honoraire, et M. Esme- « nard, conseiller ; après, M. Guichard, seul, et après lui marche « M. Belliard, avocat du roy, avec M. Billon, procureur du roy, « ensuite notre compagnie de deux à deux suivant l'ordre de « leur ancienneté, les deux syndics en tête, Mes Sardou et « Delisle, et après Mes Gasquet, Garoutte, Estienne, Derne, Peix, « Décugis, Lombard, Molinier, Jean Arnaud, Michel, Devaage, « Déclauzet, Couedeau ; Mes Chaulan, Sinetty et Allègre s'étant « trouvés absents ».

Le cortège fait son entrée, aux sons de l'orgue et des cloches, dans l'église, qui est ornée de tapisseries parsemées de fleurs de lys ; les archers font la haie depuis la porte jusqu'à l'autel ; les magistrats se placent dans le chœur à droite, les procureurs à gauche, leurs syndics en tête, et on célèbre alors une grand'-messe « où presque tous ces messieurs du Chapitre assistent. La musique y est très belle, secondée du jeu des orgues qui sont dans l'église » :

« Dans cet ordre nous avons esté à l'église majeure où les « archers seraient entrés et avancés jusqu'au devant de la porte « du chœur où messieurs et nous aurions passé au milieu, et « ensuite messieurs se sont placés à la droite où il avait été tendue « une tapisserie parsemée de fleurs de lys et un tapis devant leurs « sièges de même et nostre Compagnie s'est placée à la gauche, « le greffier se serait placé à la teste des huissiers aux bas sièges, « et les sergents au parterre du chœur, et d'abord on aurait com- « mencé une grand'messe chantée en musique. L'offrande a esté « faite par le lieutenant de Villeneuve et continuée jusqu'à M. « Billon, procureur du roy, et après nos syndics et nostre Com- « pagnie, chascun suivant le rang d'ancienneté ; M. Rampal « faisant la fonction de greffier n'ayant point fait l'offrande. »

La messe dite, le cortège se met en marche dans le même ordre et fait son entrée au Palais. Les procureurs se rendent dans la chambre du conseil, adressent leurs remerciements aux magistrats « leur souhaitant bonne santé et vie longue », et les syndics accompagnent de nouveau le lieutenant-général jusqu'à sa maison.

« Après la messe finie, nous serions retournés au Palais dans le « même ordre que nous en étions partis où estant arrivés nostre « Compagnie serait entrée dans la chambre du Conseil où tous « Messieurs estaient, et les aurions remerciés de l'honneur qu'ils « nous avaient fait, et après, comme M. le lieutenant sortait du « pallais, lesdits syndics l'auraient joint pour l'accompagner « jusqu'à la maison de quoy mon dict le lieutenant les en aurait « dispensés. » (Procès-verbal du 19 mai 1707.)

La cérémonie religieuse terminée, les salutations faites, le lieutenant raccompagné chez lui, nos procureurs, en bande joyeuse, partaient pour la campagne. Dans une « guinguette » à la mode, soit à la Pomme, soit chez Asquier, « arrière la porte Noailles », avait lieu le repas du matin ; les mets y étaient abondants, les vins copieux. L'après-midi se passait gaiement, soit à jouer aux cartes, soit à de gais propos. La nuit venue, nos procureurs se mettaient de nouveau à table, et le repas fini, tous ensemble, à la nuit noire, ils rentraient en ville et gagnaient leurs logis. C'était là une douce journée, qui passait bien vite, et ils se séparaient en disant : à l'an prochain.

Quelques difficultés s'étaient élevées sur le mode d'invitation des magistrats et sur la remise des bouquets. En 1710, par suite du concordat passé entre M. de Villeneuve, lieutenant général, et le corps des procureurs, cette partie de la cérémonie fut réglementée de la manière suivante :

« La veille ou l'avant-veille, en cas de fériat, de la fête de Saint-Yves, au matin, les nouveaux syndics se présenteront dans la chambre du conseil et prieront les magistrats en la personne de ceux, qu'ils trouveront, de vouloir bien les honorer de leur présence à la messe qu'ils font célébrer et le lieutenant-général devra rendre réponse aux syndics avant de sortir du Palais, sans que les syndics soient obligés à faire autre chose.

« Les syndics iront prendre le lieutenant-général, le jour de « Saint-Yves, à sa maison et l'accompagneront au palais, mar- « chant de chaque côté de lui et le reconduiront de la même « manière.

« Les bouquets seront envoyés à Messieurs les magistrats en « leurs maisons par les clercs des procureurs. »

Dans la suite, les syndics allèrent chercher le lieutenant-général en chaises à porteur et, plus tard, en carosse.

La cérémonie religieuse fut célébrée jusqu'en 1629 dans l'église de Notre-Dame des Accoules. Mais les procureurs trouvèrent que leur saint patron n'était pas suffisamment honoré dans cette église, où son image n'était représentée qu'en un petit tableau placé dans un coin de l'autel. Ils résolurent de faire élever à Saint-Yves un autel qui lui serait spécialement consacré, et qui serait surmonté de sa statue. Le chapitre des Accoules ne voulant consentir à faire une pareille dépense, les procureurs s'adressèrent aux recteurs de la chapelle du Saint-Esprit.

Voici d'ailleurs, la délibération qui fut prise. Etant très importante, elle commence par les mots « Pro memoria ».

« PRO MEMORIA.

« Suivant les anciennes coutumes, nous faisons toutes les « années célébrer une grand'messe dans l'Église des Accoules en « l'honneur de Monsieur de Saint-Yves, le jour de la fête d'iceluy, « à laquelle M. le lieutenant principal, les magistrats en corps et « MM. les avocats assistent ensemble avec nous. Après avoir « considéré que ledit saint se trouve tout seulement dépeint en un « coin d'autel et qu'il serait plus convenable et honorable pour la « gloire de Dieu et mémoire du glorieux saint, plus commode « pour tous et plus profitable pour les pauvres d'en ériger un ex- « pressément dans l'Eglise du Saint-Esprit, n'y ayant aucun lieu « propice dans l'Eglise des Accoules, à cause des confréries, qui s'y « trouvent établies et après nous avoir été assuré par les recteurs « de l'hôpital et directeurs de la dite Eglise d'y être consents :

« Avons délibéré qu'il serait dressé un autel pour la gloire de « Dieu et l'honneur de saint Yves dans la dite Eglise du Saint- « Esprit avec une banque en noyer et que dorénavant le jour de la « feste dudit saint sera célébré une grand'messe avec les cérémo- « nies requises et ordinaires. »

Au moment d'exécuter cette délibération, les recteurs de l'hôpital du Saint-Esprit trouvèrent trop lourdes les charges qui leur étaient imposées et les procureurs continuèrent à faire célébrer la grand'messe aux Accoules jusqu'en 1686.

En cette année là, à la suite de certains démêlés avec les

membres du chapitre des Accoules, les procureurs décidèrent de faire la cérémonie religieuse dans l'église de la Major.

« Quoique notre corps fit ordinairement célébrer la fête du glorieux saint Yves et dire une grand'messe dans l'église collégiale et paroissiale de Notre-Dame des Accoules, néanmoins l'année dernière à cause de quelques petits démêlés précédents, les dits syndics furent obligés de prier MM. les vénérables du chapitre de l'église cathédrale de la Major de cette ville, d'agréer que la solennité de la dite fête de saint Yves fut faite et la grand'messe célébrée dans leur église, ce qui a été accordé avec beaucoup de facilité et avec un accueil tout honeste et agréable, et en conséquence la dite grand'messe fut célébrée avec tant de dévotion par le dit corps du dit chapitre et avec tant de solennité par la musique, orgues et sonneries de cloches, que tout le monde en fut édifié, leur ayant encore le dit chapitre voulu faire l'honesteté que de se contenter de vingt-quatre livres pour le tout annuellement, et comme le dit chapitre leur a tesmoigné de se régler une fois pour toute, par contrat, pour servir de mémoire et de règle aux uns comme aux autres dans la suite, les syndics ont requis l'assemblée de délibérer. Sur quoy, il est unanimement délibéré de passer contrat avec messieurs du vénérable Chapitre pour raison de la dite grand'messe et solennité de la fête de Saint-Yves, qui sera annuellement et perpétuellement célébrée dans leur église, tous pouvoirs étant donnés aux syndics pour passation du dit contrat. »

Ces engagements réciproques pris par les procureurs et le Chapitre de la Major furent tenus jusqu'en 1770. En cette année, la messe fut célébrée en l'église des Révérends Pères Dominicains, dits les Prêcheurs. Malgré nos recherches, nous n'avons pu savoir les motifs qui avaient déterminé les procureurs à abandonner la Major, pour donner la préférence aux Prêcheurs.

Voici les détails de la cérémonie qui eut lieu, pour la première fois, en cette église.

« Messieurs les officiers et la compagnie des Procureurs ayant

« été avertis par le bedot des Révérends Pères Dominicains que « tout était prêt pour la célébration de la sainte messe, étant « partis tous en robes et rabats, les huissiers et sergents à la tête, « ensuite M. le lieutenant-général et les autres officiers du siège « et immédiatement après, comme ne formant qu'un seul et « même corps notre communauté des procureurs ; au moment « que nous sommes entrés dans l'église, l'orgue a joué et deux « révérends pères dominicains, un à droite et l'autre à gauche, « ayant chacun un goupillon d'argent, nous ont présenté l'eau « bénite et nous étant placés messieurs de la sénéchaussée dans « les stalles du côté de la sacristie et nous, procureurs, dans les « stalles de l'autre côté, il a été chanté une grand'messe la plus « solennelle par six religieux en chape et à l'autel le célébrant, « docteur en Sorbonne, et deux autres pères faisant diacres, les « acolytes ou enfants de chœur, et le religieux qui portait la « grande croix levée. Après que la messe a été finie, nombre « des dits révérends pères nous ont accompagnés jusqu'au devant « la petite place de leur église ».

Enchantés de l'accueil qui leur fut fait par les Pères Prêcheurs, les Procureurs demeurèrent fidèles à cette église jusqu'au dernier jour de leur existence.

En 1688, M. de Lagarde, lieutenant particulier, que vous connaissez déjà et « qui réformait tout » avait voulu « obliger les procureurs d'aller prendre *tous*, messieurs les conseilllers du siège et le lieutenant des submissions, pour les acompagner de leur maison au Palais, le jour de saint Yves. Les procureurs remontrèrent qu'ils n'estaient pas tenus à cette nouvelle servitude qu'on voulait leur imposer, qu'ils étaient seulement d'obligation d'acccompagner le chef qui présiderait à la cérémonie ». Cela fut cause que M. de Lagarde pendant cinq ou six ans ne voulut plus assister à la fête. M. de Beausset, lieutenant principal, suivit son exemple, de sorte que depuis ce temps là les procureurs firent cette fête seuls. « Ils sont esté en corps à l'église majeure faire le service de la manière accoutumée en absence des magistrats qui n'ont pas voulu les honorer ». Mais ils continuèrent à envoyer les bouquets aux magistrats.

En 1692, la guerre civile avait été allumée entre les procureurs ; treize d'entre eux obéissaient aux syndics qu'ils avaient élus, conformément aux usages, tandis que les six autres reconnaissaient pour syndics ceux que M. de Lagarde avait nommés de sa propre autorité. L'occasion était trop belle d'humilier en ce jour les procureurs fidèles, pour que M. le lieutenant la laissât échapper. Aussi déclara-t-il qu'il assisterait à la fête, ce qu'il n'avait plus fait depuis quatre ou cinq ans.

En apprenant la détermination prise par M. de la Garde, les procureurs fidèles tinrent une réunion secrète, et résolurent de se rendre à la première heure à l'église, de manière à faire occuper par leurs syndics les places qu'ils avaient coutume d'avoir et que M. de la Garde entendait faire prendre par ceux qu'il avait nommés.

Voici d'ailleurs le récit écrit par les procureurs fidèles de ce qui se passa le 19 mai 1692 :

« Ayant appris l'intention du lieutenant particulier, les treize « procureurs fidèles se rendirent à la Major un peu plus matin « que de coutume pour occuper leurs places et évister qu'on ne « leur fit insulte.

« Mes Bousquet et Chaulan, nouveaux syndics, se placèrent en « tête de leur compagnie dans le chœur de l'église du costé « gauche, suivant la coustume, et les autres par rang d'ancienneté.

« Peu de temps après, survint dans l'église M. de Beausset, « M. de la Garde, Pellegrin, Gonsolin et quelques autres magis- « trats, précédés de quatre huissiers en robe, de douze sergents « avec leurs baguettes et suivis de Décugis, l'un des syndics par « eux élus, de Vincens « l'illustre doyen », et des autres procureurs « rebelles. A l'entrée des magistrats, les syndics et les procureurs « fidèles leur font grande révérance et profond respect comme à « leurs magistrats. Cependant, les magistrats les regardent avec « des yeux de chagrin et d'indignation. Ils avaient résolu de faire

« vuider les dits Mes Bousquet et Chaulan, syndics, de leur place « pour y faire mettre les sieurs Décugis et Vincens. Mais comme « ils voyaient que les dits Bousquet et Chaulan aussi bien que les « autres de leurs corps étaient remplis d'humilité et de respect « et que d'ailleurs ils appréhendaient que Messieurs du Chapitre « ne souffriraient pas qu'on les insultât dans l'église, ils changè- « rent de dessein et firent placer Décugis et Vincens contre le « marche-pied du grand autel vis-à-vis des prêtres et dignitaires, « qui célébraient la grand messe, places qui ne sont ordinairement « occupées que par les gouverneurs de province et les intendants « de justice. Les autres procureurs adverses se placèrent derrière « Mes Chaulan et Bousquet, syndics élus par le corps, suivant « leur ordre de réception, reconnaissant par là que les deux « syndics avaient été valablement élus par le corps. La messe « dite, les magistrats avec leurs huissiers et sergents sortirent de « l'église suivis des six procureurs rebelles, et les autres, leurs « syndics en tête, sortirent ensuite et de cette façon la chose se « passa sans aucun désordre. »

Ce récit est extrait du mémoire qui fut dressé par les seize procureurs fidèles contre les six, à l'effet de faire révoquer par le Parlement les syndics nommés par M. de la Garde.

La fête de saint Yves était « grevée d'une servitude » au profit des magistrats qui était subie par les procureurs. Elle consistait dans l'obligation d'offrir à tous les magistrats de la Sénéchaussée et au lieutenant des submissions, un bouquet de fleurs. Cet usage remontait à des temps très reculés et, chose curieuse, il était commun à toutes les compagnies dépendant du Parlement de Provence. Les procureurs au Parlement qui, pour se distinguer des autres, avaient pris pour patron saint Nicolas, offraient également, le jour de leur fête, le bouquet aux magistrats de la Cour. Par politesse, ils en envoyaient un au greffier.

Une année, le greffier se plaignit de ce que son bouquet n'était pas assez beau, mais surtout de ce qu'on l'avait appelé « Maître » au lieu de Monsieur. Les procureurs prirent mal les prétentions de ce greffier vaniteux, et se plaignirent au Parlement, qui décida que le bouquet n'était dû qu'aux magistrats, que le greffier n'était pas un magistrat et que par suite ce « Maître » ne devait pas avoir de bouquet.

Les procureurs de Marseille supportaient également cette servitude, et l'avaient même étendue, en faisant participer à cette faveur les magistrats de l'Amirauté. Ceux-ci, au lieu de considérer le bouquet comme une preuve de déférence, prétendirent y avoir droit. Les procureurs prirent alors le parti de leur supprimer complètement ces fleurs qui devaient être pour eux une chaîne. Cette délibération est de 1750, elle fut rendue dans les circonstances suivantes :

Il était d'usage pour les syndics nouvellement élus, d'envoyer des boîtes de confitures aux magistrats. En 1750, M. de Delaporta, syndic, s'était conformé à cet usage ; mais il avait omis, intentionnellement peut-être, d'envoyer des boîtes aux conseillers de l'Amirauté. Peu de jours après son élection, ayant une requête à présenter à M. Duquesnay, conseiller au dit siège, ce magistrat refusa l'appointement en lui disant qu'il ne le connaissait pas, « car vous ne m'avez pas envoyé ma boîte de confitures ». Le syndic saisit l'assemblée des procureurs de la prétention de ce gourmand conseiller. C'était une grave question de principe à juger, car il ne fallait pas augmenter les servitudes du corps. L'Assemblée décida « que les syndics n'étaient pas tenus d'envoyer « des boîtes de confitures aux conseillers de l'Amirauté, que si « quelques syndics avaient cru devoir leur faire cette politesse « ce n'était pas une servitude qui existait à leur profit ; et à ce « sujet examinant la question de savoir si les juges de l'Amirauté « avaient droit aux bouquets le jour de saint Yves, les procureurs « délibérèrent qu'il y avait lieu de les leur supprimer du moment « qu'on voulait en faire une servitude du corps, et ils décidèrent « d'envoyer auprès de M. Duquesnay une députation pour lui « faire part de cette délibération et lui faire entendre qu'il devait « décréter les requêtes, qui lui étaient présentées par le syndic

« et donner cours à la justice. » Malgré cette délibération, nous trouvons dans les procès-verbaux qui suivent que « par politesse » le corps envoyait des bouquets aux magistrats de l'Amirauté.

Ces bouquets étaient de fleurs fraîches, et ils devaient être fort beaux si nous en jugeons par les dépenses qu'ils occasionnaient au corps. Nous avons retrouvé quelques-unes des notes des bouquetières. En 1733, la facture des bouquets s'élève à 75 livres. En 1770, il est payé à Mme veuve Martin, bouquetière, 97 livres. En 1778, la note atteint le chiffre de 117 livres. Aussi étaient-ils très appréciés par les magistrats.

En 1720, à cause de la peste qui régnait, la fête de saint Yves n'eut pas lieu. En 1721, bien que le fléau eût reparu, la fête fut célébrée d'après les anciennes coutumes.

Le 19 mai 1774, se rencontra le jour où les députés du Parlement se rendaient à Marseille pour faire prêter le serment de fidélité à l'occasion de la mort de Louis XV. Les procureurs pensèrent que, vu cette circonstance, ils ne devaient pas se rendre en cortège à la messe, « attendu que la chose aurait un air de fête », et que le dîner qui avait été commandé n'aurait pas lieu et qu'il serait donné aux hôpitaux, « que par suite Buisson, l'aubergiste, aurait à s'entendre avec l'hôpital pour le distribuer aux pauvres. »

En 1788, à cause de la suspension de tous les parlements et notamment du parlement de Provence mis en « vacance depuis le 3 mai, ce qui répandait un deuil général », nos procureurs se demandèrent s'il convenait de célébrer la fête de saint Yves suivant l'usage pratiqué. La communauté délibéra de supprimer entièrement la fête. Elle fut d'avis qu'il fallait « prévenir M. le lieutenant « général pour se concilier avec lui et savoir s'il consentirait ainsi « que sa compagnie à la suppression des bouquets, que la compa- « gnie est obligée de donner à tous les magistrats. MM. Chalvet et « Rolland furent alors députés vers M. le lieutenant-général civil « qui leur promit d'en instruire sa compagnie et de leur rendre « réponse le lendemain. M. le lieutenant-général civil dit, le lende-

« main,aux députés que sa compagnie était fort sensible à la part « que la communauté des procureurs prenait aux événements mal- « heureux qui affligeaient la magistrature, qu'elle voyait avec « plaisir qu'elle avait déterminé la suppression de la fête, mais « que sa compagnie assisterait à la messe. Comme quelques mem- « bres dans l'assemblée, tenue à ce sujet, avaient opiné d'employer « en aumône ce qu'il en aurait coûté pour célébrer la fête et que « cette proposition était venue aux oreilles de M. le lieutenant- « général civil, il ajouta que sa compagnie avait encore appris « avec plaisir que la communauté avait projeté d'employer en « aumône l'argent qu'il en aurait coûté pour la fête le cas échéant. « La réponse de M. le lieutenant-général ayant été rapportée à « la communauté assemblée il fut déterminé d'aller à la messe et « de supprimer les bouquets et le repas, mais on observa que les « bouquets étant d'obligation, il fallait avoir l'agrément de MM. les « officiers de l'Amirauté pour les supprimer à leur égard. Les « syndics furent chargés de les en prévenir, ce qu'ils ne firent « cependant pas. La communauté des procureurs assista le dit « jour à la grand' messe qui fut célébrée dans l'église des Prê- « cheurs avec MM. les officiers du siège dans l'ordre et de la « manière accoutumée.

« Au retour de la messe la communauté des procureurs entra « dans la chambre du conseil pour faire les remerciments à MM. « les officiers et à mesure que Mes Émerigon et Estubi, plus an- « ciens, se présentèrent, M. de Demandolx lieutenant-général civil « leur dit : « Je souhaite que l'année prochaine votre fête soit plus « agréable ». »

Ce souhait ne se réalisa pas. Ce fut la dernière fois que les procureurs célébrèrent la Saint-Yves.

En 1789, la veille de la fête de saint Yves, « les procureurs « s'assemblèrent pour déterminer si, le dit jour, ils iraient à la « messe et si l'on donnerait les bouquets à Messieurs les magis- « trats et aux membres de la compagnie. La communauté fut « d'avis : attendu les troubles qui règnent malheureusement dans

« la ville, de supprimer la messe, les bouquets et le repas et de « faire part de cette détermination à M. le lieutenant. M. le lieu- « tenant parut d'abord l'adopter, cependant après réflexion, il « observa que plusieurs magistrats n'entrant pas au palais, il « semblerait que ce serait pour leur faire de la peine que les bou- « quets avaient été supprimés, qu'il n'y avait aucun inconvénient « d'aller à la messe. Mes Court et Estelle insistèrent à lui repré- « senter que ce serait s'exposer à quelque insulte en allant en « robe à la messe et il fut enfin convenu que la messe ne serait « dite et que les bouquets seraient supprimés. Il n'y eut également « aucun repas du corps. »

L'année suivante 1790, au mois de mai, il n'y avait plus de procureurs.

Nous avons parlé de la cérémonie religieuse et des bouquets ; mais il y avait encore une coutume qui complétait la fête. C'était le banquet ou, pour me servir de l'expression des anciens procureurs, « le festin ». Après la fête religieuse et officielle, la fête de famille. Ce festin se faisait à l'auberge la plus renommée de l'époque, le plus souvent à la campagne. D'après l'usage, il y avait banquet matin et soir.

Nous avons retrouvé les menus des banquets des années 1718, 1719 et 1787, le dernier qui fut célébré par les procureurs. Si les mets ne sont pas d'une délicatesse extrême vous serez obligés de reconnaître qu'ils étaient variés et copieux.

Le 19 mai 1718, le festin sort des cuisines de Jean Monderon, à la Pomme.

« 1er Service : soupe d'une poule, une tourte de quatre pigeons, « un fricandeau de quatre poules, un ragoût fricandeau, un plat « de bouilli, deux assiettes de raves.

« 2me Service : Une dinde à la « *dobo* », un levreau, six pigeons « et un dindon rôtis, un plat d'artichauts frits, un ragoût de pois, « un plat de langues, un plat de jambon, un plat d'asperges, « une salade fine.

« Dessert : Fraises, oranges de Portugal, pommes, deux com- « potes, biscuits amandes amères, deux plats beurre frais.

« Pour le soir : deux poules, deux pigeons, deux lapereaux, « deux ragoûts de pois, deux salades.

« Dessert ; Fraises, biscuits amers.

« 52 pains, de la glace, *des pipes,* une livre et demie de chan- « delles, six jeux de cartes. »

La dépense s'éleva à cent cinq livres cinq sols.

En 1719, le 19 mai est un vendredi ; le banquet est fait à Saint-Just.

« Un plat de loups au court bouillon, deux soupes maigres, une « tourte au thon, un plat de loups en ragoût, une terrine de « *toutennes,* un plat de rougets, une assiette de raves.

« 2me service : Une croquante, deux plats de fritures de thon, « solle et merlan, un plat de clovisses en ragoût, un plat d'arti- « chauts frits, un ragoût de poises, un plat d'asperges, une bou- « teille d'huile d'olive, une salade de figues.

« Pour le soir : un ragoût de poises, deux salades, une « cor- « beyre » de confitures, deux compotes pesant deux livres, deux « livres biscuits amendes amères.

« Desserts : « Frezes », beurre frais, une brousse, du sucre, « quatorze oranges de Portugal.

« Deux bouteilles du « Dor » et demie bouteille à la canelle. Fleurs « pour la table, tabac une livre, douze pipes, deux jeux de cartes. « 60 pains, 23 pots de vin, glace, citron, une livre de chandelles. « Etrennes aux domestiques. Total de la dépense : 108 livres 13 « sols, 6 deniers. » Le trésorier réduit la note à 102 livres.

En 1785, le dîner se fait chez Roland, restaurateur. Sa facture est ainsi conçue :

« Carosses pour Saint Yves, 24 livres.

« 18 bouteilles vin de Bordeaux et 4 bouteilles de champagne, « 18 livres. 25 personnes à 7 livres 10 sols par tête : 187 livres, « la glace 9 livres, caffé 3 livres, liqueurs 6 livres, domestiques « 6 livres. »

Le 19 mai 1788, la dernière fois que se réunirent les procureurs, ce fut à l'auberge de François Ricard, à Saint-Marcel.

Le menu se compose : « une bouillie, deux soupes, deux entrées « de poisson, deux entrées de fricandeau, deux entrées tête de « veau, une entrée poulet, une entrée pigeon, deux plats solles « piquées, deux plats caisses de poissons, deux plats ventre de « thon, deux plats rougets, deux timballes pigeons, deux plats « côtelettes, deux plats beurre frais, deux levreaux, deux dindon- « neaux, trois poulets, trois pigeons, une queue merlan, deux « plats solles et *suspions*, un gatteau amendes monté, deux plats « écrevisses, deux plats moules, deux plats de meringues, deux « plats de clovisses, deux plats crème dans le pot, deux plats « charlotte de pommes. Pain, vins, caffé, bouteilles de liqueurs, « trois bouteilles champagne. Total de la dépense : 334 livres « 30 deniers. »

Après le dîner du matin, qui était le banquet proprement dit, nos procureurs passaient l'après-midi ensemble, fumant la pipe, jouant au biribi (c'était le jeu à la mode), et absorbant un nombre considérable de petits verres. En 1718, ils burent douze bouteilles de liqueurs dans la journée, aussi la facture du traiteur s'augmente-t-elle de la note des objets brisés, qui comprennent 48 verres et trois saladiers. Ils avaient passé une bonne journée au cabanon, et cette casse s'expliquerait par la gaité, qui avait dû régner à la suite de très nombreuses libations.

Sur les notes des restaurateurs est porté le nombre des convives : 27. Or les procureurs n'étaient que dix-neuf. Tout nous porte à croire que les invités étaient des magistrats et les syndics des avocats. Dans les procès-verbaux relatifs à la messe, nous voyons que non seulement messieurs du siège y assistaient, mais encore les syndics des avocats. Dès lors, il est tout naturel de supposer qu'ils étaient aussi du festin et qu'ils prirent leur part à la casse des 48 verres et des trois saladiers.

Les dépenses occasionnées par la fête de Saint-Yves furent payées, jusqu'en 1697, les unes par les syndics et les autres par le corps des procureurs. Les frais du festin étaient à la charge des syndics. En 1632, il est festoyé à leurs dépens, tout le jour dans le jardin d'Antoine Cabre ; la dépense est supportée à raison d'un tiers par le premier syndic Me Jourdan, et des deux autres tiers par le second syndic Me Ricard. En 1643, les frais du banquet, s'élevant à 43 livres, sont payés par le premier syndic seul.

Les autres dépenses, consistant en sonneries des cloches, 2 livres ; la messe, 30 livres ; la musique pour la messe, 9 livres, et les bouquets, étaient à la charge de la compagnie.

Par exception, en 1646, le premier syndic, vu le manque de fonds dans la caisse de la compagnie, prend à sa charge tous les frais de la fête, ceux de la messe, des cierges, des bouquets, de la musique et du banquet.

En 1697, en compensation de la peine que prennent les syndics pour le recouvrement des droits mis en communion, pour la surveillance et la rentrée de ces droits et la vérification des comptes, de plus en plus compliqués, du trésorier, l'Assemblée générale les décharge des frais du banquet, lesquels seront à l'avenir supportés par la compagnie.

Les procureurs célébraient encore par un repas de corps la rentrée du tribunal de la sénéchaussée, qui avait lieu le jour de la Saint-Remy. Mais relativement à ce banquet, nous ne trouvons qu'une simple mention, sans autre détail.

Les procureurs assistaient en robe, précédés de leurs flambeaux aux armes du corps, à la procession de la Fête-Dieu.

Dans les archives du département du Var, nous avons trouvé un comparant des syndics des avocats et des procureurs au lieutenant particulier contre les marguilliers du Saint-Sacrement. Ceux-ci avaient refusé de présenter, en personne, les flambeaux aux avocats et aux procureurs, ainsi qu'ils le faisaient pour les magistrats le jour de la procession de la Fête-Dieu, à laquelle ces deux Compagnies assistaient en robe. Sur l'ordonnance dudit lieutenant, signifiée aux marguiliers, « ceux-ci auraient par dérision « fait présenter les flambeaux par les valets de la confrérie, et sur « itérative injonction, ils auraient fait remettre les clefs de ladite « confrérie au Procureur du roi, puis ils seraient sortis de l'église

« avec scandale, le Saint-Sacrement exposé, de telle sorte que « avocats et procureurs auraient suivi la procession sans flam- « beau, marchant côte à côte avec les magistrats qui en « portaient ».

En 1706, un procureur de la sénéchaussée d'Aix fut cause d'un scandale au cours de la procession du Saint-Sacrement.

Me Delmas, « qui avoit l'honneur d'y assister avec ses autres « collègues, poussé par un motif d'intérêt, se tira de son rang « pour rendre compte à un païsan de son procez ; il le fit avec « tant de bruit et de scandale que Me Marguerit, un de ses « collègues, crut devoir charitablement luy faire comprendre « que n'étoit ny le lieu, ny le temps pour parler procez. Me Delmas, « chagrin de ce qu'on interrompoit ses desseins, l'insulta avec « des termes sales et indécens et quitta brusquement la proces- « sion, ce qui donna du scandale à une foule de peuples. »

Le onze juin, l'assemblée des procureurs se réunit et il est délibéré « qu'à l'avenir aucun collègue ne s'exemptera de ladite procession et ne pourra la quitter, et que Me Delmas pour l'irrévérence par luy commise, aumônera un cierge d'une livre à la confrérie du *Corpus Domini* de Saint-Sauveur et qu'il souffrira la mercuriale. »

Me Delmas subit la peine qui lui avait été infligée, et quelques jours après il remit le cierge à la confrérie. Mais après avoir exécuté la sentence, il s'inscrivit en faux contre la délibération à cause que les mots « d'avoir dit un mot sale à Marguerit, son collègue, » avaient été mis en marge, et que le renvoi n'avait pas été paraphé.

Un arrêt du Parlement du 14 février 1708 débouta Me Delmas de son appel envers la décision disciplinaire de ses confrères (1).

Parmi toutes les cérémonies, celles des funérailles soulevaient les plus curieuses questions de préséance.

(1) *Mémoire instructif pour la Communauté des Procureurs au siège d'Aix contre Delmas.* (Bibliothèque de la ville de Marseille, π K.)

Les Funérailles

La Basoche, en réunissant dans une même confrérie la magistrature, les avocats, les procureurs et même les clercs, avait eu pour avantage sérieux de constituer la famille judiciaire. Après sa suppression, le lieutenant-général et le procureur du roi tinrent à honneur de demeurer les chefs de cette famille, et ils en exercèrent les fonctions, principalement dans les cérémonies des funérailles d'un procureur ou d'un avocat. Ces deux magistrats, en robes rouges avec hermine, conduisaient le deuil avec les parents les plus rapprochés du défunt. Ils levaient les audiences dès la nouvelle du décès jusqu'après la cérémonie funèbre.

Les procureurs, en robes longues, étaient tenus d'assister aux funérailles de leur confrère et « celuy qui, sans excuse légitime et valable se sera dispensé de ce devoir, sera puni de dix livres de cire applicables à Saint-Yves. » (Délibération de 1685).

Les clercs « premiers inscrits au livre du pallais » devaient porter sur leurs épaules « le cadavre », suivant l'expression, que nous retrouvons à maintes reprises dans les procès-verbaux relatifs à cette cérémonie. Les autres clercs tenaient les flambeaux aux armes de la compagnie.

Tel fut, jusqu'en 1648, le cérémonial suivi. A cette époque les clercs furent remplacés par « des hommes habillés en noir », appelés « courbeaux », et la compagnie réglementa les honneurs à rendre à un procureur « suivant la dignité qu'il remplissait dans le corps. »

Pour les syndics et le doyen, il devait être porté par douze garçons douze flambeaux en cire blanche de six livres aux armes du corps ; pour un simple procureur, six flambeaux seulement. Pour tous, le corps des procureurs en entier en robes longues devait assister aux obsèques.

Les mêmes honneurs étaient rendus à l'épouse du procureur.

L'ensevelissement se faisait le plus souvent dans les caveaux des couvents et principalement à l'Observance. Il était expressément recommandé « aux courbeaux, chargés de porter les flambeaux, de ne point entrer dans l'église, à cause que les cierges seraient confisqués au profit des religieux où le cadavre serait enseveli, mais de se retirer devant la porte d'entrée de l'église. » Car les procureurs pour diminuer les dépenses à leur charge revendaient la cire qui n'avait pas été consumée. Nous avons, en effet, trouvé une note de fournitures de cire en 1685, pour les funérailles du procureur Me Longis. Les douze flambeaux, du poids de trois livres chacun, coûtaient 51 livres ; et le fournisseur déduit 35 livres pour la cire qui lui a été rendue. Nos procureurs étaient gens économes.

Ce qu'il importait surtout à cette époque, c'était d'avoir à cette cérémonie le plus grand nombre possible de communautés religieuses et de confréries de pénitents. Il se déroulait à cette occasion de véritables processions, capables d'empêcher la circulation dans les rues étroites du vieux Marseille.

En 1715, Me Audibert, premier syndic, décède dans une situation de fortune des plus précaires. Sa veuve informe le deuxième syndic qu'elle se trouve dans l'impossibilité de faire à son mari des funérailles « convenables, vu sa qualité de premier syndic ; que tout ce qu'elle peut faire c'est d'inviter le chapitre des Accoules, sans les enfants de la Charité, sans confrérie de pénitents, sans communauté religieuse. » Les procureurs se réunissent en assemblée générale pour savoir « s'il leur est convenable de laisser enterrer leur premier syndic comme un pauvre de l'hôpital. » Il est alors délibéré que, vu les fonctions de syndic qu'occupait le défunt, il y avait lieu de suppléer aux dépenses de la veuve, et qu'ils feront assister, à leurs frais, une confrérie de pénitents, les enfants de la Charité avec les recteurs de la maison, les Pères observantins de Notre-Dame de Lorette et de la Mercy.

Le 29 avril 1637, Me Jean Laugier, procureur, décédait. Il faisait partie d'une confrérie de pénitents et était en outre le procureur de l'Abbaye de Saint-Victor. Les pénitents demandent que le défunt soit enterré dans sa robe de pénitent et non dans celle de procureur; et, d'autre part, l'Abbé de Saint-Victor réclame pour les flambeaux de l'abbaye la préséance sur ceux de la compagnie des procureurs.

Les questions à résoudre étaient graves. Les procureurs convoqués par leurs syndics se réunissent. Et après avoir discuté, il est décidé « qu'on doit lui mettre par-dessus son habit de pénitent sa « robbe de procureur et son bonnet carré sur le cappuçon. Ce qui « semble être raisonnable, nonobstant les résolutions prises ci- « devant que la robbe ne serait mise qu'à ceux qui ne porteraient « l'habit de pénitent ; d'autant que par le passé nos devanciers « ne faisaient leurs offices que par simple charge et réception de « matricule, subjects à résigner leurs dites charges, de sorte « qu'elles étaient résignées au moment même du décès, lequel « advenant ils ne pouvaient recevoir aucun honneur que comme « les autres personnes privées. Mais maintenant que lesdites « charges ont été de nouveau érigées en titre d'offices formels et « sont rendues héréditaires et que sous la foi de la dite hérédité « les procureurs meurent en leurs charges d'offices, il est juste « qu'ils portent à la sépulture les caractères de leurs offices à « l'instar des autres officiers. »

La deuxième question était s'il fallait faire droit à la demande de l'Abbé de Saint-Victor, lequel a « remontré qu'en considération « de ce que le défunt était procureur du Chapitre, il désirait l'honorer « de flambeaux portant chacun les armoiries dudit chapitre et de « faire précéder, par les garçons qui les porteraient, les flambeaux « du collège des procureurs, fondant la dite préséance sur la « qualité de son corps ecclésiastique si célèbre et que, faisant « volontairement cet honneur à un du corps, les procureurs lui « devaient déférer.

« Sur quoy serait été considéré qu'il ne fallait pas empêcher « que ledit chapitre n'honorât le défunt de tel nombre de flam- « beaux que bon lui semblerait, pourvu qu'ils ne fussent portés « avant les procureurs, et qu'autrement, il n'était raisonnable « qu'ils nous précèdent par plusieurs raisons :

« 1° Les flambeaux dudit chapitre ne sont qu'accidentaires,
« volontaires, et les nôtres nécessaires, ayant toujours fait cet
« honneur selon les anciennes délibérations à tous les procureurs ;
« 2° Ledit chapitre ne doit point en cette occasion être considéré
« comme l'église puisqu'il n'y vient pas en cet ordre, mais comme
« un corps étranger qui désire rendre honneur à son bienfaiteur
« ou officieux.
« 3° Que, comme le défunt est membre de notre corps, il est plus
« sensiblement touché du deuil que ledit chapitre, et par conséquent
« délibère que les flambeaux de notre corps doivent précéder les
« leurs, se tenant plus près de celui dont nous regrettons la perte.»

En marge de la délibération se trouve la mention suivante : « ledit Mr Laugier serait été inhumé en l'église de l'Observance portant la robbe et le bonnet carré sur l'habit de pénitent, honoré de nos flambeaux et armoiries jusqu'à la porte de l'Eglise ayant précédé ceux du défunt. Les deuils étaient menés par M. le lieutenant principal et les officiers du siège. Lesdits religieux de Saint-Victor n'auraient mis leurs flambeaux aux dites funérailles. »

Les magistrats du siège étant tenus d'assister aux funérailles des procureurs, il était tout naturel que ces derniers fussent tenus à la même obligation vis-à-vis des magistrats.

La cérémonie pour les funérailles du lieutenant du sénéchal est transcrite dans une délibération du 30 décembre 1654 dans laquelle nous trouvons pour la première fois mention du discours. « Tous
« les Procureurs étant sortis à 3 heures du soir du Palais sont allés
« à la maison du défunt, où estant, il se sont habillés en robe longue
« et ont accompagné le corps à l'Eglise de l'Observance dans
« l'ordre suivant : la croix de la paroisse et les pénitents noirs,
« les ordres mendiants, les pères de la Sainte-Trinité, les Carmes
« de l'Observance, les Augustins, les Jacobins, 13 flambeaux que
« les huissiers y avaient mis, dix flambeaux avec les armes du
« Roy portés par de pauvres gens, les procureurs en robbes
« longues deux à deux. Après le doyen des procureurs, venaient
« deux des avocats qui ont fait le convoi, autour du corps, et derrière

« eux trois flambeaux aux armes du roy qui faisaient la séparation « des huissiers et sergents tous vêtus de noir avec leurs baguettes « et écussons ; le greffier des submissions tout seul, et ensuite « venait le deuil mené par M. le lieutenant général civil, M. de « Beausset et les autres parents, menés par le reste des messieurs « du siège ; et en cet état son allés jusqu'à l'Observance où chacun « des sieurs procureurs a repris son manteau. *M. le lieutenant « général a fait une très belle harangue* à la porte de la maison « du deffunt, de nuit : « *Dieu bénit tous ceux qui administrent « la justice selon leurs devoirs.* »

Le 9 Juin 1713, décédait M. d'Audiffret, lieutenant général de l'Amirauté. Il fut inhumé à l'Observance. Le registre des procureurs indique l'ordre du cortège. « Les enfants de la Charité, les « Pénitents de la Chapelle de Saint-Martin dits « Notre-Dame « de la Pitié » ; le clergé régulier à l'exception des Pères Minimes, « des Carmes, des Augustins et des Prêcheurs, qui se retirèrent à « cause que les Pères de Saint-Antoine voulurent les précéder, le « chapitre de Saint-Martin ; les capitaines de vaisseaux, les « prud'hommes patrons pêcheurs, le Baille du lieu de Gréoux, les « domestiques, la garde de Mgr l'Amiral, treize flambeaux et en- « suite quatre advocats portant un daix, le corps, et après les six « huissiers de l'Amirauté suivis du greffier, les advocats, conseillers « et substituts du roy au siège de l'amirauté, suivis du corps des « Procureurs, ensuite les recteurs des Hôpitaux et les prieurs des « confréries. »

En 1749, lors des funérailles de l'épouse de Me Maria, doyen, les six courbeaux « portant les écussons de la communauté » donnèrent lieu à un véritable scandale. Ils étaient en état d'ivresse et ils marchèrent indécemment, « ce qu'on ne peut empêcher des gens de cette espèce. » A cause de ces faits et « vu les difficultés que l'on avait de trouver des habits noirs », il fut alors décidé « de supprimer les courbeaux et de ne plus assister en corps aux obsèques même d'un confrère. » Les Syndics étaient seulement tenus de se rendre à la maison du défunt pour faire visite à la famille.

CHAPITRE IV

Cérémonial pour l'Installation et la Réception des Magistrats.

Les procureurs jouaient un rôle dans le cérémonial pour la réception des magistrats. Un d'eux était chargé de faire « le « requis ». Ce qui lui valait l'honneur d'être invité au banquet que donnait le magistrat nouvellement reçu.

Nous trouvons, dans nos archives, deux procès-verbaux seulement relatant le cérémonial suivi pour la réception du Sénéchal.

Le 22 décembre 1716, M. André Geoffroy de Valbelle, marquis de Monfuron de Vians, baron de Meirargues, fut installé dans ces hautes fonctions. Dans la matinée, le corps des procureurs en robe se rendit chez M. Ricard, marchand drapier, demeurant à la Coutellerie, où M. de Valbelle était logé, pour lui faire visite. M. Sibon, premier syndic, lui adressa le compliment d'usage. « A midi, « M. de Valbelle fut, accompagné de quelques siens parens, « prendre M. Guilhermy, lieutenant particulier et assesseur en « absence de M. de Villeneuve, lieutenant général au sénéchal, « qui se trouvait en voyage à Paris, à sa maison, et de là ils « furent ensemble au pallaix en chaise à porteur, et ledit M. « Guilhermy avait le pas par la marche première.

« S'étant tirés de chèse à la porte du pallaix, ledit sieur lieute- « nant marchant à la droite dudit sieur sénéchal, qui avait un « habit escarlate, un chapeau avec un plumé blanc et son espée « au costé, ils furent dans la chambre du conseil du sénéchal « où les sieurs conseillers estaient en attente.

« Après quoy, estant dessandus tous ensemble à l'auditoire, « c'est-à-dire le lieutenant, les conseillers et le sieur sénéchal,

« ledit sieur lieutenant et les conseillers siégèrent à la forme « ordinaire, et le sieur sénéchal se mit à costé de la porte d'où « on monte et dessent à l'auditoire et à la barre des avocats, et là « il fut présenté par Mᵉ Perrache, advocat, qui fit un compliment « ou arangue. Après que Mᵉ Perrache eut achevé, le sieur Billon, « procureur du roy, se dressa de sa place et complimenta, et « ensuite s'estant assis, ledit sieur lieutenant Guilhermy fit aussi « un compliment de son siège et assis. Les compliments finis, « le greffier fit lecture des provisions du sieur sénéchal et ayant « finy, ledit sieur lieutenant se leva du siége et, suivy des sieurs « conseillers qui se levèrent de leur place, fut prendre ledit « sénéchal au barreau par la main et le conduisit jusques à son « siège, où ledit sieur sénéchal s'assit avec son chapeau et épée « comme dessus, et ledit lieutenant s'assit à sa droite, de même « que les autres conseillers à leur place ordinaire.

« Après cette installation, l'officier de service appela une « étiquette et une affaire qui fut plaidée par Mᵉˢ Raimbert et « Sibon, procureurs, ce dernier sindic du corps.

« La plaidoirie finie, le sieur sénéchal ayant assemblé les lieu- « tenant, conseillers et procureur du roy pour opiner, les « opinions prises, ledit lieutenant et les conseillers s'assirent et « ensuite le même lieutenant prononça de la manière suivante : « M. le sénéchal à l'audience, M. le lieutenant particulier en « absence, prononçant en conseil de MM. Touche, Esmenard, « Guichard, conseillers, et Billon, conseiller et procureur du roy, « ayant tel égard que de raison à la réquisition des parties de « Mᵉ Raimbert, leur a esté adjugé 100 livres à chacun de provi- « sion, sans espoir d'autres. Fait en siège le 22 décembre 1716. »

« Après cette ordonnance rendue, l'audience finie, le sieur « sénéchal se dressa et suivi du lieutenant, conseillers et procu- « reur du roy montèrent par la même porte de l'auditoire à la « chambre, d'où ensuite il fut accompagné par tous messieurs du « siège jusques au dehors de la porte du pallaix, marchant depuis « son installation et réception ledit sieur sénéchal à la droite.

« Après quoy, messieurs du siège s'estant retournés à la chambre, « ils furent en corps faire visite audit sieur sénéchal, dans la « maison du sieur de la Salle, lequel les accompagna jusques hors « la porte. Les procureurs suivirent un moment après en corps « et en robe et furent visitter ledit sieur sénéchal, qui fut compli- « menté par Me Sibon, second syndic, « *qui trouvèrent le dis-* « *cours beau* », et s'estant retirés, ledit sieur sénéchal les accom- « pagna jusqu'au seuil de la porte. »

Le second procès-verbal concerne l'installation de M. Gaspard-Anne, marquis de Forbin Gardanne, à l'office de grand sénéchal d'épée en la sénéchaussée de Marseille. Nous le reproduisons textuellement, il porte la date du 26 mars 1789 :

« M. le marquis de Forbin Gardanne, chevalier non profès de « l'ordre de Saint-Jean de Jérusalem, lieutenant de vaisseau de « Sa Majesté, fut promu dans le courant du mois de février 1782 « de l'office de grand sénéchal d'épée, dont était pourvu M. le « marquis de Forbin son père.

« Après avoir été reçu au Parlement de cette province, M. de « Demandolx, lieutenant général civil, fut commis pour l'installer « en cette sénéchaussée, laquelle installation fut fixée au 26 mars « 1789, jour d'audience publique.

« M. de Forbin fut voir les sindics de la communauté des pro- « cureurs et fit sa visite par billets. Il leur écrivit ensuite à chacun « séparément pour les inviter à dîner, et comme il demanda « réponse, les sindics lui répondirent qu'ils se rendraient à son « invitation. Le jour de l'installation arrivé, Me Estuby, procu- « reur, chargé de requérir l'installation de M. le marquis de « Forbin, Me Villecroze, avocat, chargé de faire le discours « d'usage, se rendirent chez M. de Forbin. Suivant l'usage, ils « auraient dû tous ensemble aller chez M. Demandolx pour « l'accompagner au Pallaix, mais il les en dispensa.

« M. de Forbin se rendit au palais en carrosse vers les onze « heures du matin, accompagné de Mes Villecroze, avocat, et « Estuby, procureur, qui étaient aussi dans son même carrosse.

« Ils ne purent descendre à la porte, attendu la grande foule ;
« mais les jeunes gens de la ville, formant depuis quelques jours
« une garde bourgeoise, vinrent les prendre et les conduisirent
« au palais.

« Cette garde bourgeoise avait été établie, quelques jours aupa-
« ravant, pour arrêter la révolte qui s'était élevée en cette ville
« au sujet de la cherté de la viande et du pain. Il faut dire à la
« louange de messièurs les échevins, de M. de Chomel, lieutenant
« criminel, et de messieurs composant cette garde, que cette
« révolte fut apaisée dans vingt-quatre heures sans qu'il y eut
« du sang répandu. Le prix du pain et de la viande fut tout de
« suite diminué et la garde bourgeoise arrêta les entreprises de
« quelques-uns des révoltés qui ne continuaient la révolte que
« pour piller les citoyens, car les citoyens qui s'étaient révoltés
« furent sur le champ apaisés par la diminution du prix du pain
« et de la viande.

« M. le marquis de Forbin entra dans la salle d'audience pré-
« cédé de son coureur. Il était vêtu d'une culotte et habit court,
« drap couleur de chamois, ayant par dessus un manteau satin
« ponceau, portant un chapeau à l'Henri IV avec des plumés,
« blanc, rose et noir. Il avait une écharpe en ceinture, l'épée, les
« bottines, et tenait à sa main une longue baguette. Il avait deux
« tresses, c'est-à-dire deux queues. Il se plaça à la barre des
« avocats à côté de Me Villecrose qui devait prononcer un discours.

« M. le lieutenant prit sa place ordinaire ainsi que les autres
« magistrats. Me Estuby, procureur, requit l'installation de M. de
« Forbin. Me Villecrose prononça un discours ; M. le lieutenant
« en prononça un autre et ensuite des conclusions de messieurs
« les gens du roy, il ordonna l'installation du grand sénéchal.

« M. le lieutenant se leva sensuite, il prit par la main M. le
« sénéchal et le fit asseoir à la place qu'il occupait lui-même et
« se plaça à sa droite.

« MMes Lavabre et Laget, avocats, plaidèrent une cause, et
« M. le lieutenant prononça de la manière suivante : «M. le grand
« Sénéchal présent, nous avons ordonné.... »

« L'audience levée, M. le grand sénéchal et tous les magistrats « furent à la chambre du Conseil. Les avocats et les procureurs « furent le saluer et le prièrent de vouloir bien les dispenser de la « visite d'usage, attendu les troubles qui s'étaient élevés dans la « ville. Le grand sénéchal les dispensa de la visite.

« Vers six heures, les syndics de notre communauté, Mes Seytres et Martichon, se rendirent à l'hôtel de Beauvau pour y diner « avec M. le grand sénéchal. Le diner fut très beau et finit la « cérémonie. »

M. de Forbin fut le dernier sénéchal.

Le premier procès-verbal contenant le cérémonial d'installation du lieutenant général civil est du 17 janvier 1650.

« Sur les deux heures après midi, M. Antoine de Bausset, « conseiller du Roy, lieutenant du sénéchal civil et criminel, a fait « son entrée dans cette ville, accompagné du corps des procu- « reurs et marchèrent en cet état jusques à l'Eglise Major suivis « d'une grande quantité de peuple et il est fait chanter le *Te « Deum laudamus* en musique en actions de grâces de la santé « que Notre-Seigneur nous a donnée de la maladie contagieuse, « (il y avait eu la peste) dont notre ville a été affligée. »

Le 18 juin 1787, M. de Gerin-Ricard fils fut nommé à la charge de lieutenant général civil et criminel de l'amirauté. « Le 16, « M. de Gerin-Ricard fit savoir à la Compagnie des procureurs « le jour de son installation par une visite qu'il fit en robe aux « deux syndics Mes Chalvet et Rolland, lesquels en avisèrent les « membres de la manière accoutumée, afin que chacun se rendit « en robe au Palais le dit jour lundi 18 juin. M. de Gerin-Ricard « y arriva en carrosse à 10 heures avec M. de Montvallon, doyen « du parlement, député par la Cour pour cette installation, « l'avocat général, le greffier et Me Martin, procureur en la séné- « chaussée de Marseille, qui avait présenté la requête et Me Coquet, « avocat, chargé de faire le discours d'usage en pareilles circons- « tances. Après avoir entendu la sainte messe à la paroisse des « Accoules, la Commission du parlement se rendit à la salle de

« l'audience. Il y eut une assemblée des plus respectables en « hommes de conditions de robe, de négociants, de l'un et de « l'autre sexe. M. le Commissaire prit alors le siège de la prési- « dence, M. l'avocat général prit sa place à droite et les magis- « trats du siège à gauche. Me Martin appela le requis, Me Coquet « fit son discours qui fut très applaudi ; les provisions de M. de « Gerin-Ricard furent lues ainsi que l'arrêt de réception au par- « lement. M. l'avocat général requit l'installation ; M. le Com- « missaire la prononça. Ensuite M. le Commissaire se leva de « son siège et M. de Gerin-Ricard s'avança ; M. de Montvallon le « prit par la main, le fit asseoir au siège de la présidence et « s'assit après à son côté. Le lieutenant leva l'audience et se « rendit à son hôtel rue Saint-Ferréol.

« Après qu'il y eut un intervalle qui fit présumer que M. le « lieutenant s'était rendu chez lui et en état de recevoir la visite, « tous les membres de la Communauté des procureurs se rendi- « rent chez lui. Me Chalvet, syndic, lui fit le compliment d'usage.

« Le 20 juin, le lieutenant rendit sa visite en robe aux deux « syndics. »

Le 22 juin 1787, la Communauté des procureurs offrit à M. de Gerin-Ricard un dîner chez François Asquier, près la porte Noailles. Le menu était ainsi composé :

« Deux soupes et le bouilli, 14 hors-d'œuvre, beurre, raves et « chicorée, un plat de rouget, de côtelettes, une timballe de palais « de bœuf, un chou farci, canetons à la Béchamelle, ventre de « thon à la Conty, cœurs de poulets au bain-marie, un fricandeau à « l'oseille, un filet de bœuf à l'artichaud, un pâté chaud de lape- « reau, un turbeau au beurre, un rôti de levreau, un rôti de dindon, « un gâteau au caramel, un de goffre à la pistache, petits pois à la « crème, un plat de meringues, un plat de beignets aux pêches, « deux plats d'huîtres, un plat d'écrevisses à la poivrade, un plat « de clovisses, 4 salades, pain, vin ordinaire, 3 bouteilles de cham- « pagne (12 livres), 4 bouteilles de Bordeaux, caffé, liqueurs, « seize glaces. Total 169 livres. »

Pour l'installation d'un conseiller ou d'un membre du parquet, il n'y avait aucun discours.

Dans la visite que les conseillers ou les membres du parquet étaient tenus de faire aux syndics des procureurs pour leur faire connaître le jour et l'heure de leur installation, ils devaient être en robe. A défaut, la Compagnie des procureurs, aux termes d'une délibération de 1775, était dispensée d'assister à la cérémonie d'installation et les syndics n'étaient plus tenus de leur rendre visite.

Dans toutes les visites que faisaient les procureurs ils portaient toujours la robe. C'est dans ce costume qu'ils assistèrent le samedi 2 octobre 1756 à la réception de Monseigneur Jean-Baptiste de Belloy, nommé à l'évêché de Marseille immédiatement après la mort de Monseigneur de Belsunce. Le discours « de compliment » lui fut adressé par Me Berthot, premier syndic.

Il fut cependant fait une exception à cette règle. Le 19 septembre 1790, M. Dandré, conseiller au parlement de Provence, membre de l'Assemblée Nationale, vint à Marseille comme commissaire du Roi à l'occasion des troubles qui avaient lieu dans la ville. « Les procureurs en habits noirs et en bourse » furent lui rendre leurs devoirs et M. Court, premier syndic, lui adressa le discours suivant :

« Monsieur, rien ne prouve mieux l'intérêt que l'Assemblée « Nationale daigne prendre au bonheur de la Ville de Marseille « que le généreux sacrifice qu'elle vient de faire en sa faveur. « Cette Assemblée auguste a considéré que pour ramener dans « cette ville, toujours fidèle, le bon ordre et la tranquillité que les « ennemis du bien public ont osé troubler, il fallait la présence « d'un magistrat citoyen et c'est de vous, Monsieur, qu'elle a fait « choix. Que ce choix est cher à nos cœurs et qu'il est doux pour « nous de vous présenter l'hommage de notre respect et de notre « reconnaissance. »

« M. Dandré reprit fort obligeamment et nous accompagna « jusqu'à la porte de l'escalier.

« M. Dandré sortant de sa chambre se présenta en pantalon de « moleton, il nous dit que Messieurs les échevins étaient venus « au moment où il allait se faire coeffer, ce qui était cause de « son négligé.

« Au retour les membres se rendirent à la chambre et quel- « qu'un ayant observé que Me Emerigon, auteur du discours « ci-dessus, et Me Court, premier syndic, s'étaient rendus chez « Beaugeard pour faire imprimer le discours et le faire insérer « dans la feuille, il fut délibéré d'empêcher cette impression et « l'on députa un membre pour aller dire à Beaugeard de ne pas « imprimer le discours prononcé à M. Dandré. Dans ces entre- « faites, Mes Emérigon et Court s'étaient rendus à la chambre. On « leur fit part de cette détermination de la communauté, qui « délibéra en outre qu'à l'avenir les syndics seraient tenus de « communiquer à l'assemblée le discours qu'ils auraient à pro- « noncer en de pareilles occasions. »

Parmi les magistrats qui occupèrent le siège de lieutenant civil, celui qui laissa les meilleurs souvenirs aux procureurs fut M. Guillaume de Paul. Il avait acquis sa charge au prix de cent cinquante mille livres de M. de Saint-Michel, qui s'était montré « hostile aux procureurs ». Il fut installé en 1758. Comme il était encore en état de minorité, aucune cause ne put être jugée le jour de son installation, et, jusqu'à sa majorité, son siège fut occupé par son lieutenant particulier.

Il se maria à Marseille le 18 janvier 1764.

Il existait des précédents établissant ce qu'avaient fait les procureurs en pareille circonstance.

En 1648, lors du mariage du fils de M. de Beausset, lieutenant civil, le corps des procureurs avait offert au nouveau marié une bague en diamant du prix de 14 piastres et demie. En 1719, pour les noces de M. de Villeneuve, les procureurs lui donnèrent en cadeau une corbeille de mouchoirs de l'Inde.

Cet usage n'a pas lieu de nous surprendre. Nos procureurs étaient fort galants : lorsqu'un de leurs confrères avait le bonheur de devenir père, le corps envoyait à la nouvelle accouchée une boîte de dragées. J'ai trouvé dans la note du trésorier de l'année 1647, le coût de cet envoi à Mme Allègre, « épouse de notre collègue » (trois livres).

En 1739, lors du mariage de M. de Saint-Michel, les procureurs supprimèrent le cadeau et se bornèrent à faire une visite en robe, avec recommandation de garder le secret sur la délibération qui avait été prise.

Pour M. de Paul, les procureurs, au nombre de seize, se rendirent à la salle des Convalescents, où ils avaient fait porter leurs robes, et immédiatement après que l'ordre des avocats fut sorti de sa visite, ils se rendirent chez M. Ricaud, futur beau-père, où se trouvait le lieutenant civil, « et à peine ils apparurent que le « lieutenant civil et M. Ricaud, son beau-père, se présentèrent par « l'escalier de la porte d'entrée et les reçurent, et tous ensemble « passèrent dans le salon de compagnie où se trouvait la fiancée « ainsi qu'une brillante compagnie. Me Pélissier, premier syndic, « fit à M. le lieutenant son compliment de félicitation, et s'étant « tout de suite tourné vers la fiancée, il lui fit aussi un joli et « gracieux compliment. Le corps, après avoir salué M. le lieute- « nant, la fiancée et toute l'assemblée, fit son retour et fut « accompagné par M. le lieutenant et sa fiancée jusqu'au même « endroit où ils avaient été reçus.

« Le lendemain des épousailles, les syndics furent priés par « M. le lieutenant et la dame, son épouse, de leur faire l'honneur « d'aller le lendemain dîner avec eux. Les syndics s'y étant rendus « et s'étant placés à la seconde table, attenant à la première, « M. le lieutenant, s'en étant aperçu, les fit prier par son frère de « vouloir bien se placer à la première table avec lui, ce qu'ils « firent. Et la première santé fut portée par M. le lieutenant et « par madame son épouse à nos syndics, qui surent en profiter « pour leur témoigner toute leur sensibilité. M. de Paul et Madame « leur portant la parole leur observèrent que le repas était une « suite du repas précédent de la noce, qu'ils auraient désiré que

« toutes les personnes qu'ils considéraient et notamment notre « compagnie eussent été dans le premier jour, mais que le « manque de places en avait été cause. »

M. de Paul exerça ses fonctions jusqu'au 4 février 1779, c'est-à-dire pendant vingt ans. Il fut nommé ensuite lieutenant-général civil honoraire. Membre de l'Académie de Marseille, M. de Paul aimait les lettres et surtout la peinture et la sculpture. Il avait formé une très belle collection de tableaux que sa petite-fille, Mme de Surian, a léguée à la ville de Marseille. Peu de temps avant de cesser ses fonctions, il avait fait une chute de cheval. A la nouvelle de cet accident, la communauté lui envoya en députation les syndics pour le prier « venir tenir encore quelques « audiences jusqu'à la réception de M. de Mandolx, vu la peine « que se faisaient les procureurs de porter à l'audience des causes « d'une certaine importance, *M. Cathelin président, parce que « la confiance ne se commandait pas.*

« M. de Paul, tendrement pénétré de sensibilité après ces témoi- « gnages, entretint de son lit, où il était encore détenu, les députés « avec autant de considération que d'affection et leur promit de « tenir l'audience du premier février. »

Ce jour-là, avant l'appel de la première étiquette, Me Terris, premier syndic, « à qui ont vint dire dans la salle des pas-perdus qu'il convenait de faire quelque compliment obligeant à ce digne magistrat qui allait quitter le palais », adressa à M. de Paul ce discours « qui lui vint à l'esprit » :

« Monsieur, une inscription qui est marquée sur un édifice « pompeux de Provence et qui se rapporte à de grands noms, est « également gravée dans nos cœurs par rapport au magistrat qui « rend aujourd'huy la confiance et la joye à l'audience ; et notre « communauté dira toujours par un véritable homage de senti- « ment : *Satiabor cùm apparuerit.* »

« Le compliment fut applaudi et bien reçu. M. de Paul fit visite à Me Terris et lui témoigna la satisfaction qu'il en avait reçue. »

Le rédacteur du procès-verbal nous indique que l'inscription dont il est parlé est celle que l'on voit au château de la Tour-d'Aigues, et que le seigneur baron de Cental « fit insculpter sur les murs du château lorsqu'il attendait Catherine de Médicis à qui il donnait une fête en juillet 1579. »

M. de Mandolx succéda à M. de Paul en qualité de lieutenant civil. Lors de sa réception, Me Terris, premier syndic, au nom des procureurs, lui adressa le discours qui suit :

« Monsieur, nous venons reconnaître en vous l'héritier des « excellentes qualités d'un père qui se fit chérir et estimer dans « un ministère (1) rigoureux et délicat où vous avez fait admirer « encore la supériorité de vos talents, lorsque vous en exerciez « si dignement les fonctions ; l'imitateur des vertus sublimes d'un « magistrat supérieur (2) qu'elles ont rendu si célèbre, à qui vous « tenez par les liens du sang et sous les yeux duquel vous eûtes « l'avantage de vous former aux premières connaissances du « droit ; le serviteur de la loi, qui dans des circonstances sensibles « aux âmes vertueuses, voulûtes vous confondre avec elles dans « votre retraite pour en être comme le compagnon insépara- « ble (3) ; l'ami de l'humanité qui réunissant la littérature à la « science civile et politique avez fait connaître par un triomphe « honorable ce que l'on peut attendre des qualités de votre esprit « et de celles de votre cœur (4) ; le digne successeur du magis- « trat (5) sage et éclairé qui partagez aujourd'hui tous les cœurs « entre la joye de vous voir lui succéder et les regrets de sa perte ; « le magistrat distingué que les vœux et la confiance de tous les

(1) La charge de procureur du roi au siège de cette ville, dont le père et le fils ont été successivement titulaires.

(2) M. de Castillon, procureur général au parlement. Mme de Castillon est la tante de M. Demande, qui lors de ses études de droit était logé chez M. de Castillon à Aix.

(3) Peu de temps après la révolution de 1771, M. Demande vendit sa charge de procureur du roi et se retira dans sa terre au voisinage de Mondespin, où M. de Castillon avait choisi sa retraite, lors de son exil.

(4) Allusion à l'ouvrage de M. Demande *Sur les meilleurs moyens de faire cesser la mendicité*, qui a été couronné par l'Académie de Rouen.

(5) M. de Paul, qui a rempli sa charge pendant vingt ans.

« citoyens ont préconisé et qui par la sublimité du mérite honorez
« encore plus la place qu'elle vous honore.

« Et moins par une cérémonie d'usage ou de culte extérieur
« que par un véritable hommage de sentiments, nous venons vous
« féliciter et nous congratuler nous-mêmes avec le public de
« votre installation en cette charge qui vous place à de si justes
« titres sur le Throne de la justice, dans le temple qu'elle habite
« parmi nous. Heureux ce siège de vous posséder jusqu'à ce que
« le digne rejeton (1) destiné à y retracer vos vertus vienne vous
« y succéder pour y perpétuer le bien que vous y allez faire. »

M. Demandolx fut le dernier lieutenant civil à la sénéchaussée de Marseille.

(1) Le fils de M. Demande, âgé de 14 ans, qu'il fait élever d'une manière distinguée à Paris. (Ces notes sont écrites par l'auteur du discours.)

CHAPITRE V

Réjouissances pour la Convalescence de Louis XIV. Procès-verbaux relatifs à la mort de Louis XIV et de Louis XV. Fêtes à l'occasion du rétablissement des Parlements. Le Parlement de Provence sous Louis XVI.

En 1687, pour la première fois, les procureurs assistèrent en corps à une cérémonie ayant un caractère politique.

Le roi Louis XIV relevait d'une grave maladie qui avait mis ses jours en danger ; tout le royaume célébra par des fêtes cet heureux événement. Les procureurs voulurent manifester la joie qu'ils ressentaient de cette guérison, considérée comme miraculeuse.

Le 7 février 1687, il est représenté « par la bouche des syndics « à l'assemblée générale, que Sa Majesté très chrétienne estant « heureusement revenue et ayant été entièrement guérie d'une « maladie dangereuse, toute la France en a tesmoigné une joye « extrême, à laquelle messieurs les lieutenants de Beausset et « d'Audiffret, voulant tesmoigner chascun la part singulière « qu'ils y prennent, ont résolu de faire chanter un *Te Deum* « *laudamus* dans les églises Major et des Grands Augustins, « avec musique et symphonie, et faire suivre la feste de feux de « joye et d'artifice, faire tirer des boites et austres tesmoignages « de cette qualité.

« Ayant l'un et l'autre tesmoigné aux syndics que notre corps « voulut bien les accompagner en robe à cette réjouissance, ils « en recevraient un extrême plaisir.

« Sur quoy, il est délibéré que toutes les fois qu'il s'agira de « tesmoigner la satisfaction que le corps reçoit des advantages « dont il plaît à la divine Providence favoriser notre invincible « monarque, il faut accompagner messieurs les magistrats « lorsqu'ils nous font l'honneur de nous en advertir, et mesme « tesmoigner, à nostre particulier, le plaisir sensible dont nous « sommes pénétrés, et à cet effet d'aumoniser cinquante livres à « l'hospital du Saint-Esprit et de Saint-Jacques de Gallice, « cinquante livres à l'hospital de la Charité et de donner seize solz « à chasque prisonnier, le tout à l'intention de la dite convales- « cence de Sa Majesté, qu'il plaise à Dieu nous la conserver.

« Et pour régler nostre marche, il a esté aussi délibéré que les « syndics marcheront à la feste comme représentant le corps, « suivis des austres par ordre de réception, ce qui sera exécuté à « l'advenir à toutes les austres cérémonies du royaume.

« Et comme cette cerémonie se fera de nuit, il faudra estre « précédés d'une bande de violons, de quatre flambeaux de cire « blanche à quatre mèches, deux flambeaux qui précèderont « chasque rang et quatre qui feront la closture, et d'orner les « garçons qui les porteront fort proprement et entre autres d'une « livrée de rubans de couleur rouge, bleu et violet.

« C'est ce qui a été exécuté le 18 du dit mois de février, ayant « messieurs du siège esté précédés des huissiers avec leur verges « et médailles, du greffier et suivis de nous, qui après avoir reffusé « de prendre six flambeaux que messieurs du siège nous avaient « offerts, en avons eu vingt-deux de quatre livres pièce qui ont « esté portés en la forme portée par la délibération.

« Ayant les cinquante livres à chascun des hospitaux esté « portées par M. Chaulan, thrésorier, en présence du doyen et des « syndics et la distribution faite aux prisonniers qui estaient au « nombre de 64, ayant par conséquent esté donné 82 livres.

« M. d'Audiffret ayant fait la feste le 21 du dit mois aux « Augustins, nous l'avons accompagné comme le lieutenant de « Beausset, à la réserve que nous estions suivis de tous les

« capitaines des vaisseaux aussi avec leur flambeau chascun. »

La fête se termina par un dîner offert par M. d'Audiffret, lieutenant à l'amirauté, auquel furent invités les syndics des procureurs.

Le 1er septembre 1715 Louis XIV mourut.

Bien que les procureurs n'aient joué aucun rôle à la cérémonie de la prestation de serment au nouveau roi, les détails qui sont contenus dans le procès-verbal qu'ils ont dressé nous ont paru curieux et dignes d'être rapportés :

« Pour mémoire à la postérité.

« Le premier septembre 1715, le roy Louis le Grand, 14e du « nom, d'heureuse mémoire, décéda. Le 22 du dit mois, le Parle- « ment de Provence députa M. le Président du Chaine, M. de « Franc, conseiller, et M. de la Garde, procureur général du roy « en cette ville, pour faire prêter le serment de fidélité à messieurs « les Echevins et au clergé. Le 23 du dit, messieurs du siège « furent prendre messieurs du parlement à leurs logis pour aller « au Palais, marchant dans l'ordre suivant :

« Premièrement marchait le lieutenant du viguier, suivi de dix « de ses archers et deux de la maréchaussée du parlement. Après « M. le Président, M. de Villeneuve, lieutenant général à la « droite ; M. de Forcade, lieutenant criminel ; M. le conseiller de « Franc à la gauche et M. de la Garde à la droite. A la droite du « conseiller de Franc marchait M. Guilhermy, lieutenant particu- « lier, et Esmenard à gauche ; à la droite de M. de la Garde « marchaient le conseiller Touche, M. Guichard et M. Billon, « procureur du roy, et en suite marchaient le sieur de Régina, « greffier du parlement, et Me Sinetty greffier en ce siège, et, en « cet état, suivis de plusieurs gentils hommes, ils furent entendre « la messe à l'église des Accoules, et de là au Palais où étant « montés à la chambre du sénéchal, M. le Président fit une « petite harangue à la louange du feu Roy et à la solennité du « serment de fidélité qui devait être prêté, laquelle fut suivie d'une « autre petite harangue faite par M. de la Garde et après M. de

« Villeneuve fit une harangue digne de luy, qui charma tous ;
« laquelle finie, M. le Président fit prêter le serment à tous
« messieurs du siège et après les délégués envoyèrent avertir
« messieurs du siège de l'amirauté pour aller prêter le serment à la
« chambre du sénéchal. La cérémonie du serment finie, messieurs
« du siège accompagnèrent messieurs du parlement jusques à la
« porte de la rue, où messieurs les Echevins suivis de plusieurs
« marchands les attendaient, après avoir ouy la messe aux
« Accoules. Et ensuite chacun ayant pris leur rang, ils s'en furent
« à la maison de ville où M. le Président et M. le Procureur
« général ayant fait un petit discours, Me Timon, avocat, l'orateur
« de la ville, fit une belle harangue qui fut applaudie de tout le
« public et après on fit prêter serment.

« L'après diné, M. le Président et Messeigneurs le Conseiller
« de Franc et de la Garde, procureur général du roy, furent à
« l'église Major où, après avoir salué le Saint-Sacrement dans
« l'Eglise, ils allèrent à la salle du Chapitre où ils firent prêter le
« serment à MM. les chanoines et ensuite à Messeigneurs des
« chapitres de Saint-Martin et des Accoules, où messieurs furent
« en corps, en surpellis, au prieur de Saint-Laurent et au vicaire de
« Saint-Ferréol, aussi en surpellis, et aussi à tous les Supérieurs
« des ordres et autres que chaque Corps avait députés. L'après
« diné du même jour 23, M. le marquis de Pilles, gouverneur
« et Messeigneurs les Echevins, habillés en robbes rouges
« allèrent par toute la ville précédés par quatre trompettes à
« cheval, avec une cazaque en croix de satin bleu et blanc, avec
« les armes de la ville, marchant à vingt pas devant, et le sieur
« Fort, archivaire après, s'arrêtant à toutes les places pour faire
« la lecture de la nouvelle de la mort du Roy.

« Il est à observer que lorsque l'archivaire commençait de lire,
« les valets de ville ottaient les chaperons de dessus les épaulles
« des Echevins, et d'abord qu'elle était finie, ils remettaient les
« chaperons et à l'instant le peuple faisait de grandes acclama-
« tions de vive le Roy Louis XV du nom, heureusement régnant.

« Le lendemain 24, Messieurs furent à l'abbaye de Saint-Victor, « où, après avoir entendu la messe, ils entrèrent dans la salle du « Chapitre où ils firent prêter le serment à tous ces messieurs ».

La fin du règne de Louis XV est remplie par la lutte des Parlements contre le roi. Le 11 mars 1771, le roi rendit un édit supprimant les parlements, et leur substituant des « Conseils Supérieurs » que l'histoire a ironiquement appelés : Parlements Maupeou.

Le parlement de Provence se refusa de prononcer l'enregistrement de cet édit, déclarant « qu'il était contraire aux lois fondamentales du Royaume », et il fit « inhibition et défense expresse aux sénéchaux, baillis et juges de son ressort d'accorder *pareatis* à aucun mandement des dits prétendus Parlements et Conseils supérieurs, comme émanés de gens qui sont, en ce, sans pouvoir et sans caractère ».

Ce refus, exprimé dans des termes aussi énergiques, devait amener une mesure de rigueur contre le parlement de Provence. Elle ne se fit pas attendre. Ce parlement fut dissous. L'édit du mois de septembre portait création de nouveaux offices au parlement, qui furent attribués aux membres de la Cour des comptes, aides et finances. M. d'Albertas, président de cette cour, fut nommé président du nouveau parlement. L'exécution de cet édit fut confiée à M. le marquis de Rochechouart, lieutenant général des armées du roi, commandant en chef dans le comté de Provence, Avignon et le comté Venaissin, assisté de M. Lenoir, commissaire du roi en ses conseils, maître des requêtes ordinaire de son hôtel.

L'installation des nouveaux magistrats eut lieu le 1er octobre 1771, à huit heures du matin. Une foule considérable s'était rendue à Aix pour assister à cette cérémonie ; les auberges de cette ville, rapportent les historiens, furent insuffisantes pour recevoir les étrangers, désireux d'assister aux événements qui allaient se passer. Les procureurs de Marseille envoyèrent une délégation composée de MM. Pélissier et Terris, leurs syndics. Les parlementaires avaient reçu l'ordre de se trouver au Palais à huit heures.

Les commissaires s'y rendirent quelques instants après et furent reçus par eux sans cérémonie. Ils firent enregistrer d'autorité « par exprès commandement du roi », l'édit de suppression. M. de Castillon, avocat général au Parlement, obligé de le présenter à cette formalité, saisit cette occasion pour prononcer quelques paroles pleines de dignité. Après quoi, l'audience fut levée. Dans la même journée tous les anciens magistrats reçurent des lettres de cachet qui les exilaient, avec ordre de quitter Aix dans les quarante-huit heures.

Le 13 octobre, M. d'Albertas s'étant rendu à Marseille, la Communauté des procureurs, en robe, alla lui faire visite chez M. de Besombe, où il était descendu, et contrairement à l'usage jusqu'alors suivi, les syndics ne lui adressèrent aucun compliment.

Le 10 mai 1774, « le roy Louis Quinze le Bien-Aimé, d'heureuse mémoire », mourait à Versailles de la petite vérole. Le 19 du même mois, le Parlement de Provence députa M. le Président d'Albert, M. de Mène, conseiller, et M. de Joannis, procureur général du roi à Marseille, pour faire prêter le serment à Messeigneurs du siège, aux Echevins et au clergé régulier et séculier.

Les échevins allèrent recevoir les députés à la porte d'Aix. Messieurs du siège « en petit nombre » allèrent leur rendre visite.

Le lendemain 20 mai, les membres de la sénéchaussée en corps furent prendre les députés du parlement à la maison de l'Intendance où ils étaient logés et ils se rendirent au Palais dans l'ordre suivant : « la maréchaussée, les huissiers et ser-« gents, messieurs de la sénéchaussée et les députés du Par-« lement, et dans cet ordre ils se rendirent en droiture à l'église « des Accoules. M. le Doyen leur présenta à tous l'eau bénite ; « après la messe ils se rendirent dans le même ordre au Palais « dans la Chambre du Conseil.

« La séance prise, M. d'Albert a fait une petite harangue à la « louange du défunt roy et à la solennité du serment de fidélité « qui devait être prêté, ensuite M. de Joannis conclua au serment

« par les magistrats présents, et défaut contre les défaillants avec « déffence de faire aucune fonction, à peine de crime. Et après, « M. de Paul, lieutenant civil, fit une harangue qui fut si bien « qu'elle fut applaudie par messieurs les députés, laquelle finie « M. le Président fit prêter le serment. M. de Paul, à genoux, la « main droite sur l'Evangile, prêta le serment suivant : Je Guil- « laume de Paul, conseiller du Roy et son lieutenant civil en « cette sénéchaussée, prête serment de fidélité au roi Louis XVI « heureusement régnant, notre souverain seigneur et maître, « promets et jure sur la Croix de Notre Seigneur Jésus-Christ et « les Saints Evangiles que je touche avec mes mains, à genoux, « d'être son bon, loyal et très fidèle officier, serviteur et sujet, de « ne jamais faire rien et d'empêcher même qu'il se fasse rien « contre le service de Sa Majesté et son autorité et de donner « avis de tout ce qui pourrait venir à ma connaissance de préju- « diciable à l'obéissance qui est due à notre souverain seigneur « et maître ».

« Tous les magistrats les uns après les autres prêtèrent le même « serment, à genoux sur la Croix et les Saints Evangiles. Ni les « avocats, ni notre communauté ne furent appelés au serment.

« La solennité du serment finie, MM. du siège accompagnè- « rent MM. les députés du parlement jusqu'à la porte de la rue « où Messeigneurs nos Echevins, M. le Procureur du roy et l'ar- « chivaire suivis de plusieurs négociants les attendaient et se « rendirent à la Maison de Ville, dans la salle dite la Loge, « où s'assemblent matin et soir les négociants, dans laquelle on « avait élevé une espèce de trône et mis des fauteuils, et après « avoir pris séance, M. d'Albert fit un petit discours sur la fidé- « lité due au roy. M. Berrin, avocat et assesseur, fit aussi un « petit discours et le serment de fidélité fut ensuite presté.

« L'après-midi, les députés allèrent à l'église Major, où après « avoir adoré le Saint-Sacrement dans l'église, ils firent prêter « le serment au clergé.

« Le même soir, le Procureur du Roi et les Echevins en robes

« rouges, ayant à leur tête M. de Pilles, viguier gouverneur, « précédés par un hérault d'armes, de deux trompettes à cheval, « avec leurs casaques en croix de satin bleu et blanc aux armes « de la ville, marchant à vingt pas devant le sieur Thiers (1), « archivaire, parcoururent les rues de toute la ville, c'est-à-dire « les principales places et portes où ils s'arrêtaient et le sieur « archivaire faisait la lecture de ce qui suit :

« De par le Roy.

« On fait savoir à toute personne que par le décez et trépas de « très haut, très puissant, et très auguste prince Louis quinzième, « roi de France et de Navarre, Louis XVI, son petit-fils et son « successeur, est monté sur le throne et a été proclamé roy de « France et de Navarre par tous les ordres et villes du royaume, « et à l'effet de quoy toutes personnes doivent reconnaître « Louis XVI heureusement régnant pour leur roy et souverain « seigneur, et il leur est ordonné de rendre à Sa Majesté obéis- « sance, foy, hommage et fidélité, comme bons et loyaux sujets, « et ils doivent adresser leurs vœux au ciel afin qu'il règne « longtemps et glorieusement. »

« Les deux dernières places où la susdite lecture se fit, furent « par devant le Palais de justice et la place de Lenche. Il est à « observer que lorsque l'archivaire commençait de lire, les valets « de ville ôtaient les chaperons de dessus les épaules de nos « échevins, qu'ils remettaient après la lecture. Le peuple et un « grand nombre d'enfants faisaient de grandes acclamations de « vive Louis XVI du nom, heureusement régnant.

« Le lendemain messieurs du parlement allèrent à Saint-Victor, « et après avoir entendu la messe, ils entrèrent dans la salle « du Chapitre, où ils firent prêter serment à tous les hono- « rables du Chapitre. »

(1) M. Thiers, archivaire, est l'aïeul de M. Adolphe Thiers, premier président de la République.

Dès la première année de son règne, Louis XVI rétablit les parlements, par son édit du mois de décembre 1774. Cet événement fut accueilli avec joie par tout le royaume, et le nouveau roi acquit en ce jour une popularité qui faisait présager le règne le plus heureux. Les magistrats exilés reçurent l'ordre de reprendre leurs fonctions.

Le 10 janvier 1775, M. de Castillon, avocat général au parlement, de retour de son exil à Mondespin, se rendit à Marseille, avec son fils, conseiller au parlement, qui avait partagé le même lieu d'exil.

La communauté des procureurs de Marseille députa auprès de lui Me Remusat, son doyen, Amar, second syndic, Sibbon et Terris, lesquels « se rendirent dès neuf heures du matin en habit noir et « bourse à l'hôtel Borély près les Carmes déchaussés où ces « messieurs étaient descendus.

« Dès que M. de Castillon aperçut la députation des procureurs, « il vint à leur rencontre, les embrassa tous les quatre avec « démonstration de satisfaction et de la plus grande joye. « Me Amar lui adressa ensuite quelques paroles de félicitations « lui exprimant la joye que la ville de Marseille prenait à voir ces « augustes magistrats reprendre leurs fonctions. »

Dès que l'on apprit à Aix que M. de Castillon était à Marseille, les avocats, les procureurs, les huissiers, s'empressèrent de lui envoyer des délégations pour le féliciter.

Les avocats de Marseille réunis à ceux d'Aix invitèrent ce magistrat à un somptueux banquet auquel assistèrent les syndics des procureurs de Marseille. M. de Castillon et son fils quittèrent Marseille de manière à arriver à Aix de nuit. La population prévenue se rendit à leur rencontre sur la grande route, avec des torches allumées ; dès que l'on aperçut la voiture, il fut tiré une salve de boites et M. de Castillon rentra à Aix au milieu de l'allégresse générale ; un grand feu de joie fut allumé à la porte de son hôtel.

M. de la Tour, premier président, reçut le même accueil.

Le 12 janvier 1775, eut lieu la cérémonie d'installation. Une foule immense y assistait ; les avocats, les procureurs, allèrent chercher les magistrats pour les conduire au palais ; dans le cortège les procureurs firent figurer le roi de la Basoche avec ses officiers, en costumes brillants.

Après l'installation, les jardiniers offrirent à tous les magistrats un œillet blanc, « comme symbole de leur innocence et de leur triomphe ».

« Les procureurs de Marseille délibérèrent que « tous se ren« draient à Aix, le 12 janvier, pour participer à la joie publique, « ce qui fut exécuté. Dans la visite qu'ils eurent l'honneur de « faire en robe à M. de la Tour, premier président, et à M. de « Castillon, avocat du procureur général, Me Garries, premier « syndic, les complimenta et ces messieurs témoignèrent par « leurs réponses que la démarche du corps leur était fort « agréable.»

Ce fut M. de la Rochechouart, le même qui avait procédé à l'installation du parlement Maupeou, qui rétablit dans leurs fonctions les magistrats exilés.

Le 6 février 1775, fut donnée à Marseille une grande fête à l'occasion du rétablissement du parlement. Elle fut organisée par les procureurs, qui payèrent la plus grande partie des frais. M. de Castillon et son fils se rendirent à Marseille pour y assister.

Nous copions textuellement le procès-verbal qui fut dressé et qui se trouve dans nos archives.

« *Pro memoria et posteritate. Anno primo regni Ludovici XVI.*

« Du 6 février 1775, jour de lundy.

« Nous étant rendus sur les huit heures du matin en robe et « en rabat chez M. de Paul, lieutenant civil, messieurs les avocats « s'y étant rendus de même, nous partîmes en corps au bruit des « boittes, pour aller entendre la sainte messe à la Cathédrale. A « notre entrée dans l'église encore au bruit des boittes, la séné« chaussée placée à droite et immédiatement après eux notre

« communauté (messieurs les avocats se placèrent à gauche), M. le « Prévost du chapitre célébra la messe. L'on chanta en même temps « *Dominus regnavit* et ce motet fut suivi du *Domine, salvum* « *fac regem* et par un accord très bien entendu les boittes « éclatèrent en même temps.

« De l'église nous nous rendîmes au Palais, et au moment de « l'entrée le bruit des boittes et du cor se fit entendre. C'était « Me Pélissier, l'un de nos confrères, qui avait donné les ordres « nécessaires pour mettre feu aux boittes et ses ordres furent « exécutés avec une précision qui surprit agréablement.

« Au balcon du palaix étaient attachées les armes du roy avec « les attributs de la royauté. Au haut de la porte d'entrée un « tableau représentait en grand personnage la justice descen- « dant du haut du ciel, ayant à son côté droit un génie qui tenait « une balance en mains. Elle présentait au roy le livre de la loy « et un second génie placé à son côté gauche entre elle et le roy « portait cette légende : *Lex non prœteribit*. Le roy, représenté « également en grand personnage, portait son doigt sur la loy, « marquant ainsy que par elle il ne gouverne qu'avec plus « d'empire, ce qui était exprimé par cette légende *Per eam* « *fortius impero* qu'un génie placé devant lui tenait à sa main.

« Aux deux côtés et au-dessus de la porte étaient disposés des « lampions dont l'arrangement formait une simétrie bien enten- « due ; le même arrangement était gardé à la distribution du « laurier qui entourait les pièces de bois auxquelles les lampions « étaient attachés.

« Le vestibule du palaix était tapissé en damas cramoisy avec « les armes du Roy, répétées aux quatre faces au dessus de la « grille de fer qui conduit à l'escalier et qui est vis-à-vis. La porte « d'entrée était un arc de triomphe formé avec des branches de « laurier.

« Il est à observer que lors de notre entrée dans le vestibule du « palaix, le syndic des huissiers nous présenta à tous, tant magis- « trats, avocats que procureurs, successivement, un bouquet du

« centre duquel sortait une tige de laurier, de sorte que nous « entrâmes à la salle d'audience tous ayant un bouquet à « la main.

« La séance fut ouverte par le discours de M. Guieu, avocat du « Roy ; M. le lieutenant porta ensuite la parole, il finit par ordonner « l'enregistrement de l'édit. Dans l'instant où la lecture en fut « commencée par le greffier audiencier, le bruit des boittes se fit « encore entendre.

« Après la lecture de l'édit, M. Guieu prononça le discours de « rentrée. M. le lieutenant, dans le sien, fit sentir la nécessité de « l'étude et de la connaissance des loix.

« La fin de cette séance termina la matinée, le reste du jour « fût fêté.

« Le tableau placé au haut de la porte d'entrée fait allusion au « rétablissement des parlements qui a été un des premiers événe- « ments du règne de Louis XVI.

« Me Terris, l'un des membres de notre corps, est l'auteur des « légendes, il y en a six :

« La première est portée par le génie de la Justice : *Lex non « prœteribit*, elle désigne la force que le règne de la loi donne à « l'empire de la justice.

« La deuxième, portée par le génie du Roy : *Per eam fortius « impero*, désigne la force que le règne de la loy donne à l'empire « de la royauté.

« La troisième : *Virtutem videant, intabescantque relicta*, « qui traverse les deux personnages du groupe du tableau, « représentant l'Envie et la Calomnie regardant avec dépit la « Justice et le Roy se soutenant l'un par l'autre dans leur empire, « désigne les remords cuisants dont l'abandon seul de la vertu « dévore ceux qui la sacrifient à la passion.

« Ces légendes ont fait grand honneur à Me Terris.

« M. le lieutenant invita à dîner chez lui tous les officiers de la « sénéchaussée, ceux de tous les autres tribunaux ; les syndics des « avocats et des procureurs.

« Notre communauté de procureurs dîna à la guinguette de « Beisson dans la belle salle en entrant ; MM. les avocats dans la « salle au-dessus. Deux de ces messieurs s'étant rendus à notre « salle pour nous faire part qu'ils avaient bu à nos santés, quatre « de nous montèrent à leur salle pour leur dire la même chose et « les prier de descendre tous, et nous étant réunis dans la grande « salle de plain pied, la table sur laquelle nous avions dîné fut à « peine entièrement débarrassée, qu'elle fut ornée d'un surtout « élégant et couverte de tout ce qu'on pouvait offrir de mieux en « confitures, sachets, liquides et glaces, en vins étrangers et « liqueurs.

« Messieurs de la sénéchaussée, ayant en leur compagnie M. de « Castillon fils, conseiller au parlement, s'y étant rendus, tout le « monde prit place sans distinction, c'est-à-dire un magistrat, « un avocat et un procureur et ainsi de suite. On y but à la santé « de Louis XVI, notre roy, de ses ministres, du parlement et « notamment à la santé de M. de Castillon, avocat général, de « M. de Castillon fils, dans lequel on reconnaît le génie et le cœur « de son père.

« Les dépenses des boittes, de la décoration du palais et du dîner « à tous les prisonniers furent faites aux dépens de notre corps, « de même que le dîner, confitures et vins étrangers, ainsi que « les frais nécessaires pour les lettres de grâce d'un prisonnier « dont le cas a été examiné et jugé graciable ; à l'entrée de la « nuit, le bal dans la susdite salle qui fut très bien éclairée et « tous les rafraîchissements nécessaires.

« Lorsque Mme de Paul arriva, deux de nos confrères, commis- « saires pour le bal, avertirent notre doyen, qui fut lui donner « la main, et l'ayant conduite à la place d'honneur, qui lui était « destinée, l'ouverture peu de temps après se fit par le doyen de « notre communauté avec Madame la lieutenante. Le bal, fini dans « la salle, fut continué dans le vestibule du palais où tout le « monde se rendit pour voir l'illumination ».

Dans les comptes du trésorier nous avons pu trouver le montant des dépenses occasionnées par la fête :

Aux Accoules, pour le service religieux, sonnerie de cloches, orgues	46 liv.		
A Gilly, joueur de cor de chasse	4	»	4
A Catherine Peyrier, « bouquiériste, pour fleurs et bouquets »	194	»	
François Mayan, menuisier	120	»	
Isoard, tapissier	42	»	
Beisson, restaurateur	325	»	
Vins et liqueurs, confitures et glaces	248	»	6
Boittes	3	»	2
Pour les prisonniers	50	»	

M. de Castillon fut nommé procureur général au parlement le 30 mars 1775; le 28 juin 1787, son fils fut nommé procureur général en sa survivance. Les procureurs de Marseille déléguèrent à Aix Mes Chalvet et Rolland, syndics, et Mes Emerigon et Estuby, les deux plus anciens du corps, pour aller féliciter M. de Castillon fils. Ils se rendirent à Aix le 30 juin, et firent leur visite en robe. M. de Castillon fils les reçut également en robe. Me Chalvet « le complimenta avec d'autant plus de satisfaction « et d'agrément pour lui, qu'il avait été compagnon d'étude de « M. Le Blanc de Castillon fils, qui témoigna aux syndics et dépu- « tés de la manière la plus affectueuse combien il était satisfait « de la visite des syndics et députés. Il les invita à dîner; ils y « dînèrent effectivement le 30 juin. M. de Castillon père étant « survenu, il fut également complimenté et témoigna la même « satisfaction que son fils ».

L'accord du roi et des parlements fut de bien courte durée. Ce fut encore celui de Paris qui donna le premier l'exemple de la résistance. En 1787, il repoussa les innovations proposées par le contrôleur général des finances sur le régime des impôts. Le 15 août, les membres qui le composaient furent envoyés en exil.

A cette occasion, va se montrer cet esprit de faiblesse et d'indécision qui fut le propre de l'infortuné Louis XVI. Après avoir pris cette mesure énergique, devant les protestations des autres parlements, il retira, le 20 septembre, ses lettres de cachets et invita les magistrats à reprendre leurs fonctions.

Le parlement de Provence, suivant l'exemple de celui de Paris, refusa à son tour d'enregistrer l'édit de mars 1788, qui créait les présidiaux ou grands baillages, tribunaux intermédiaires entre la sénéchaussée et le parlement, chargés de juger sans appel jusqu'à 20,000 livres; ainsi que l'édit portant création « de la cour plénière », qui enlevait aux parlements les attributions politiques qu'ils avaient exercées pendant plusieurs siècles. Le parlement d'Aix prétendait que ces édits violaient la constitution de la Provence.

M. de la Tour, premier président du parlement, déclarait que la cour qu'il présidait ne pouvait faire d'autres vœux que celui du retrait absolu des édits, et M. d'Albertas, président de la Cour des comptes, s'exprimait ainsi : « Notre zèle pour les véritables intérêts du roi, notre attachement à la constitution provençale, notre serment nous ordonnent de repousser avec effroi des édits violateurs des pactes qui unissent la Provence au royaume, sans l'y subalterner ».

A Marseille, Me Bremond, avocat en la cour, plaidant dans une cause, « fit sa déclaration de foy en déclarant qu'il n'accepterait « jamais de place dans des baillages et présidiaux dans le cas où « ils viendraient à être établis, car ils étaient contraires à la cons- « titution de la Provence ».

Me Grosson, avocat du roi, prit des conclusions contre Me Bremond et demanda « qu'il fût décrété d'ajournement et qu'il fût « informé contre lui ».

Me Bremond se pourvut contre cette réquisition, et l'affaire vint à l'audience suivante. Le siège du procureur du roi était occupé par Me Estuby, procureur le plus ancien, en empêchement de ce magistrat. Ce procureur donna ses conclusions et demanda que

Me Bremond fût relaxé. « Car nous pensons tous, disait-il, que ces édits du roi sont attentatoires aux libertés de la Provence ». Faisant droit à ces conclusions, le lieutenant-général rendit sa sentence, « par laquelle il fut dit qu'il n'y avait pas lieu de délibérer sur la « réquisition de M. l'avocat du roy. »

Un autre incident se produisit quelques jours après. Il montrera l'esprit qui animait à ce moment les procureurs du siège de Marseille.

« M. Depresmenil, conseiller au parlement de Paris, étant de retour de son exil aux îles de Sainte-Marguerite, passa à Marseille. La Communauté des procureurs s'assembla pour savoir si elle irait lui faire visite, « attendu que ce magistrat n'avait été exilé « que parce qu'il avait épousé avec chaleur la cause du par- « lement. »

La Communauté délibère que ses membres iront visiter M. Depresmenil « par turbe, en habits noirs et cheveux naissants ».

Le 15 octobre 1788, douze membres de la Communauté furent sur les dix heures dans la maison de M. Martin, fils d'André, chez qui M. Depresmenil était descendu. Ils y trouvèrent ce magistrat. « Comme cette visite n'était pas faite par la Communauté, mais « seulement par les membres qui la composaient, Me Emerigon, « doyen, porta la parole. Il dit : « *Monsieur, les membres de la* « *Communauté des procureurs de Marseille viennent admirer* « *en vous un héros.* »

« M. Depresmenil répondit d'une manière fort honête et présenta madame son épouse à nos collègues. Me Court, qui se trouvait le plus proche, complimenta Madame ainsi que Me Esménard qui lui dit un mot. »

Le parlement de Provence fut suspendu le 8 mai 1788. Devant l'agitation que souleva dans la Provence cette mesure de rigueur, le roi fit comme pour le parlement de Paris, il revint sur sa décision et autorisa le parlement de Provence comme les autres à conserver ses fonctions jusqu'à la tenue des Etats Généraux.

La rentrée du parlement de Provence fut fixée au 20 octobre 1788 ; les procureurs de Marseille ont dressé le procès-verbal qui suit de cette cérémonie.

« Les syndics ayant conféré avec M. de Mandolx, lieutenant « général civil, il fut convenu que nous partirions avec lui le « 19 octobre 1788, et il nous pria d'inviter en son nom tous les « membres de notre Communauté à déjeuner.

« Le dit jour, 19 octobre, tous les membres furent rendus chez « lui vers les huit heures du matin ainsi que messieurs les avocats, « où il fut servi un beau déjeuné ; pendant le temps du déjeuné, « la musique du régiment de Vexcin arriva à la porte du lieute- « nant et la symphonie ayant commencé, continua tout le temps « du déjeuné.

« Nous partîmes et nous nous rendîmes tous en habits noirs et « cheveux longs, à la place Latour, où les voitures nous atten- « daient. Nous trouvâmes les musiciens qui commencèrent à « jouer dès qu'ils nous aperçurent.

« M. le lieutenant, accompagné de MM. de Paul, lieutenant- « général civil honoraire, Duroure, lieutenant particulier criminel, « et de Chomel, lieutenant-général criminel, entrèrent dans une « voiture à six chevaux, et nous, chacun dans nos voitures à « quatre chevaux. La voiture de M. le lieutenant défila et les « nôtres ensuite successivement et nous nous rendîmes à la ville « d'Aix, où nous arrivâmes vers les onze heures. MM. les magis- « trats, les avocats et nous tous ensemble fûmes faire visite aux « chefs des cours. Nous fûmes d'abord chez Me de la Tour, premier « président au Parlement, et il invita nos syndics à dîner avec lui « pour le mardi six prochain. Nous fûmes ensuite chez M. de « Castillon, procureur-général au parlement, M. d'Albertas, pre- « mier président de la cour des comptes, et chez M. de Paul, « procureur général près la même cour.

« Le lundi suivant, 20 du courant, le parlement et la cour des « comptes firent l'ouverture de leurs séances et les avocats géné-

« raux prononcèrent leurs discours (1). Le mardi 21 du courant, « notre Communauté se rendit en corps et en robe au palais, pour « complimenter le parlement. M. le lieutenant prononça le dis- « cours et Me Seytres, notre premier syndic, le compliment.

(1) Rentrée solennelle de 1788. (Ce fut la dernière).

Du 20 octobre 1788. L'accès du palais étant devenu libre, Messieurs s'y sont rendus en robe rouge, pour la prestation du serment, qui n'avait pu avoir lieu le premier octobre, jour de la rentrée ordinaire, parce que la violence n'avait pas cessé.

Ont été présents, M. le Président des Galois de la Tour, etc. (il y avait à ce moment au Parlement treize présidents et soixante conseillers).

Gens du Roi : M. de Calissanne, avocat général ; M. de Castillon, procureur général ; M. de Castillon fils, procureur général en survivance ; M. de Montmeyan, avocat général ; M. de Beauval, avocat général ; M. de Régina, greffier en chef.

Substituts du procureur général, MM. Mériaud (fut condamné à mort à Marseille le 2 octobre 1793, et exécuté à Aix le lendemain), Barmond, Aguillon, Estrangin.

Après la prestation de serment et le département (la distribution) des Chambres ont été nommés commissaires de la Compagnie : M. le président de Bruny d'Entrecasteaux, MM. de Montvalon, doyen ; de Thorane et de Mons pour la grand Chambre, de Saint-Marc et du Queylar pour la Tournelle ; d'André et de Maillanne pour les enquêtes et M. de Castillon fils pour le parquet,

Du 21 octobre 1788. Messieurs se sont rendus au Palais à neuf heures du matin, et les Chambres ayant été assemblées, M. le Premier Président a dit qu'il croyait nécessaire de rendre compte des démarches de la Compagnie depuis le huit mai, jour où le Parlement avait enregistré par force les édits royaux.

Puis la réception des corps judiciaires a eu lieu.

La Communauté des procureurs postulans en la Cour, annoncée par l'huissier de service, s'est placée derrière le bureau et M. Estienne, premier syndic, a dit (le discours n'est pas reproduit). M. le Premier Président lui a répondu.

La Communauté des procureurs au siége de Marseille ayant demandé d'entrer, le premier syndic, qui était à sa tête, placé derrière le bureau, a complimenté la Cour. M. le Premier Président lui a répondu.

L'huissier de service a ensuite annoncé la Communauté des procureurs au siége d'Aix et, placé derrière le bureau, Me Avy, premier syndic, qui était à sa tête, a dit. M. le Premier Président lui a répondu.

Les procureurs des gens des Trois Etats du pays de Provence, annoncés par les huissiers de service, sont entrés dans la Chambre et ont pris place au bureau des commissaires. M. de Demandolx, premier consul, était à la tête du banc, venaient ensuite Me Pascalis, assesseur d'Aix, et M. Girard, dernier consul.

Me Pascalis, l'un des procureurs du pays, au nom de l'assemblée intermédiaire renforcée, assis et couvert, a dit :

Messieurs,

....

Nous requérons acte de la rémission sur le bureau de l'extrait de la délibération de l'Assemblée renforcée du 2 juin dernier, qu'il en soit fait lecture, qu'elle soit enregistrée par la Cour.

Et de ce que, adhérant pour et au nom des Etats à l'opposition déclarée par le Ministère public et par les Cours, la dite Assemblée forme opposition à la transcription et publication des susdits Edits et notamment à celuy portant établissement

« Il est bon d'observer qu'au moment où Me Seytres allait parler, « Me Avi, premier syndic des procureurs du siège d'Aix, observa à « la Cour que, vu sa qualité de premier syndic des procureurs du « siège d'Aix, il devait parler le premier avant les procureurs de « Marseille : M. le premier président lui répondit que la Cour rece« vrait les compliments sans ordre de préséance.

« Le compliment de M. Seytres est ainsi conçu :

« La Communauté des Procureurs de la sénéchaussée de Mar« seille, sensible à la subversion générale qui a affligé et consterné « la magistrature de la France entière pendant plus de cinq mois, « vient témoigner à la Cour sa satisfaction de voir les choses « rétablies dans leur état naturel et légitime. C'était là le vœu de

de la Cour plenière ; qu'il nous en soit concédé acte et au moyen de la susdite opposition déclarer que le testament de Charles d'Anjou, les lettres patentes de 1481, 1482, 1486 et autres traités intervenus entre les souverains et la nation continueront à être intégralement exécutés ; que le pays continuera d'être pays principal, nullement subalterné, uni principalement au royaume et vivant sous la domination du comte de Provence ; qu'il sera mainteuu dans le droit d'offrir librement des dons et des subsides et qu'aucun impôt ne pourra être levé en Provence qu'il n'ait été consenti par la nation et dument vérifié ; qu'il sera encore maintenu dans le droit d'avoir exclusivement dans son sein ses tribunaux intermédiaires et vérificateurs de toutes lettres en formes d'édit, d'ordonnance et de déclaration ; qu'aucunes des dites lettres ne pourront être exécutées en Provence avant d'avoir été vérifiées et enregistrées par les susdits tribunaux, lesquels continueront d'adresser, directement et sans moyens, telles remontrances ou représentations au Souverain qu'ils jugeront utiles ou convenables pour le plus grand bien du pays ; que jusques après la susdite vérification et enregistrement libre, les dits édits, ordres, ou déclarations seront regardés comme non obvenus, en force des capitulations et titres du pays et notamment de l'édit de Louis III et que les peuples de Provence ne seront aucunement tenus de les exécuter.

M. de Maurel de Calissanne, avocat général, s'est levé et a dit :

Nous requérons qu'il nous soit concédé acte de notre opposition et de l'adhésion unanime de la Cour à la dite opposition dans la séance militaire du 8 mai, et qu'elle soit enregistrée dans les registres de la Cour. N'empeschons qu'il soit concédé acte aux procureurs du pays de la délibération de l'Assemblée renforcée du second juin dernier.

La Cour a fait arrêt le même jour qui concède les actes requis par le Procureur général du Roi et par les gens des Trois Etats du pays de Provence et fait droit aux fins et conclusions par eux prises, lequel arrêt a été déposé au greffe civil de la Cour.

Signé : Des Galois de la Tour.

(Archives du département des Bouches du Rhône, dépôt d'Aix. Série B. registre 39. *Délibérations du Parlement* (1786-1790).

« tout droit et fidèle citoyen, et notre Communauté n'en a jamais « nourri d'autres que ceux d'être entièrement dévouée au roy, aux « lois et à la patrie et à ses magistrats, vrais appuis du trône et « fermes défenseurs des droits et privilèges de la nation. Elle « supplie la Cour de vouloir bien dans cet événement mémorable « agréer ses sentiments de respect, d'attachement et de soumis- « sion à jamais inviolables ».

« Le dit jour 21, nous nous rendîmes chez M. le premier « président, c'est-à-dire les syndics, où nous dînâmes. Après le « dîner, nous sortîmes avec les syndics des procureurs de la ville « d'Aix qui ne nous avaient pas fait de visite. Nous eûmes là- « dessus quelques explications et ils nous dirent de tout oublier. « Ce jour-là, la Communauté des procureurs d'Aix dînait à la « campagne, les syndics nous y conduisirent et tous les membres « de cette Communauté nous firent beaucoup d'amitié, ils nous « invitèrent même à souper le soir.

« De retour de la campagne, les syndics des procureurs d'Aix « vinrent à notre auberge pour inviter les membres de notre « Communauté et en même temps ils députèrent vers les syndics « des procureurs au parlement pour les inviter au même soupé. « Arrivés à l'auberge, nous trouvâmes MM. les magistrats de « notre tribunal qui sortaient et qui venaient de nous faire visite. « Me Arnaud, un de nos confrères, n'étant pas encore prévenu de « l'invitation de la Compagnie des procureurs d'Aix, pria mes- « sieurs les magistrats à souper avec nous et ils acceptèrent. « Comme les syndics d'Aix étaient présents, ils furent convaincus « que Me Arnaud ignorait leur invitation et ils acceptèrent le « soupé que nous leur offrîmes. Cependant les syndics des procu- « reurs au parlement étaient déjà invités par ceux du siège de la « sénéchaussée d'Aix. Nous les fîmes prier de souper aussi avec « nous, mais ils refusèrent sous divers prétextes ; le soupé fut « assez joyeux.

« Le lendemain mercredi, 22 courant, nous partîmes d'Aix, « vers les 8 heures, dans le même ordre que nous y étions arrivés,

« et nous arrivâmes vers les midi, en cette ville, à la place du « Palais. Nous avions fait horner la porte d'entrée d'un arc de « triomphe en laurier. Nous fûmes salués d'une salve de cinquante « boëtes et la musique du régiment, qui était placée au balcon, « jouait pendant notre entrée au Palais.

« Messieurs les commis du greffe distribuèrent, à la porte du « Palais, des couronnes à Messieurs les magistrats et des bou- « quets à Messieurs les avocats et procureurs, aux frais de notre « Compagnie.

« Mes Villecroze et Mathieu, syndics de l'Ordre des avocats, « nous prièrent de nous assembler dans la Chambre syndicale et « vinrent nous remercier de la réception que nous leur avions « faite. Nous descendîmes tous ensemble à la Chambre du Conseil « et nous accompagnâmes M. le lieutenant jusqu'à sa maison. »

Le 10 novembre suivant, le Tribunal de la Sénéchaussée de Marseille fit sa rentrée.

« Un jour auparavant, notre Communauté étant assemblée dans « la Chambre syndicale, l'Ordre des avocats députa deux mem- « bres pour inviter notre Communauté à dîner, laquelle accepta. « M. le lieutenant fit passer un billet d'invitation à nos syndics. « Le serment prêté, nous nous retirâmes du Palais. Les avocats « et les procureurs furent à la guinguette d'Arquier, hors la porte « Noailles, et les syndics de notre Communauté se rendirent chez « M. le lieutenant, où il y eut un fort beau dîner. Le dîner fini, « M. le lieutenant, accompagné de deux convives, fut à la guin- « guette d'Arquier, où les avocats et les procureurs étaient. Ils « étaient alors au dessert; au moment où M. le lieutenant entra, « il fut salué d'une salve de boëtes, et on but ensuite à sa santé « et on porta la santé du Roy et des parlements.

« Notre Communauté s'assembla ensuite et il fut délibéré de « rendre à Messieurs les avocats le dîner que nous avions reçu. « En conséquence, les syndics de notre Compagnie furent char- « gés de prier à ce dîner MM. les syndics des avocats avec prière « d'y admettre tous les avocats qui seraient à leur gré. Les syn-

« dics des procureurs s'acquittèrent de cette commission. Le « dîner fut fixé au 4 novembre à la guinguette Arquier.

« Me Seytres, 1er syndic, ne pouvant sortir à cause qu'il venait « de perdre son beau-père, Me Martichon, 2me syndic, fut chargé « du détail de cette fête. Comme tous les membres de la Com- « munauté lui avaient recommandé de s'en acquitter honora- « blement, il fit horner la salle à manger de guirlandes de « laurier et de deux arcs de triomphe ; à l'entrée et au fond de la « salle, le laurier était parsemé de cocardes en papier rouge et « doré. Le dîner fut beau et bon et la joie des convives était rani- « mée par la symphonie, qui était placée à l'orquestre de la « salle. Le commencement du dîner fut marqué par une salve « de cinquante boëtes ; le dessert par une salve d'autres 50 « boëtes. On porta diverses santés entre autres celles du Roy et « du parlement. Pour cela le vin ne manquait pas, il y en avait « en abondance. Le dessert fut très beau car il fut fait à la bougie « et la salle était très bien éclairée.

« Les fêtes étant finies, M. le lieutenant-général accompagné « de MM. de Paul et Duroure vont chez le syndic de notre Com- « munauté pour les remercier de toutes les politesses que nous leur « avions faites, de laquelle visite les syndics rendirent compte « à notre Communauté.

« Nous avons dit cy-devant qu'étant en la ville d'Aix, nous « avions invité les procureurs au siège d'Aix et que ceux-ci nous « firent promettre d'accepter un souper ou un dîner.

« Quelque temps après notre arrivée, la Communauté des pro- « cureurs au siège d'Aix nous députa Mrs Avi et Croisier, leurs « syndics, pour nous inviter à dîner à Aix. Les députés vinrent « chez les syndics de notre Communauté, qui la firent assembler « sur-le-champ. Le dîner fut accepté et il fut délibéré d'inviter à « dîner, le jour même, les députés de la ville d'Aix, auquel les deux « syndics et six autres membres de notre Communauté assiste- « raient. Après le dîner nous demeurâmes d'accord que le dîner « à Aix serait fixé pour un dimanche et qu'ils nous écriraient quel « dimanche ils auraient choisi.

« Les syndics d'Aix nous écrivirent et le jour fixé tous les « membres de notre Compagnie, à l'exception de trois ou quatre, « partirent pour Aix; les procureurs au Parlement étaient invités. « Le dîné fut beau et bon, il fut très gai. Vers les six heures du « soir nous repartîmes, et c'est ainsi que les fêtes à l'occasion de « la rentrée du Parlement finirent. »

Ce fut la dernière fête joyeuse des procureurs.

CHAPITRE VI

Cahier des doléances des Procureurs. Installation du Tribunal du district. — Le dernier jour des Procureurs.

Invités, comme les membres des autres corporations de la ville, à dresser le cahier de leurs doléances, les Procureurs de Marseille se réunirent en assemblée générale, dans la salle de leurs délibérations, le 23 mars 1789.

Ils demandaient pour eux le droit de faire partie du Conseil Municipal; et « cela pour être plus utiles et plus chers à la patrie »; ils estimaient que le nombre de 48 conseillers municipaux était insuffisant, et émettaient le vœu qu'il fût porté à 300 comme autrefois; « ainsi les affaires de la Ville, distribuées à des commissions, chacune pour la partie relative à son état, ne seront que mieux et plus promptement réglées. »

L'assiette de l'impôt municipal leur paraissait défectueuse. Sa répartition devait se faire entre tous les citoyens. « C'est sur le pain et sur la viande que l'imposition est établie. Ces denrées de première nécessité sont surchargées d'un droit, qui varie suivant les circonstances, mais qui est toujours insupportable, tandis que les fonds de terre et les immeubles, vraie richesse du pays, ne supportent aucune charge ». Ils souhaitaient, en outre, voir disparaître les exemptions dont les deux premiers Ordres, le Clergé et la Noblesse, étaient autrefois si jaloux « et qui aujourd'hui doivent être regardées par eux-mêmes comme des injustices. »

Dans l'ordre judiciaire, ils demandaient une réforme complète du Code criminel. « Secourir l'innocent, l'aider à repousser les

« traits de l'erreur et de la calomnie, le dérober au glaive trop « souvent mal dirigé de la Justice ; le rendre à sa famille éplorée, « le rétablir dans la société, qui paraissait l'avoir déjà repoussé ; « tel a été et tel sera toujours l'objet de nos vœux et de nos tra- « vaux. Mais le cachot qui recèle cet infortuné ne nous est ouvert « qu'après que des témoignages intéressés et peu réfléchis, des « interrogatoires trop souvent insidieux, des réponses mal articu- « lées et plus mal interprétées encore, ont conspiré sa perte, et « que, malheureuse victime des formes barbares, que l'ignorance « de nos pères ou leur vertu trop austère avaient introduites, « il est dévoué à la perte et à la mort.

« Qu'il sera cher à la France le jour à jamais heureux, où « pour la première fois, l'accusé libre même dans les fers, assisté « même d'un défenseur, sera instruit du genre et des circonstan- « ces du crime qu'on lui impute, où, les témoins déposant en sa « présence, il aura, s'il n'est pas coupable, les moyens de les « confondre et de devenir leur accusateur ! »

Appelés par leurs fonctions à visiter les prisonniers, ils signalaient le régime inhumain auquel ceux-ci étaient soumis, et l'état déplorable des prisons de Marseille, « cachots infects où séjournaient ensemble, les prévenus, les condamnés et les prisonniers pour dettes. »

Pour faciliter aux petits créanciers l'exécution des jugements, il fallait, d'après eux, que toute condamnation, qui n'excéderait pas cent livres, fût exécutoire pour le principal, les intérêts et les frais, nonobstant appel et sans caution.

Ils sollicitaient le maintien « de ce droit antique et jaloux » qui mettait les Marseillais à l'abri des *committimus* et des évocations. « Nous devons espérer, disaient-ils, que nos juridictions ne « seront plus expatriées, surtout dans les causes générales de « bénéfice d'inventaire et de discussion. »

Ils demandaient enfin la suppression des droits royaux et une diminution des frais de timbre et d'enregistrement qui rendent presque toujours vaines les espérances des créanciers.

Tel sont en résumé les vœux des procureurs (1).

Dans leurs cahiers, les notaires demandaient pour les procureurs de Marseille, « Compagnie qui se distinguait autant par sa science du droit que par sa probité », le droit d'acquérir la noblesse.

Les procureurs nommèrent délégués Emerigon et Seytres pour déposer le cahier des doléances de la communauté, à la réunion du Tiers-État qui se tint dans la salle des Pères Prêcheurs.

Le 24 mars 1790, l'Assemblée Nationale vota qu'il y avait lieu de reconstituer en entier l'ordre judiciaire, et le 24 août suivant parut le décret sur la réorganisation de la Justice.

Les parlements, les tribunaux de sénéchaussée étaient abolis et remplacés par des tribunaux de district, dont les juges étaient nommés à l'élection. Le roi conservait seulement la nomination des officiers du ministère public. Pour l'appel, les tribunaux de district devenaient juges les uns des autres. Les parties devaient se mettre d'accord sur la désignation du tribunal de district appelé à juger en dernier ressort. En cas de désaccord, le tribunal qui avait rendu le jugement dressait une liste de sept tribunaux, dont un choisi en dehors du département. Chacune des parties avait le droit d'en récuser trois, et celui qui n'avait pas été récusé devenait juge de l'appel.

La vénalité et l'hérédité des offices de judicature étaient abolies. Les juges devaient être rétribués par l'État.

Cette loi créait en outre les justices de paix.

La dernière audience du tribunal de la sénéchaussée de Marseille eut lieu en août 1790.

Au moment de la suppression, les officiers de ce siège étaient : M. Dominique Demandolx, lieutenant général civil ; M. Guillaume de Paul, lieutenant général civil honoraire ; M. Jean de Chomel, lieutenant général criminel ; M. Bartet, lieutenant particulier civil et des submissions ; M. Pierre Duroure, premier conseiller ;

(1) Voir aux pièces justificatives le cahier de leurs doléances *in extenso*.

MM. de Grosson et Jean Silvy, conseillers ; de Corréard et de Grosson, conseillers et avocats du roi ; Devilliers de Saint-Savournin, conseiller et procureur du roi ; Daumas, greffier en chef.

Etait aussi supprimé le Parlement de Provence (1), qui avait été créé par édit de Louis XII de juillet 1501 (2).

(1) Au moment de sa suppression le Parlement se composait de treize premiers présidents, de soixante conseillers, dont un ecclésiastique, M. de Bonnet de la Baume, deux procureurs généraux et trois avocats généraux.

(2) Loys, *duodecim hujus nominis*, par la grâce de Dieu, Roy de France, de Naples, de Hiérusalem, comte de Prouvence, Forcalquier et terres adjacentes, savoir faisons à tous présens et advenir que, comme feu nostre très cher seigneur et cousin Charles, dernier décédé (que Dieu absoille), certain temps devant son trépas voulant et désirant donner ordre aux fins des deffaultes et abus de justice qui avoient cours esdicts pays et contez au très grand détriment, préjudice et dommage des habitants et subgects d'iceulx pays et contez et obvier aux grans longueurs, subterfuges et delaiz des parties plaidoians, lesquelz par le premier train et forme accoustumée de la dicte justice, pouvoient appeller des sentences qui sont données par les juges inférieurs jusques à quatre ou cinq ou six fois, devant que venir à la déffinitive, tellement que les procès y estoient et sont comme immortelz, eust discerné Commission à certains grans et notables personnages pour besongner au fait de la réformacion et abréviacion de la dicte justice ; toutefois, depuys, d'autres graves affaires intervenuez à nostre dict feu seigneur et cousin n'y a peu estre mise ou donner conclusion aulcune jusques à présent.

Pour ces causes et consideracions et autres à ce nous mouvans la dicte justice et jurisdiction d'icelle grand sénéchaussée et conseil desdictz pays et conté de Prouvence et terres adjacentes :

Avons de nostre certaine science et mouvement créé, érigé, institué, ordonné et establi et par la teneur de ces présentes de nostre pleine puissance et auctorité royal et provençal créons, érigeons, instituons, ordonnons et establissons perpétuellement à tous jours en court souveraine et parlement desdictz pays et contez, que sera exercée et tenue par nostre dict seneschal (ou son lieutenant en absence), ung président et unze conseillers dont y en aura quatre ecclesiastiques et les autres laïcz, tous gens notables, clercs graduez et expérimentez en faict de judicature, qui jugeront, décideront et détermineront en souveraineté et dernier ressort de toutes causes, procès et debatz en telle autorité, privileges, prérogatives et preeminences que sont en noz aultres cours de parlement de nostre royaulme, et selon les points et articles cy après insérez, et en oultre y aura ung advocat et deux procureurs généraulx et fiscaulx pour poursuivre et défendre en droictz, ung advocat et ung procureur des pauvres, quatre greffiers et troys huissiers qui tous ensemble feront et représenteront ung corps et collège qui sera intitulé *nostre Court de Parlement de Prouvence ;* auxquelz estatz et offices, pour la parfaicte et entière confiance que avons des personnes cy après nommées et de leurs sens, suffisances, loyaultez, expériences et bonnes diligences, avons dès à present pourveu et pourvoyons, c'est assavoir en l'office de président Maistre Michel de Ricio, docteur en droictz... en l'office de nos procureurs généraulx et fiscaulx, nos amez et féaulx Jacques d'Angelo et Aymé Curati, es offices d'advocat et procureur des

La dernière audience du parlement de Provence eut lieu le 27 septembre 1790. Devant la Chambre des vacations, qui seule siégeait depuis près de six mois et se bornait à ordonner l'enregistrement des édits, se présenta à la barre Me Pascalis, entouré de Mes Alpheran et Dubreuil et de quelques autres avocats, ainsi que le corps des procureurs. Les magistrats prononcèrent la dissolution du parlement. Me Pascalis, d'une voix ferme et émue, prononça le discours suivant, qui devait être sa condamnation à mort.

« MESSIEURS,

« Les édits du 8 mai 1788 me forcèrent, comme administrateur du pays, de consigner dans vos registres les réclamations d'un peuple jaloux de sa constitution et de sa liberté, idolâtre des vertus de son roi.

pauvres nos chers et bien amez Nicolas Clappier, advocat, et Loys Benedicti, procureur... pour lesdictz offices avoir tenir et doresnavant exercer par eulx et chacun d'eulx selon ce qu'ils sont cy dessus nommez aux gages qui s'ensuyvent : assavoir est à nostre dict président la somme de six cens livres tournois... à nos dictz sept conseillers laycz à ung chascun d'eulx la somme de trois cens livres tournois que nous leur avons ordonnez et ordonnons par ces dictes presentes par chascun an, et au regard desdictz advocatz et procureurs des pauvres nous voulons et entendons qu'ils demeurent à leurs gaiges qu'ils ont accoustumé avoir à cause de leurs offices et aux aultres droictz, honneurs, preeminences et prérogatives qui y appartiennent, et tels ou semblables que ont les gens de nos dictes aultres cours de parlement.

Si donnons en mandement par ces mesmes présentes à nostre amé et feal chancelier, grant seneschal et gouverneur de nos dictz pays et contez et à tous aultres justiciers et officiers présens et advenir et à chascun d'eulx que des dessus nommez le serment accoustumé en tel cas receu, les mettent et instituent de par nous en possession desdictz offices.

Et pour ce que de ces presentes l'on pourra avoir besonguer en plusieurs et divers lieux nous voulons qu'elles soyent enregistrées en nostre dict parlement, collacionnées deument et affin que ce soit chose ferme et estable à toujours nous avons faict metre notre scel...

Donné à Lyon au mois de juillet l'an de grâce mil cinq cent et ung et de nostre regne le quatriesme.

LOYS.

Par le Roy conte de Prouvence, Monseigneur le duc de Nemours, l'evesque d'Alby, les sires de la Tremoille et de Neufchastel et autres presens (1).

Roberlet *Visa.*

(1) (Archives du département des Bouches-du-Rhône (dépôt d'Aix), série B. Parlement de Provence. Registre 1 des Ordonnances Royaulx.)

« Dans des circonstances désastreuses, je viens remplir un ministère non moins imposant et au nom d'un Ordre qui s'honorera toujours de seconder vos efforts pour le maintien des droits du pays, déposer dans votre sein les alarmes des bons citoyens.

« Si le peuple, dont la tête est exaltée par des prérogatives dont il ne connaît pas le danger, et dont la cœur est corrompu par des idées républicaines, souscrit au renversement de la monarchie, à l'anéantissement de notre constitution, à la destruction de toutes les institutions politiques ; s'il applaudit à la proscription de votre chef qu'il nomma son ami, à la dispersion de la magistrature qui veille sans cesse sur son bonheur, et à l'anarchie qui exerce déjà ses ravages, plaignons ses erreurs, gémissons sur le délire qui l'agite et craignons qu'il ne se charge lui-même un jour de sa vengeance.

« Le temps viendra où, le prestige dissipé par l'excès des maux qu'il aura produits, nos concitoyens rendus à leurs sentiments naturels de fidélité, de franchise et de loyauté, béniront une constitution applaudie par les publicistes, l'égide de la liberté sociale, le garant de la fidélité publique.

« Tels sont les vœux dont vous fait aujourd'hui l'hommage un Ordre non moins célèbre par ses talents que par ses vertus, qui sut mériter l'estime des différents barreaux du Royaume et conserver la vôtre ; qui mit toute sa gloire à partager vos travaux et vos disgrâces, qui n'eut d'autre récompense que celle de veiller plus spécialement au maintien de la constitution et au soulagement du peuple, et qui, décidé à s'ensevelir avec la magistrature, veut vivre et mourir en citoyen provençal, bon et fidèle sujet du comte de Provence, roi de France. »

Me Bernard, syndic des procureurs, demanda la parole. « Les procureurs, dit-il, partagent comme citoyens provençaux les sentiments de l'ordre des avocats, et non moins que lui attachés à l'Etat, au Roi, à la Constitution provençale et à la Cour, ils demandent acte de leur adhésion au beau et noble discours de Me Pascalis. »

La Cour leva la séance, après avoir ordonné que le discours de

Mᵉ Pascalis et l'adhésion des procureurs seraient transcrits dans le procès-verbal de sa séance.

Mᵉ Pascalis avait fait allusion aux troubles dont Aix et Marseille étaient le théâtre ; ses courageuses paroles devaient le désigner à la fureur du peuple. Le 12 novembre 1790, dans la nuit, une troupe armée se saisit de sa personne et le conduisit en prison. Le 13, dans l'après-midi, cette bande d'assassins vient réclamer le prisonnier. Elle enfonce à coups de hache, la porte de la prison. Dans la cour, se trouvent quatre cents Suisses du régiment d'Ernest, venus de Marseille, et autant de gardes nationaux et deux officiers municipaux. Ces derniers finissent par signer l'ordre de livrer au peuple Pascalis et Mᵉ de la Roquette. Alors se passe la scène la plus horrible de notre histoire de Provence. Traînés dans les rues d'Aix par une foule furieuse, frappés et couverts de sang, Mᵉ Pascalis et Mᵉ de la Roquette arrivent sur le Cours, au milieu des vociférations et des cris : à mort ! à mort ! On leur passe une corde au cou et on les pend à un arbre. Ainsi périt ce grand avocat, une des gloires de notre Provence.

Ce crime, hélas ! devait être suivi de beaucoup d'autres ; mais n'anticipons pas et revenons aux événements qui se passèrent à Marseille.

Les électeurs pour la nomination des juges du Tribunal de district de notre ville, furent convoqués le 5 octobre 1790.

Furent élus : M. Lejourdan fils, conseiller à l'Amirauté, président ; Grosson, père, avocat près la ci-devant sénéchaussée ; Richard, conseiller à l'Amirauté ; Courmes, avocat ; Arbaud, avocat à Aix, juges ; Chery, avocat ; Esquier, avocat ; Martinol d'Aubagne, avocat, et Augier, avocat, juges suppléants.

Le 11 octobre 1790, l'Assemblée des procureurs délégua les syndics et Mᵉˢ Court et Maquan pour faire visite au nouveau président. A dix heures et demie, la députation, en habit noir et en bourse, se rendit chez Mʳ Lejourdan. Mᵉ Esménard, premier syndic, lui adressa le discours suivant :

« Monsieur,

« Notre communauté nous députe vers vous pour vous témoi-
« gner la satisfaction qu'elle éprouve de votre nomination à la
« place de président du Tribunal du district. Il est bien flatteur
« pour vous d'être appelé par vos concitoyens à l'honorable fonc-
« tion de leur rendre la justice. Impassible comme la loi, vous
« serez son organe avec cette impartialité et cette délicatesse dont
« vous avez donné les preuves non équivoques et qui vous ont
« acquis, à juste titre, le témoignage glorieux et bien mérité de
« l'estime publique que vous venez de recevoir de vos concitoyens.»

M. Lejourdan répliqua par un discours plein d'aménité et d'amitié pour la compagnie des procureurs et pour tous ses membres en particulier. M. le Président invita de plus MM. les Syndics au dîner qui devait avoir lieu chez lui après l'installation.

Le lundi 22 novembre 1790, eut lieu l'installation du Tribunal. En voici le détail tel qu'il est rapporté au procès-verbal dressé par les Procureurs.

« Le matin, messieurs les suppléants et juges se rendirent chez M. Lejourdan fils, président du Tribunal ; plusieurs hommes de loi s'y trouvèrent également, ainsi que notre compagnie et les huissiers. Ces messieurs, escortés par un détachement de la garde nationale, furent à la maison commune où ils trouvèrent M. le Maire, les officiers municipaux, les notables et une députation de la société des Amis de la Constitution de cette ville, et on se mit en marche dans l'ordre du cortège.

« Un détachement de toutes les compagnies de la Garde Nationale ayant chacune un tambour.

« Les gardes de police, la musique de la ville, le bataillon de service avec son étendard ; M. le Maire ayant à sa droite M. Cabrol-Montcausson, chef de l'armée marseillaise, et à sa gauche M. Mouraille, premier officier municipal ; MM. les officiers municipaux, notables et greffiers, les députations des assemblées patriotiques, divers citoyens, hommes de loi, un détachement du bataillon de service; MM. les juges et les suppléants, notre communauté, les huissiers, plusieurs citoyens et hommes de loi, un détachement de la garde qui fermait la marche.

« Le corps municipal était en écharpe. MM. les juges avaient le chapeau rabattu et le panache noir. Les membres de notre communauté étaient en bourse et en habit noir; les huissiers portaient la chaîne et la baguette.

« Le cortège passa le long du port, sur le Cours et à la Grand' Rue. A son arrivée au Palais de Justice, il y eut une décharge de boites.

« La séance fut ouverte par un discours que prononça M. le Maire et qui fut suivi d'un autre discours prononcé par M. Martin, notre confrère, substitut du procureur de la commune.

« MM. les juges prêtèrent alors le serment porté par les décrets de l'Assemblée Nationale et ils furent installés; cet instant fut marqué par une seconde salve de boites.

« L'installation faite, il fut prononcé cinq discours: le premier par M. Lejourdan, président; le second par M. Cabrol-Montcausson, chef de l'armée; le troisième par Me Esménard, notre syndic; le quatrième par M. Moreri, président de l'assemblée patriotique; et le cinquième par M. Barbaroux, homme de loi.

« Voici le discours de M. Esménard, notre syndic:

« Messieurs,

« Dans ce jour auguste et solennel où la confiance publique couronne vos vertus, nous venons vous offrir l'hommage de nos cœurs.

« Moins étonnés de l'heureuse révolution qui s'est opérée, que frappés d'admiration sur la manière dont elle s'achève, il doit nous être permis de dire qu'aucune ville du plus florissant empire du monde n'y a tant contribué que Marseille, et que personne ne s'est plus distingué que nos officiers municipaux, secondés par cette assemblée des amis de la Constitution dont le zèle toujours actif est le rempart de notre liberté et par les généreux et braves citoyens toujours armés pour elle.

« Un maire (1), idole du peuple, doué de toutes les vertus morales et patriotiques, montrant toute l'énergie dont les grands cœurs sont capables ; un procureur de la commune qui réunit les plus grands talents aux mêmes vertus ; des officiers municipaux et des magistrats enflammés de zèle pour la cause publique, ont communiqué leur salutaire enthousiasme à tous les Marseillais et ce que Marseille a commencé, Marseille est prête à le finir.

« Quelle satisfaction pour nous, de voir le bonheur dont le peuple va jouir !

« Quelle gloire pour vous tous, messieurs, d'avoir préparé, cimenté et affermi une révolution que toutes les nations seront forcées d'admirer, et qui, les ramenant à l'âge d'or, va faire la félicité des générations futures !

« En parcourant d'un œil rapide les sublimes travaux de nos augustes représentants, quel magnifique tableau vient frapper nos regards !

« L'égalité des droits établie, le pauvre soulagé, le riche supportant dans une juste proportion les charges de l'Etat, la bienfaisance devenue une vertu nécessaire, la liberté prenant la place de l'esclavage, la licence, souvent voisine de la liberté, heureusement arrêtée et prévenue dans ses suites toujours funestes, le règne de la loi substitué aux coups de l'autorité et aux traits multiples du despotisme ministériel, une administration douce et bien ordonnée succédant à un régime dur et arbitraire, un pouvoir judiciaire sagement organisé, le sanctuaire de la justice devenu plus accessible, des tribunaux enfin, où le peuple ne trouve plus que des juges de son choix.

« Que d'heureux changements opérés ou prêts à l'être dans le plus court espace de temps !

« Ce que l'on prodiguait aux richesses et à la faveur, ce que l'on croyait devoir à un nom illustre, est devenu le patrimoine du talent et de la vertu.

(1) Martin dit le Juste. « C'était une sorte de Pétion, vaniteux et faible » (Taine, *Les Origines de la France contemporaine, Conquête jacobine*. t. 1, p. 188. Mouraille fut élu à sa place aux élections du 13 novembre 1791.

« Toutes les conditions chimériques d'ordres et de naissance, d'état et de titres, ont disparu. L'homme ne brillera plus par ses ancêtres, il ne recevra de l'éclat que de son propre mérite, et ne s'illustrera plus que par ses propres actions.

« Mais le premier bienfait que les législateurs puissent faire à une nation, c'est de lui donner de bonnes lois, elles sont le palladium de la liberté, la sanction des mœurs et le salut de la république. Déjà nos augustes représentants, par la réforme d'une partie du code criminel, ont sauvé l'homme du danger de la procédure secrètement instruite, du poignard de l'arbitraire, du poison de la calomnie. Marseille a la première joie de ce triomphe des droits de l'homme, et les généreux citoyens que l'on désignait déjà comme les victimes du patriotisme ont été rendus par le bienfait de la nouvelle loi à leur patrie qu'ils ont continué de servir avec courage (1).

« Nos lois criminelles, nos lois civiles seront relatives aux principes de la nature de notre gouvernement ; la dignité de l'homme et ses droits ne seront plus méconnus, la vie des citoyens sera sous la sauvegarde de nos lois.

(1) Esménard nous paraît faire allusion à Lieutaud, ex-commandant de la garde nationale. Poursuivi par la haine de Barbaroux, alors secrétaire de la Commune, Lieutaud fut destitué de ses fonctions, principalement à cause de ses idées modérées, et un mandat de prise de corps fut rendu contre lui. Il se sauva de Marseille, dans un bateau catalan, qui fut jeté à la côte près de Bandol. La Municipalité avait envoyé à sa poursuite une barque commandée par un capitaine, officier municipal. Il fut ramené à Marseille et mis en prison ainsi que son aide de camp Lambarini. Sa détention fut horrible, il fut enfermé dans une latrine et obligé de boire son urine, pour éviter de mourir de soif. Il fut traduit en jugement et Etienne Seytres, procureur de la Commune, prononça un réquisitoire énergique demandant la peine capitale contre Lieutaud, sur lequel ne pesait aucune accusation sérieuse. C'est alors qu'intervint un décret de l'Assemblée Nationale qui ordonnait la mise en liberté de Lieutaud et de ses complices.

« Le régiment Suisse marcha tout entier pour protéger la sortie des prisonniers, « et des mauvais citoyens avaient préparé des couronnes de laurier et de fleurs « pour les jeter sur leur passage. Le peuple s'indigna de ces préparatifs et de la « musique qui retentissait à la tête du régiment ; il s'empara des hauteurs et « menaça de tomber sur la troupe, que la Municipalité prévoyante fit à l'instant « retirer. Lieutaud et les siens furent habillés en suisses, ils se mêlèrent avec les « soldats qui montaient la garde au Palais. C'est ainsi que le général de Mar- « seille échappa au glaive de la loi. » (*Mémoires de Barbaroux* (1822), pp, 11, 12, 13).

« Mais après de bonnes lois, il fallait au peuple de bons magistrats. C'est par l'intégrité des juges et par leurs vertus que le citoyen peut jouir en paix de son industrie et se reposer avec sécurité sur la certitude de son droit. L'influence de la justice sur le sort du citoyen, sur ce qu'il a de plus cher et de plus sacré, lui donnait incontestablement le droit de nommer ses juges. Ce droit, longtemps méconnu, vient de lui être rendu ; il l'exercera toujours avec le discernement et la sagesse que lui imposeront ses véritables intérêts. Les choix heureux qu'il a faits, sont le présage de son bonheur.

« Le cœur de tous les bons Marseillais vous avait destiné la place que vous occupez pour le bien de la cité. Les acclamations générales, qui vous y ont accompagnés, sont vos lauriers ; notre reconnaissance, nos vœux, notre dévouement et l'amour du peuple seront votre récompense. »

« La cérémonie de l'installation terminée, le cortège se rendit à l'église des Accoules, où fut chanté le *Te Deum.*

« Le 15 novembre suivant eut lieu en la grande salle du palais la première audience du Tribunal du district. Les juges assis, notre syndic, Me Esménard, prend la parole et dit :

« Messieurs,

« Ce n'est point comme autrefois une vaine forme que nous allons remplir : pénétrés d'un saint respect pour la constitution, le serment auguste et solennel que nous allons prêter est un nouveau garant de notre attachement aux lois, qui fondent la liberté de la nation.

« Appelés par notre ministère à la défense des citoyens, par combien d'obstacles les avons-nous vus écartés du sanctuaire de la justice ! Combien de formes inutiles et coûteuses en empêchaient l'accès. Mais l'empire français était courbé sous des lois, que nous étions obligés de respecter : la vénalité des offices de judicature, fruit de la corruption des cours et de la prodigalité des princes, altérait toutes les voies. Le droit de rendre la justice fut regardé comme le patrimoine des juges.

« Un nouvel ordre judiciaire a effacé jusqu'aux traces d'un régime corrupteur et vicieux. Il nous promet des formes plus simples, plus dignes de la majesté de la justice et des tribunaux. Bien loin de regretter les abus, notre dévouement n'est pas même un sacrifice que nous faisons à la chose publique. Citoyens français, voilà notre premier titre, il est inséparable du bonheur et de la prospérité de la nation.

« Admirons et respectons les grands changements, qui ont présidé aux sublimes travaux de nos augustes représentants, sans nous dissimuler qu'ils vont frapper tous les officiers ministériels attachés à l'administration de la justice, mais faisons taire tout sentiment d'intérêt personnel, soyons heureux du bonheur des autres. Pour n'écouter que la voix du patriotisme, n'hésitons pas à prononcer le serment qui de tous les Français n'a plus fait qu'un peuple d'amis et de frères.

« Etre fidèles à la Nation, à la Loi, et au Roy, voilà ce que par le serment le plus solennel les Français d'aujourd'hui promettent aux générations futures.

« Jurons de maintenir de tout notre pouvoir la constitution décrétée par l'Assemblée Nationale et acceptée par le Roi, cette constitution, l'édifice le plus sublime, le plus parfait qui soit sorti de la main des hommes ; et quel que soit le sort que la Providence nous destine, pénétrons-nous de cette grande vérité que nous sommes citoyens français, avant d'être officiers publics, et répétons avec ce grand génie tutélaire de la France (Mirabeau), que le bien public vaut mieux que la justice.

« C'est avec un sentiment de patriotisme bien pur que nous professons ces principes devant un tribunal établi par le choix libre et volontaire du peuple, par l'autorité la plus légitime qui fut jamais. Heureux si dans la pénible carrière que nous parcourons, pénétrés des devoirs de notre ministère, nous obtenons l'estime et la bienveillance du Tribunal et la confiance publique.

« Nous vous prions donc, Messieurs, de vouloir bien nous admettre au serment, ainsi que les huissiers présents à l'audience, de maintenir de tout notre pouvoir la constitution acceptée par le Roi, d'être fidèles toujours à la Nation, à la Loi et au Roy et de remplir avec exactitude les fonctions qui nous sont confiées. »

Après ce discours, tous les procureurs prêtèrent le serment, appelés suivant l'ordre du tableau. Après quoi, la séance fut levée. Les syndics des procureurs accompagnèrent le Tribunal à la visite des prisons.

Le 3 décembre suivant, il fut procédé, en conformité des décrets de l'Assemblée Nationale, à l'élection des juges du Tribunal de Commerce. Furent élus MM. Rebecq, président ; Pascal, J. Greling, Servel et Boulvuard, juges. Les procureurs firent visite aux nouveaux magistrats, et cette visite leur fut rendue par M. Rebecq, président du Tribunal.

Le discours qui précède, si plein d'un ardent patriotisme, d'un désintéressement si complet au bien public, était le chant du cygne des procureurs ; le syndic Esménard plus que tout autre pouvait dire comme les gladiateurs romains : *te morituri salutant.*

En effet les procureurs allaient mourir ; et Esménard, sur l'échafaud rougi du sang de dix-neuf victimes, devait être guillotiné le 9 ventôse an II.

Ce fut dans la fameuse nuit du 4 août qu'il fut parlé pour la première fois de l'abolition de la vénalité des charges de judicature. Le 11, Mirabeau proposa la suppression des procureurs. Les procureurs de Marseille dressèrent alors un mémoire pour demander la conservation de leurs offices. Ils le firent distribuer à toutes les compagnies de France. Cette initiative leur valut de tous leurs collègues les plus vives félicitations. « Les motifs que vous donnez pour démontrer la nécessité de conserver nos offices, écrivent les procureurs de Tours, sont établis d'une manière évidente ; les inconvénients, qui résulteraient de notre suppression sont développés avec autant d'énergie que de vérité, et il n'était pas possible d'écrire avec plus de force et de courage que vous l'avez fait. Ce mémoire à lui seul prouve combien un corps comme le vôtre mérite d'être conservé. »

D'autre part, Esménard, premier syndic, adressait au Président du comité du pouvoir judiciaire la lettre suivante :

« S'il était possible que l'intérêt général ou des vues politiques « rendissent nécessaire notre suppression, serons-nous encore « assez infortunés pour n'être pas remboursés sur le pied de la « valeur réelle et marchande de nos offices ?

« Non, Monsieur le Président, les dignes représentants d'une « nation juste et généreuse n'oublieront pas que l'intérêt général « ne consiste et ne peut consister que dans la sage combinaison « de tous les intérêts particuliers.

« Nous respectons les grandes vues qui président aux sublimes travaux de l'Assemblée Nationale. Nous bénissons avec les bons citoyens tout ce qui est fait pour le bien de la Patrie. Mais quel sera notre sort, celui de nos femmes et de nos enfants et de nos créanciers, si nos états nous sont enlevés sans une juste et appréciable indemnité ? Qu'elle sera donc la situation malheureuse de la plupart de nous, à qui l'âge ne permet plus d'embrasser toute autre profession ? Nous ne pouvons contempler ce triste tableau sans frémir d'avance sur l'horreur de la misère dont nous serions accablés.

« Nous sommes tous pères de famille, les dots de nos femmes sont confondues dans la valeur de nos offices. Notre communauté est chargée d'anciennes dettes, que des impositions royales avaient nécessitées, elles s'élèvent à plus de cent mille livres, aucun des membres actuels ne les a contractées et il n'en est aucun qui n'en ait de personnelles.

« Le prix des offices, à Marseille, est la fortune d'un citoyen, qui sait mettre des bornes à ses ambitions. On les vend généralement et couramment de 55 à 60.000 livres. C'est ce qui résulte des contrats d'acquisition les plus récents que nous osons joindre à notre lettre, ainsi qu'un exemplaire imprimé du mémoire que nous avons eu l'honneur d'adresser à l'Assemblée nationale.

« Nous sommes persuadés que des considérations aussi puissantes que les nôtres, ne seront pas vainement présentées à des représentants philosophes, qui savent que, dans cette révolution qui fait le bonheur de la France, chaque individu doit payer son tribut à la Patrie par un sacrifice d'un intérêt proportionné à ses forces. ».

Le 28 avril 1791, fut publiée la loi qui supprimait les procureurs. Ils cessèrent leurs fonctions le 21 mai 1791.

Les procureurs avaient acquis, vous savez aux prix de quels sacrifices, l'hérédité, la vénalité de leurs charges ; aussi la loi qui les supprimait prévoyait-elle le remboursement de leurs offices. Elle ordonnait que chaque Compagnie désignerait deux Commissaires chargés de former les dossiers nécessaires à la liquidation des offices. Nos procureurs se réunirent une dernière fois en assemblée générale le 21 mai 1791, et nommèrent à cet effet Me Esménard, ci-devant syndic, et Me Martichon, ci-devant procureur.

Ce procès-verbal clôt le registre des délibérations des procureurs.

Le principe énoncé pour le remboursement des offices des procureurs était que ces derniers avaient droit à la valeur de leurs offices et à une indemnité. Les procureurs ne pouvaient espérer mieux, mais leur espérance fut bien vite évanouie, car si le principe émis était juste, l'application en fut désastreuse pour eux. Il leur semblait qu'en leur promettant le remboursement de la valeur de l'office, il s'agissait de la valeur que l'office avait au moment même de sa suppression. Pour la fixer d'une manière équitable, ils proposaient de prendre une moyenne entre les trois dernières mutations. Ce mode d'évaluation, qui paraissait logique, fut rejeté, et la loi édicta que la valeur de l'office serait celle donnée en 1771, c'est-à-dire vingt ans auparavant, par les procureurs eux-mêmes. Or, à cette époque, on avait demandé aux procureurs de fixer la valeur de leurs offices ; et toutes les Compagnies, prévoyant que cette demande devait avoir pour but de les frapper d'un nouvel impôt, avaient cru bien faire en donnant des estimations fort basses et bien au-dessous de la réalité ; c'est ainsi que les procureurs de Marseille avaient fixé la valeur des offices à 10.000 livres, ceux d'Aix à 3.000 ; alors qu'il résultait des moyennes des trois dernières mutations, qu'un office à Marseille se vendait 55 à 60.000 livres, et à Aix, 24.000 livres. La loi leur faisait donc subir de ce chef une perte considérable. Ils avaient droit également à une indemnité. Pouvaient-ils espérer qu'elle serait suffisante pour les indemniser de la perte qu'ils subissaient par suite de l'évaluation de l'office ? La loi indiquait que l'indemnité qui leur serait accordée consisterait dans le remboursement du prix auquel chacun s'était rendu acquéreur de son office, sous les déductions suivantes :

1° De la valeur de l'office en 1771, avec cette aggravation que si cette valeur était inférieure au quart du prix d'acquisition, elle compterait néanmoins pour le quart ; que si elle était supérieure, elle compterait pour la valeur qui lui avait été donnée ;

2° D'un autre quart représentant les rôles à recouvrer, présumés avoir été compris dans le prix d'acquisition ;

3° De la part virile de chaque procureur aux dettes contractées par la Compagnie. Ces déductions faites, ce qui restait du prix primitif d'acquisition constituait l'indemnité due aux procureurs supprimés (1).

Les procureurs de toute la France se récrièrent contre une pareille liquidation. Des mémoires furent envoyés à l'Assemblée Nationale, demandant des modifications à la loi. Tout fut inutile.

La liquidation se fit avec une lenteur désespérante, et pour plusieurs d'entre eux, les événements politiques ne leur permirent

(1) Nous avons retrouvé la liquidation de l'office d'Emerigon :

Il lui fut remboursé la valeur de son office, d'après l'estimation de 1771		Livres..	10.000
Pour indemnité : son prix d'acquisition en 1761 (c'était le doyen)		40.000	
A déduire l'estimation de 1771	10.000		
1/4 pour les rôles compris dans l'acquisition	10.000	25.000	
Son prorata des dettes du Corps	5.000		
Indemnité		15.000	
			15.000
Total			25.000

Il avait acheté son étude	40.000
Il lui était remboursé	25.000
Soit une perte pour lui de	15.000 livres.

pas de toucher la modique somme leur revenant, ou bien elle leur fut payée en assignats, monnaie qui valait presque autant que la livre basochiale. Les plus heureux furent ceux qui traitèrent à forfait du remboursement de leurs offices, avec des Compagnies qui se créèrent à cet effet. Dans nos archives, se trouve le prospectus d'une de ces agences, dont le siège était à Paris, rue Montmartre, n° 228, et qui avait pour président M. Henrion, député extraordinaire à l'Assemblée Nationale (1).

Voici le dernier tableau des procureurs à Marseille dressé l'an Ier de la liberté :

Antoine-Marie-Alexandre Emerigon, doyen, 30 décembre 1761 ;
Bonaventure Estuby, 18 janvier 1773 ;
Jean-Baptiste Audibert, 16 mars 1774 ;
Jean Chalvet, 14 juillet 1774 ;
Louis Seytres, 18 janvier 1775 ;
François-Honoré-Noël Court, avocat, 24 avril 1775 ;
Antoine-Pascal Gras, 1er syndic, 17 mars 1775 ;
Jean-Nicolas Mouret, 2 septembre 1779 ;
Joseph-Antoine Martichon, avocat, 8 août 1779 ;
Jean-Baptiste-Joseph Estelle, 14 mars 1780 ;
Dominique-Etienne-François Esménard, 2e syndic, 20 mars 1784 ;
Jean-Théodore Nicolas, avocat, 20 avril 1784 ;
Claude-Joseph Arnaud, avocat, 4 mai 1784 ;
Jean-François Martin, avocat, 26 novembre 1784 ;
Henry Larguier, avocat, 26 novembre 1784 ;
Bazile-Hilarion Terris, avocat, 4 mars 1786 ;
Antoine Joseph Maquand, 5 avril 1786 ;
Jean-Baptiste Montaud, 12 mars 1788.

(1) Les mémoires qui se trouvent dans nos archives nous permettent de donner la valeur moyenne des offices de procureurs au moment de la suppression, d'après les trois dernières mutations.

A Marseille	60.000 livres
Lyon	65.000
Riom	30.000
Nîmes	35.000
Bordeaux	50.000
Aix	24.000

CHAPITRE VII

Création des Avoués. — Leur suppression. Seytres, Larguier, Esménard et Estuby, devant les Tribunaux révolutionnaires.

La loi du 28 avril 1791 n'avait eu pour objet, au nom du grand principe de l'abolition des privilèges, que la suppression de l'hérédité et de la vénalité des offices de procureurs. Elle ne méconnaissait pas l'utilité, ou pour mieux dire, la nécessité de leurs fonctions ; elle la proclamait au contraire en créant de nouveaux officiers ministériels chargés de représenter les parties devant la justice, de diriger leurs procédures, responsables de leurs actes vis-à-vis de leurs mandants, remplissant en un mot toutes les fonctions des procureurs ; avec cette différence que leur nombre serait illimité et qu'ils n'auraient point d'office.

A ces officiers ministériels, il fallait donner un nom nouveau, car celui de procureur rappelait un passé que l'on avait hâte d'oublier ; et d'autre part il était devenu impopulaire. Etait-ce la faute aux procureurs, si le Trésor percevait sur les actes de leurs ministères des droits exorbitants de timbre et d'enregistrement ? si les procédures étaient comme un amas de broussailles aux épines desquelles le plaideur laissait ses vêtements au profit de l'État ? si chaque acte était frappé d'impôts aux noms variés ? si les juges, sous le nom vulgaire d'épices, recevaient le salaire de leurs hautes fonctions ? Le plaideur ne pouvait se plaindre du trésor, il en avait peur, ni du juge, il pouvait en avoir encore besoin. Il tournait alors sa colère contre le procureur en mains duquel il payait ce qui était dû au Trésor, au juge et à bien d'autres encore. De ce rôle du procureur d'être le collecteur des frais, pour les répartir ensuite à ceux auxquels ils revenaient, était née l'impopularité qui pesait sur eux. La même cause produit de nos jours les mêmes effets et fait encore accuser les avoués de présenter des notes de frais trop élevées, alors que leurs émoluments sont demeurés régis par le tarif de 1807, rémunérateur peut-être à l'époque où il a été établi, mais qui, à l'heure présente, n'est plus en rapport avec les nécessités actuelles de l'existence.

Il fallait donc donner à ces officiers ministériels, nouvellement nés, un nom sans tache. On trouva celui d'avoué.

Seraient avoués, tous les avocats, tous les procureurs, tous ceux ayant rempli quelques fonctions dans les bailliages, les clercs de procureurs ayant cinq ans de cléricature, à la condition de se faire inscrire sur les registres du greffe et de prêter serment de bien et fidèlement remplir leurs fonctions.

« C'est un squelette de profession qu'on veut nous donner », écrivait l'ex-syndic des procureurs de Bordeaux à son ex-confrère de Marseille. Le mot était spirituel et juste. Néanmoins, presque tous les anciens procureurs de Marseille se firent inscrire sur le registre du greffe.

L'existence de ces avoués fut de bien courte durée, l'orage politique qui devait entraîner la chute de la royauté allait emporter comme un brin de paille cette institution. Ils furent supprimés par l'article 12 de la loi du 3 brumaire an II. Cette loi reconnaissait cependant aux parties le droit de se faire représenter en justice par un mandataire *ad litem*, qui pour toutes connaissances juridiques, devait justifier d'un certificat de civisme. D'ailleurs les événements allaient suspendre le cours de la justice régulière ; et nous n'allons plus voir fonctionner que des tribunaux de répression.

Les massacres de septembre eurent leur contre-coup à Marseille. Des bandes armées, commandées par les frères Savon, ensanglantèrent la ville. Citons parmi les victimes le curé de Saint-Ferréol, M. Mathieu Olive, qui fut pendu à un reverbère.

Le Conseil général de la Commune, pour réprimer ces massacres et en punir les auteurs, créa un tribunal populaire composé d'un tribunal d'accusation et d'un tribunal de jugement comprenant chacun 24 membres. Il fonctionna du 1er octobre 1792 au 25 août 1793.

Les 32 sections de Marseille demandèrent la mise en accusation et la comparution devant ce tribunal, de Mouraille, maire de Marseille, d'Etienne Seytres, procureur de la Commune, des frères Savon et consorts, les deux premiers pour avoir payé avec les deniers de la Ville les chefs des « pendeurs », et les autres comme auteurs de ces assassinats.

Nous avons trouvé quelques-unes des délibérations de ces sections.

La 19e, dénommée la Section des Enfants Abandonnés, adresse aux citoyens composant le corps administratif, séant à Marseille, une pétition demandant que Mouraille, Seytres et Savon frères, prévenus et dénoncés comme coupables de délits contraires à la liberté, soient jugés par les tribunaux populaires d'accusation et de jugement et non par le jury criminel, dont les jugements sujets à la voie de cassation entraînent des longueurs (1).

La 7e section (dite de Saint-Martin) prend à son tour, le 12 avril 1793, la délibération suivante :

« En suite de la communication du procès-verbal dressé par nos frères et amis de la Liberté et de l'Égalité de cette ville le 10 du courant et des faits y dénommés contre les citoyens maire Mouraille, et procureur Seytres, retraçant leur conduite arbitraire, incivique, despotique, vexatoire et tyrannique, le tout bien considéré et discuté :

« L'Assemblée, justement indignée des malversations de ces deux fonctionnaires publics, qui, malheureusement, n'ont que trop fait sentir à la cité le poids de leur mauvaise administration ;

« Considérant qu'ils ont abusé de la confiance publique et ne se sont servis des pouvoirs qui leur ont été confiés que pour assouvir leurs passions et exercer leurs tyrannies ;

(1) Archives départementales, dépôt d'Aix, liasse 483, registre 460.

« Considérant que, si toutes ces atrocités n'ont pas été plus tôt dénoncées, c'est en raison des dangers imminents qu'auraient courus ceux qui auraient tenté de les révéler, et que, le mal étant à son comble et le voile étant tombé, il est de la plus grande importance de saisir l'instant de délivrer la cité de ces vampires;

« A cet effet, elle a délibéré que l'extrait de la présente sera porté par députation aux citoyens commissaires Bayle et Boisset de la Convention nationale, actuellement à Marseille, avec prière d'y faire droit et de prendre les moyens les plus prompts pour s'assurer de ces deux coupables, pour en faire telle justice qu'il appartiendra » (1).

Le 16 avril 1793, la 19e section (Enfants Abandonnés) adresse une nouvelle pétition demandant la mise en accusation de Mouraille, Seytres et Savon, et elle prête « unanimement et par acclamation le serment solennel de défendre tous ceux qui feront les poursuites *de cette grande affaire* et tous ceux qui concourront par leurs dépositions à l'éclairer et à instruire les juges. Tous les citoyens sont invités à venir, sans crainte, déposer au comité secret, qui va être formé dans la section, sur les faits dont ils pourront avoir connaissance ».

Le comité secret se forma en effet et chaque membre prêta le serment suivant : « Je jure en présence de ma section de me comporter avec fermeté et impartialité et de garder le secret sur les dénonciations, qui me seront faites, contre Savon frères, Mouraille et Seytres, et de remplir ma commission en vrai républicain » (2).

Le 27 avril 1793, les représentants du peuple Bayle et Boisset prennent l'arrêté suivant :

« Nous, représentants du peuple français près les départements de la Drôme et des Bouches-du-Rhône ;

« D'après le vœu fortement exprimé par toutes les sections de

(1) Archives départementales, dépôt d'Aix, livre 483, registre 460, page 167.

(2) Même registre. R. L. 455. Délibération de la 2e section (dite des Capucins).

Marseille pour que la procédure contre les citoyens Mouraille, Seytres et Savon et consorts soit instruite et jugée définitivement par le Tribunal populaire établi dans cette ville ;

« Autorisons le Tribunal populaire établi à Marseille de connaître, instruire et juger définitivement la procédure contre les citoyens Mouraille, Seytres et Savon et consorts et l'inviter à y apporter toute la diligence nécessaire.

« Signé : BAYLE et BOISSET. »

Arrêté dans la nuit du 2 au 3 mai, ainsi que Mouraille, les frères Savon et Payan, Etienne Seytres est traduit devant le Tribunal populaire le 8 mai suivant. Ce qui advint à Seytres nous intéresse, car il fut nommé avoué en 1800.

Etienne Seytres est accusé d'avoir favorisé, en sa qualité de procureur de la Commune, les pendeurs de septembre, en leur faisant accorder une gratification, payée avec les deniers de la Ville, pour la hideuse besogne à laquelle ils se sont livrés. Son interrogatoire est, au point de vue historique, d'une grande importance, car de ses aveux il résulte que le maire Mouraille et la municipalité accordèrent des subsides tout au moins à Savon, le chef de la bande :

Voici, à cet égard, le passage de son interrogatoire qui nous paraît digne d'être rapporté (1).

(1) Interrogatoire d'Etienne Seytres, ci-devant procureur de la Commune, pris par nous Philippe Rambert, président, Brun, Perrin, Chabaud, Clastrier, Beaugard, Yvan Méry, Martin, Duffaurt, Romegas, Mazet, Collet, juges.

Le 8 mai, au second de la République Française, à Saint-Jeaume, dans le lieu des séances du Tribunal, écrivant Etienne Pellen, secrétaire greffier ; le citoyen Etienne Seytres, ci-devant procureur de la commune, détenu et arrêté sur la clameur publique, a été interrogé en exécution de l'ordonnance du jour d'hier ; ayant été amené de la maison d'arrêt dans laquelle il se trouve détenu, après la lecture de toutes les pièces de la procédure.

D. — Votre nom, surnom, âge, qualité, demeure ?

R. — Seytres, Etienne, homme de loi, âgé de 37 ans, du lieu de Sipières, résidant à Marseille, vis-à-vis les Accoules.

D — Connaissez-vous le motif de votre arrestation ?

R. — Je l'ignore.

D. — Savez-vous de quel ordre vous avez été arrêté ?

R. — Je sais que c'est par ordre des commissaires (Bayle et Boisset) de la Convention nationale des départements des Bouches-du-Rhône et de la Drôme.

« DEMANDE. — Avez-vous fait expédier un mandat à Jean Savon, sur le trésorier de la municipalité ?

« RÉPONSE DE SEYTRES. — Je déclare que sur la fin de septembre dernier (1792), Jean Savon se présenta plusieurs fois à la munici-

D. — Cet ordre vous a-t-il été signifié ?

R. — Je l'ai vue (*sic*) entre les mains du juge de paix du 5e arrondissement qui se présenta chez moi dans la nuit du 2 au 3 de ce mois pour apposer les scellés et me mettre en état d'arrestation.

D. — Avez-vous connaissance de l'arrêté des dits commissaires qui a été affiché ?

R. — J'en ai entendu parler vaguement.

D. — Etes-vous instruit que dans cet arrêté vous êtes accusé de prévarication et de concussion ?

R. — Je l'ignore, je ne l'ai pas lu.

D. — Le Tribunal vous instruit que dans cet arrêté, vous avez été destitué de votre place de procureur de la Commune. Qu'avez-vous à répondre ?

R. — Cette destitution est injuste.

D. — Connaissez-vous Payan ? (C'était un des chefs des pendeurs).

R. — Je crois avoir vu une fois chez moi le citoyen Payan, qui demeure à Saint-Antoine.

D. — Etes-vous informé que le frère du dit Payan était sur la liste des émigrés ?

R. — Je l'ai toujours ignoré, je ne crois pas qu'il y ait été.

D. — Le citoyen Payan que vous connaissez n'a-t-il pas été chez vous pour vous montrer des lettres de son frère ?

R. — Oui, il se présenta chez lui (lisez chez moi) avec quelques autres personnes trois ou quatre, croyant, sans pouvoir l'affirmer, qu'il y avait Aman Gueit et un des Savon. Payan, qu'il n'avait jamais vu, lui fit part des craintes qu'il avait sur le compte de Louis Payan, son frère, qui était absent de Marseille, mais dans l'intérieur de la France, pour ses affaires de commerce ; qu'il avait ouï dire qu'il y avait une liste (dite la liste de Boyer), que quelque ennemi pourrait bien y avoir mis son frère, que ce dernier n'était pas sorti de France, et que son motif d'absence était ses affaires, ainsi que le constataient des lettres qu'il avait en son pouvoir et qu'il tenait en ses mains. J'assurai le dit Payan (ainsi que je l'avais dit à quantité de gens qui s'étaient présentés chez moi) qu'il n'avait jamais existé de liste, ainsi que la municipalité l'avait imprimé et affiché et qu'il devait être tranquille de ce côté-là. Ensuite il m'invita à lire les lettres ; après les avoir lues, il paraissait bien prouvé que Louis Payan n'était pas sorti du territoire de la République, en conséquence, il ne pouvait être réputé émigré, parce qu'il n'y avait d'émigrés que ceux qui étaient sortis de France. J'ajoute que je demandai au citoyen Payan si Louis Payan, son frère, était le même qui était créancier d'environ 1.300 livres pour des draps par lui fournis pour des gardes nationaux et dont la Commune avait été chargée de payer cette somme (en vertu d'un arrêté du directoire du département), sauf à elle à s'en procurer le remboursement des débiteurs qui sont divers volontaires. Sur l'affirmative, j'observais que Louis Payan ne paraissait point être mauvais citoyen, puisqu'il avait fait des avances pour habiller des gardes nationaux, je lui ajoutai que la Commune ne pouvait point payer cette somme et que son frère voudrait bien se contenter d'un contrat de la Commune sur l'emprunt de quinze cent mille livres payables dans huit années avec intérêts. Louis Payan

palité pour solliciter une indemnité du temps qu'il disait avoir perdu et des courses qu'il avait faites tant la nuit que le jour. Les membres municipaux, à qui il en parla, lui répondirent que cette demande serait mise en délibération. Je lui répondis la même

étant arrivé à Marseille se présenta chez moi, me parla de ses craintes; je lui répétai ce que j'avais dit à son frère, il fut ensuite question de sa créance de 1.300 livres, je l'engageai à recevoir un contrat de cette somme, qu'il accepta de bonne grâce et le contrat fut ensuite passé ou plutôt remis en échange du mandat de la municipalité.

Attendu l'heure tardive, le Tribunal a renvoyé la continuation du présent interrogatoire, lecture faite y persistant a signé Seytres. Rambert, président.

Le Tribunal populaire d'accusation a ordonné qu'Étienne Seytres sera provisoirement détenu en la maison d'arrêt. Ainsi prononcé, l'an et le jour susdits, Rambert, président.

Du 9 dudit mois de may audit an. Nous, Jean-Antoine Martin, président, Romegas, Chabaud, Agarrat, Duffaurt, Brun, Clastrier, Mazet, Beaugeard, Giroud, Solle, Yvan, juges composant le Tribunal populaire d'accusation assemblé dans le lieu de ses séances à Saint-Jaume, avons fait venir de la maison d'arrêt le citoyen Seytres, prévenu, lequel amené par devant nous, l'avons interrogé et a répondu comme suit.

D. — Les effets enlevés à la maison du citoyen Guitton à Mazargues, ont-ils été inventoriés et pourquoi l'argent provenant de la vente de ces effets n'a-t-il pas été remis au propriétaire ?

R. — Je me réfère à l'observation faite à la déposition de Joseph Roure dans laquelle j'ai raconté tous les faits relatifs à cet objet.

D. — Pourquoi l'argent provenant de la vente de ces objets n'a-t-il pas été remis au propriétaire ?

R. — Gantel Guitton fils n'a jamais voulu le recevoir, disant qu'il avait besoin du consentement de son père absent de cette ville.

D. — Quand vous avez vu chez vous Jean Savon, avec ses consorts et le frère de Louis Payan, avez-vous sceu pour quel objet ils s'y trouvaient ?

R. — Je déclare m'en référer à mes précédentes déclarations, répétant que le frère de Louis Payan se présenta chez moy avec Jean Savon et deux ou trois autres personnes pour savoir si son frère Louis Payan pouvait être soupçonné d'émigration.

D. — Avez-vous fait expédier un mandat à Jean Savon sur le trésorier de la municipalité ?

R. — (Elle est reproduite à la page 148.)

D. — Êtes-vous instruit que Jean Savon avait été à Velaux ?

R. — Je l'ai toujours ignoré.

D. — N'avez-vous pas sceu postérieurement qu'il en a retiré luy et ses collègues une contribution forcée d'environ 500 livres ?

R. — Je n'en ai jamais rien sceu ni entendu parler.

D. — Il semble que le devoir de votre place vous obligeait de vous opposer à de pareilles exactions.

R. — Il m'était impossible de m'y opposer, puisque je l'avais toujours ignoré. J'observe néanmoins que mes fonctions ne s'étendaient pas au-delà du territoire de la Commune de Marseille.

D. — Le jour que Codollet père et fils furent mis à mort, le citoyen Mouraille,

chose pendant les quatre ou cinq fois qu'il m'en parla. Le citoyen Mouraille (maire de Marseille) m'assura qu'il lui avait fait aussi la même réponse. Plusieurs citoyens de la section 13 dite des Grands Carmes se présentèrent successivement de deux en deux, de trois en trois, pour obtenir l'indemnité ainsi réclamée par Jean Savon. Quelques officiers municipaux et moy, voulant sçavoir jusques où alloient les prétentions dudit Jean Savon lui demandeâmes un jour en présence de trois ou quatre personnes de ses amis (à moy inconnues) qu'elles .pouvaient être ces indemnités. Jean Savon répondit : J'ai une femme et quatre enfants, je ne fais rien depuis trois mois, j'ay même perdu mon travail pour l'avenir, je suis endetté de sept à huit cens livres ; *j'ai travaillé pour la patrie* et

maire de Marseille, s'exhala contre vous en reproches amers. Comment Mouraille pouvait-il vous les adresser ? et comment les apaisâtes-vous ?

R. — Je me réfère à cet égard aux observations sur la déposition de Vinson et de Pierre Laugier (président du Tribunal populaire d'accusation, personnellement récusé dans cette procédure) ajoutant que le citoyen Mouraille se calma lorsqu'il m'eut entendu et que je luy ay eu raconté avec vérité que j'avais ignoré comme luy ce malheureux événement.

D. — Comme dans l'arrêté des Commissaires nationaux vous êtes accusé de concussion, le Tribunal vous demande si vous avez eu le maniement des deniers du bureau du commerce de cette ville ?

R. — Cette accusation est aussi absurde que calomnieuse, je n'ay jamais été administrateur ni trésorier au bureau provisoire du commerce. Je n'ay assisté même que trois ou quatre fois aux délibérations de ce bureau. Je me propose de demander satisfaction de cette calomnie contre les commissaires de la Convention nationale, qui se sont permis de luy donner de la consistance et de l'accréditer par l'arrêté du 18 avril dernier. Je remets sur le bureau un imprimé rédigé par mon frère, d'après mes instructions, qui répond complètement aux accusations qu'on me faisait, dans un placard, d'une délibération de la société des Amis de la République, lequel imprimé je déclare l'employer pour servir de réponse aux demandes qui pourront m'être faites relativement aux dites imputations (lequel imprimé a été paraphé tant par le prévenu que par le président).

D. — Avez-vous été absolument étranger à la comptabilité du dit bureau de commerce soit pour les recettes soit pour les dépenses ?

R. — J'ai été absolument étranger à l'administration et à la comptabilité, n'ayant assisté aux délibérations de ce bureau que trois ou quatre fois ainsi que je l'ai déjà dit.

D. — Avez-vous été repris de justice ?

R. — Non.

Et plus n'a été interrogé. Lecture faite y a persisté et a signé. Signé : Seytres. Jean Antoine Martin, président, Guizot, greffier. (Archives départementales des Bouches-du-Rhône, dépôt d'Aix. Série L, documents de la période révolutionnaire). Liasse 78, page 1 à 11. L'ordre de mise en liberté, liasse 78.)

c'est bien le moins que la municipalité m'accorde douze cens livres ». Cette prétention me parut excessive, j'observais aux municipaux que j'aurais cru que Savon n'aurait réclamé que quatre cens livres. Deux ou trois jours après, Jean Savon se présenta à la municipalité, elle était assemblée ; la demande fut mise en délibération, et, après discussion, *le corps municipal lui accorda les douze cens livres qu'il réclamait.* J'observais, après la délibération, que cette somme ne pouvait pas être prise dans la caisse du trésorier, parce qu'il était à craindre que les corps administratifs la rejetassent ; alors le corps municipal arrêta que cette somme serait prise sur les fonds des souscriptions volontaires. A l'instant il fut rédigé et signé par tous les municipaux un ordre sur le citoyen Bertrand, greffier de la police, pour payer la dite somme. Jean Savon, qui était dans l'antichambre, fut appelé et cet ordre luy fut remis. A l'instant, je fus appelé au Tribunal de la police, je dis à Savon de me suivre pour luy indiquer la personne qui devait payer. Le citoyen Bertrand *lui compta les douze cens livres.* Et comme Savon fut à la grande salle, il montra les assignats à trente personnes environ qui semblaient l'attendre en leur disant en patois : Nouestrei païres venon de m'accorda douge cens francs per moun tems perdu, vesès que oubliden pas leis braves garçouns (ou leis braves enfans).

« Demande. — N'avez-vous pas sceu postérieurement que Savon a retiré de la municipalité de Velaux, ainsi que ses collègues, une contribution forcée de cinq cens livres environ ?

« Réponse. — Je l'ignore.

« Demande. — Comme vous êtes accusé de concussion, le Tribunal vous demande si vous avez eu le maniement des deniers de cette ville et du bureau de commerce.

« Réponse. — Cette accusation est aussi absurde que calomnieuse, je n'ai jamais été administrateur de ce bureau... j'ai été complètement étranger à la comptabilité de ce bureau et de la ville ».

Seytres fut reconnu innocent et remis immédiatement en liberté.

Voici l'ordre de mise en liberté. Il présente cette double particularité qu'il est sur une feuille volante et qu'il est écrit en entier de la main du président du Tribunal populaire, ce qui semble indiquer que Seytres avait des amis parmi ses juges et qu'on avait hâte de le faire sauver.

« Le Tribunal populaire d'accusation prie et requiert le citoyen chef de légion de service d'ordonner à la garde du Palais de justice de laisser sortir de la maison d'arrêt le citoyen Etienne Seytres, qui a été jugé innocent par les juges du dit Tribunal et, d'après la loi, la liberté doit lui être rendue de suite après le jugement ».

« Marseille, le 11e mai 1793, an 2e de la République française. (Signé : Jean-Antoine Martin, président.) »

Mouraille passa en jugement le lendemain, il fut acquitté comme Seytres ; les frères Savon, jugés le surlendemain, furent tous deux condamnés à mort et exécutés.

La mise en accusation des membres de la Gironde produisit à Marseille un mouvement populaire qualifié de fédéraliste et de contre-révolutionnaire. Les autorités instituées par la Convention furent destituées et remplacées par des Girondins. Le Tribunal populaire, bien que cassé par la Convention, avait continué de fonctionner ; établi d'abord pour punir les massacreurs de septembre, il devint, en mains du parti qui venait d'arriver au pouvoir, un tribunal politique et il prononça un certain nombre de condamnations capitales. C'est ainsi que Bazin, administrateur du département, dont le seul crime était de n'être pas girondin, fut condamné et exécuté.

La Convention envoya l'armée de Carteaux pour réduire les Marseillais à l'obéissance. Les gardes nationaux commandés par M. de Villeneuve se portèrent au-devant de l'armée de Carteaux pour lui livrer bataille, mais au moment où ils allaient prendre contact avec elle, près de Septèmes, ils se débandèrent et Carteaux fit son entrée à Marseille sans éprouver la moindre résistance.

Le surlendemain les représentants en mission, qui accompagnaient Carteaux, établirent un tribunal révolutionnaire présidé par Maillet cadet, avec Giraud pour accusateur public (1). Il fonctionna du 27 août 1793 au 6 janvier 1794.

La rébellion de Marseille devait attirer sur elle et ses habitants un terrible châtiment ; tous ceux qui avaient fait partie des sections, qui avaient accepté une fonction quelconque, et notamment les membres du Tribunal populaire, étaient désignés comme victimes. Le Tribunal révolutionnaire, dans ces cinq mois, envoya à la guillotine cent soixante-deux personnes.

Henri Larguier, ex-procureur, avait été nommé, après la révocation de Seytres, procureur de la Commune.

En cette qualité, il avait pris part aux arrestations des patriotes qui avaient été traduits devant le Tribunal populaire, et avait, en outre, entretenu une correspondance avec Barbaroux. Dans les papiers de ce dernier, on avait saisi une lettre de lui, que nous reproduisons :

« L'hydre de l'anarchie, dans laquelle les agitateurs voulaient nous faire tomber, mon cher Barbaroux, vient de disparaître de notre cité. J'ai concouru de tous mes efforts, dans la position où je me trouvais, à accélérer cet heureux événement, mais, portant tout le fardeau, j'en suis accablé et j'ai besoin de toutes mes forces pour tenir. Te voilà, mon cher, rétabli dans l'opinion publique ; mon silence a dû te prouver combien je gémissais. Adieu, mon bon ami, n'oublie pas que je t'ai toujours aimé.

« On m'a fait une injustice dans la liquidation de mon office ; peut-on réparer cette erreur ? Au reste, j'imagine qu'on aime à réparer les erreurs. Voilà Seytres, de même que l'ancien maire (Mouraille), mis hors d'accusation par le Tribunal populaire. Mais

(1) Maillet était instituteur dans la rue Saint-Ferréol. Il fut nommé vice-président du club de la rue du « Thubaneau », et fut ensuite élu président du Tribunal révolutionnaire. Après le 9 thermidor il se réfugia à Paris, et, sous un faux nom, il devint employé au Ministère de l'intérieur. Son identité fut reconnue sous le ministère Decaze, pendant la Restauration, et il fut chassé de l'emploi modeste qu'il occupait.

Giraud, l'accusateur public, était un ex-oratorien, il devint conseiller à la Cour d'appel de Caen.

(*Esquisses historiques*, par un vieux Marseillais, 1844, t. I, p. 135.

je crains contre eux l'opinion publique, surtout contre ce dernier. Adieu, je t'embrasse et suis pour la vie tout à toi. Larguier. Réponds pour ma liquidation. Marseille, le 18 mai 1793. »

Larguier fut arrêté et traduit devant le Tribunal révolutionnaire.

L'acte d'accusation rédigé contre lui par le citoyen Giraud, accusateur public, est ainsi conçu :

« Larguier a reconnu le pouvoir usurpateur et contre-révolutionnaire des 32 sections contre la loi établie et reconnue sur les scellés, sur les arrestations. Il a obéi à une intimidation étrangère ; il s'est déclaré exécuter des ordres arbitraires ; il s'est prêté à tous les mouvements que les contre-révolutionnaires exigeaient de lui, il n'a rien fait par force. Il explique son intention désorganisatrice dans une lettre adressée à Barbaroux ; il n'a pas usé du droit de sa place pour arrêter le système de rébellion et des incarcérations illégales ; après avoir servi avec lâcheté les ennemis de la liberté, il en a été méprisé et renvoyé. »

Larguier comparait devant le Tribunal le 24 frimaire an II avec six autres accusés : Joseph Comte, de Lançon ; Pierre Resquier, de Marseille ; Antoine Asquier, de Lambesc ; Louis Gouirand, d'Auriol ; Etienne Jossaud, de Marseille ; François Magny, ci-devant noble, d'Aubagne.

Le Tribunal révolutionnaire rend le jugement suivant :

« Vu les interrogats et réponses des prévenus, desquels il conste que.....

« Larguier avoue avoir requis l'apposition des scellés sur les papiers de grand nombre de patriotes, à la demande du ci-devant Comité des 32 sections de Marseille, à la date du 15 mai 1793 et avoir, le 19 du même mois, requis les arrestations de bon nombre de ces patriotes, mais contraint et forcé par le dit Comité général ; et avoir été présent à l'installation du prétendu Tribunal populaire le 9 juin quoique contre son vœu, et d'avoir enfin été chassé de son poste par les baïonnettes ; qu'il est bien l'auteur de la lettre à Barbaroux, mais dans un sens tel que les patriotes d'alors (en grande partie) croyaient à une faction d'Orléans, et qu'il avait cru que Barbaroux n'était que dans l'erreur ; qu'il a brûlé une liste de désarmement et d'arrestation à la date du 19 mars, prétendue faite par le Comité secret du Club, mais à lui désignée (par Seytres et Pierre Laugier) exister dans un tiroir des bureaux de la Commune où il la trouva ; en s'insurgeant contre le Tribunal assassin en défendant une victime traînée devant lui...

« Ouï les conclusions de l'accusateur public, le Président, après avoir pris les avis des membres en commençant par le plus jeune (M. Maurin, président ; F. Brogy, L. Bompard, juges), qui ont motivé leur opinion à haute voix ;

« A prononcé au nom du Tribunal criminel révolutionnaire du département des Bouches-du-Rhône, que Pierre Resquier, âgé de 62 ans, instituteur, né et domicilié à Marseille ; Louis Gouirand, âgé de 31 ans, maréchal-ferrant, né et domicilié à Auriol, sont condamnés à la peine de mort comme étant réputés complices du prétendu tribunal populaire de Marseille.

« Que Henri Larguier, âgé de 43 ans, homme de loi, né à Alès *(sic)*, (Gard), domicilié à Marseille, étant atteint et convaincu d'avoir exécuté des ordres arbitraires de mise de scellés chez des patriotes et d'avoir ordonné leurs incarcérations en obéissant à l'autorité usurpatrice du ci-devant Comité général des 32 sections de Marseille, ce qu'il a reconnu, et avoir déployé alors des sentiments anticiviques et fauteurs de la contre-révolution qui a eu lieu ;

« Est condamné à la peine de six années de gêne et à quatre heures d'exposition au poteau.

« En vertu de l'article 19, 3e section du titre 1er du Code pénal (de 1791), lequel est ainsi conçu : Tout attentat contre la liberté individuelle, base essentielle de la Constitution française, sera puni ainsi qu'il suit :

« Tout homme, quelle que soit sa place (ou son emploi), autre « que ceux qui ont reçu de la loi le droit d'arrestation, qui donnera, « signera, exécutera l'ordre d'arrêter une personne vivant sous

« l'empire et la protection des lois françaises ou l'arrêtera effecti-
« vement (si ce n'est pour le remettre sur-le-champ à la police
« dans les cas déterminés par la loi), sera puni de six années
« de gêne. »

« François Magny, ci-devant noble, propriétaire, né à Marseille, domicilié à Aubagne, est condamné à trois années de détention avec exposition de deux heures à un poteau.

« Ces quatre seront traduits dans une place publique de Marseille, Resquier et Gouirand, pour y être exécutés revêtus d'une chemise rouge, Larguier et Magny, pour y être exposés, attachés à un poteau, aux regards du peuple, et le présent jugement emportant confiscation des biens des condamnés à mort sera exécuté, imprimé et affiché à la diligence du ministère public.

« Prononce de plus le Président, qu'Antoine Arquier, âgé de 62 ans, homme de loi, né et domicilié à Lambesc, quoiqu'acquitté de l'accusation, sera renvoyé, jusqu'à nouvel ordre, comme suspect, à la Maison de réclusion.

« Que Joseph Comte, âgé de 38 ans, cultivateur, né et domicilié à Lançon, Etienne Jaussaud, âgé de 24 ans, boulanger, né à Meyon (Hautes-Alpes), domicilié à Marseille, Etienne Feraud, âgé de 64 ans, cordonnier, né et domicilié à Marseille, sont acquittés et ordonne qu'ils soient mis en liberté sur-le-champ.

« Fait à Marseille, quartidi 24 frimaire an II de la République une et indivisible, à trois heures et demie après-midi, en la salle d'audience du Tribunal, où étaient présents les citoyens Auguste Maillet, cadet, Président, M. Maurin, J.-F. Brogy, L. Bompard, juges du Tribunal, qui ont signé la minute du présent jugement avec E. Chompré, greffier du dit Tribunal criminel révolutionnaire des Bouches-du-Rhône (1). »

Après avoir subi pendant quatre heures l'exposition, attaché à un poteau comme un vil malfaiteur, Larguier fut transféré au fort

(1) Archives départementales des Bouches-du-Rhône, dépôt d'Aix, série L. Documents de la période révolutionnaire. Registre L 103 bis, registre 2 du Tribunal révolutionnaire, pages 121 et suivantes.

Jean (comme on disait à cette époque). Le Tribunal s'était montré envers lui d'une indulgence qui surprenait même les inspecteurs des prisons. « J... F..., lui disait l'un d'eux, nous allons te faire conduire à Toulon où un autre aura soin de ta personne, il te procurera pour ta santé l'exercice de la rame. Tu feras bien de te munir d'une provision de mouchoirs, car les petits anneaux qu'on te mettra aux jambes pourront bien les écorcher. Au surplus tu n'y resteras pas longtemps, car ton jugement est trop doux. Nous allons le faire réviser et tu passeras sous le rasoir national, entends-tu, J... F... »

En entendant de pareilles menaces l'infortuné Larguier s'évanouit.

Comme voisins de cellule il avait les deux fils de Philippe-Egalité, les ducs de Montpensier et d'Alençon ; avec eux, il se promenait une fois par jour dans la tour du fort.

Le duc de Montpensier, dans ses mémoires, nous dépeint l'état d'âme dans lequel se trouvait ce procureur.

« Sans s'embarrasser des victimes dont les papiers donnaient chaque jour l'horrible liste, il ne paraissait s'occuper que des succès des armées de la République. Lorsqu'elles avaient essuyé quelque échec, Larguier devenait triste et il se promenait sans dire mot. Si, au contraire, les nouvelles annonçaient une défaite des ennemis, sa joie était exubérante et il accostait ses compagnons avec le cri de Victoire ! Victoire ! Quand il apprit la victoire de Fleurus il était tout joyeux. »

Quelques semaines après le 9 Thermidor, les prisonniers du fort furent réveillés par des acclamations et des cris de joie. C'était encore notre ex-procureur Larguier qui était le héros de ce tumulte. Il venait de voir conduire au fort le président, l'accusateur public et le greffier du Tribunal révolutionnaire, qui avaient inondé Marseille de sang et qui avaient été ses juges ; sur une civière était porté le président du club des Jacobins. Pour échapper à ceux qui venaient l'arrêter, ce dernier s'était réfugié sur le toit d'une maison, d'où il tomba et se fracassa le crâne ; il expira quelques instants après dans la cour du fort. A la vue de ses ennemis vaincus et prévoyant que leur chute était l'annonce de sa liberté, Larguier s'était livré à cette manifestation bruyante. A partir de ce moment il fut traité avec plus de douceur.

Pendant leur détention, les fils de Philippe-Egalité eurent recours aux connaissances de Larguier, et voici dans quelle circonstance.

Lorsque le duc de Montpensier fut arrêté et incarcéré au fort Saint-Jean, sa mère lui envoya une somme de douze mille livres, qui fut naturellement confisquée. Après le 9 Thermidor, pensant que le moment était venu pour obtenir tout ou partie de cette somme, qui devait rendre moins pénible sa détention et celle de son frère, le duc s'adressa à son voisin Larguier, « lequel en sa qua-« lité d'ancien procureur s'entendait fort bien à rédiger une requête « et à mener à bonne fin cette affaire. Il nous avait d'ailleurs déjà « fait obtenir par ses soins une augmentation de deux francs par « jour. Nous nous adressâmes encore à lui pour savoir s'il n'y au-« rait pas moyen d'arracher une particule de la somme de douze « mille francs. Larguier nous promit aussitôt de rédiger une « pétition conçue de telle manière que, pour peu que ceux auxquels « elle serait adressée eussent conservé le moindre degré de pudeur, « il leur serait impossible de nous refuser la restitution que nous « réclamions. Il nous conseilla de ne demander que le quart pour « le moment. Grâce à sa persévérance, nous obtînmes au bout de « trois ou quatre pétitions, d'abord la reconnaissance de la somme « entière et ensuite un ordre pour nous en faire délivrer un quart. « Notre premier soin en la recevant fut d'en faire accepter une « partie à Larguier comme marque de notre reconnaissance (1). »

Larguier sortit de prison quelques mois après le 9 thermidor. Les émotions qu'il avait éprouvées avaient altéré sa santé et il mourut en 1802. C'était un bibliophile distingué.

Son fils fut nommé avoué en 1800 ; il devint notre doyen et mourut en 1851, après cinquante un ans de postulation.

(1) *Mémoires du duc de Montpensier.*

Le député Fréron fut envoyé en mission dans les Bouches-du-Rhône, pour achever la répression de Marseille. « Il devait, quoique bien jeune, atteindre l'immortalité du crime. » Dès son arrivée à Marseille il écrit à Paris :

« Je persiste à croire que cette ville rebelle doit disparaître du globe. » Pour justifier l'appellation de ville « Sans-Nom » qu'il donne à Marseille, il entreprend de la détruire. Les églises des Accoules et de Saint-Ferréol, la salle des concerts, une partie de l'Hôtel de Ville sont démolies. Il projette même dans sa fureur de combler le port.

« Marseille, dit-il, est incurable, à moins d'une déportation générale des habitants. »

Le Tribunal révolutionnaire qui dans l'espace de cinq mois environ avait prononcé 162 exécutions capitales, est accusé par lui de mettre trop de lenteurs et de formes à rendre ses jugements. Il lui substitue une commission militaire dont il donne la présidence à un Parisien nommé Leroy, mais qui a changé son nom en celui de Brutus. Cette commission ne tint que dix audiences, du 20 janvier au 13 mars 1794, et prononça cent vingt-trois condamnations à mort, dont 43 en deux jours.

Heureux du résultat qu'il obtient, Fréron écrit, dans sa joie féroce, le 6 pluviose an II : «La commission militaire que j'ai constituée marche d'un train épouvantable pour les conspirateurs ; quatorze ont déjà payé de leur tête leur infâme trahison ; les intrigants sont déjoués car ils avaient voulu persuader que nous voulons faire grâce aux grands coupables ; point du tout, ils tombent comme grêle sous le glaive de la loi. Demain, sept autres doivent encore être guillotinés, presque tous chefs de légion, notaires, fonctionnaires. En huit jours la commission populaire a fait plus de besogne que le Tribunal révolutionnaire dans quatre mois. Ce soir quatre négociants danseront la carmagnole, c'est surtout à eux que nous nous attachons. »

Cette commission militaire abattait vite la besogne. Voici comment elle jugeait : « Il (Brutus, de son nom Leroy) faisait monter de la prison ceux qu'il voulait envoyer à la mort. Après leur avoir demandé leurs noms, leurs professions et leur fortune, il les faisait descendre pour être placés dans une charrette qui se trouvait devant le Palais de justice. Les juges paraissaient au balcon d'où ils prononçaient la sentence de mort, qui était immédiatement exécutée sur le cours. » (Note de Moïse Bayle, collègue de Fréron, dont le témoignage n'est pas suspect.)

Isnard termine ainsi le réquisitoire qu'il fit contre Fréron : « Tremble ! malheureux, tremble, te dis-je, la justice s'avance et l'échafaud te réclame. Mais non, tu souillerais l'échafaud lui-même. Connais un tourment plus affreux encore, celui de vivre courbé sous le poids de tant de crimes, de honte, d'exécration et d'opprobre (1). »

Parmi les victimes de cet infâme tribunal, qui fut d'ailleurs cassé par la Convention, nous citerons l'ex-procureur Dominique Esménard. Deuxième syndic en 1791, dans son discours lors de l'installation du Tribunal de district, il avait salué la révolution naissante, la liberté, le règne de la loi « qui devaient de tous les Français ne faire qu'un peuple de frères. »

Traduit avec dix-neuf autres accusés devant la Commission militaire, présidée par Brutus, il est condamné à mort et exécuté, ainsi que ses dix-neuf coaccusés, le dernier.

Voici le texte du jugement :

« Au nom de la République,

« La Commission militaire établie à Sans-Nom par arrêté des représentants du peuple en mission dans les départements méridionaux en date du 17 nivose an II ;

« Attendu que la loi doit promptement frapper les contre-révolutionnaires ;

(1) Ce fut surtout à Toulon que Fréron se rendit célèbre par ses cruautés ; il fut nommé sous-préfet à Saint-Domingue, où il mourut quelque temps après, à 35 ans, en laissant éclater un repentir profond des excès dont sa vie avait été souillée.

« Attendu qu'il résulte, tant des dénonciations que de la vérification des pièces produites contre les prévenus ci-après dénommés, qu'ils sont coupables d'avoir porté les armes contre la République, d'avoir présidé dans les sections ou occupé des postes civils dans les autorités contre-révolutionnaires et fédéralistes dans lesquelles on complotait l'envoi des troupes contre la Convention nationale française ;

« Attendu que ceux-là sont vraiment coupables qui ont osé formé des projets liberticides contre l'unité et l'indivisibilité de la République ; que ces scélérats doivent pour le bien général et le bonheur commun disparaître du sol de la République qu'ils ont infecté ;

« Attendu qu'il est prouvé qu'ils ont pris part et signé des délibérations liberticides et qu'ils ont même osé proposer et arrêter de soudoyer des deniers de la Nation des soldats qu'on faisait marcher contre la République et ses armées ; que d'autres ont fourni de l'argent pour payer les troupes rebelles qui devaient se porter sur divers points de la République pour opérer la désunion et la guerre civile ;

« Interrogatoires subis, réponses des accusés entendues ;

« La Commission militaire, conformément aux décrets de la Convention nationale qui déclarent ne faire ni paix ni trêve aux aristocrates et à tous les ennemis de la Révolution et qu'elle les met hors la loi ;

« Savoir : Bourguignon (J.-B.) ; Bourguignon (M.-A.) ; Charrier (J.) ; Collet (G.-C.) ; Delmas (F.) ; Dantoine (J.-P.) ; Embry (T.) ; Espanet (J.-B.-B.) : Fabre (Ph.) ; Ferry (J.) ; Francoul (H.-A.) ; Gros (E.) ; Gallicy (H.) ; Grégoire (J.) : Girard (J.-B.) ; Ricoux (F.-C.) ; Sponty (F.) ; Seimandy (J.), tous de Marseille ; Montfort (F.), d'Eygalières ; *Esménard* Dominique-François-Etienne, né à Pélissanne ;

« Tous prévenus et convaincus d'avoir été les fauteurs, instigateurs et complices des mouvements contre-révolutionnaires opérés dans le département des Bouches-du-Rhône et principalement dans la Commune appellée (sic) Marseille ;

« D'après les opinions prononcées à haute voix par G. Lefèvre, J.-F. Lespine, Ch. Thiberge, F. Vaucher, membres de la Commission, et Brutus, président, *condamne à la peine de mort les vingt* dénommés ci-dessus et déclare leurs biens acquis et confisqués au profit de la République.

« En conséquence le commandant de la place est chargé de faire mettre *sur-le-champ* le présent jugement à exécution ainsi qu'il a été prononcé par la Commission militaire.

« Fait à Sans-Nom le 9 ventose an II de la République française une et indivisible, impérissable et démocratique.

« Ainsi signé à l'original : J. Lefèvre, J.-F. Lespine, Ch. Thiberge, F. Vaucher, Brutus, président (1). »

Tous les jugements rendus par la Commission militaire sont identiquement semblables à celui que nous reproduisons. Les motifs et le dispositif s'appliquaient à tous les accusés.

Vingt exécutions dans la journée étaient trop pour le bourreau Coquellin, il se trouvait obligé de prendre un aide et son « revenu » ne lui permettait pas de faire une pareille dépense. Il demanda alors, comme supplément de salaires, que les condamnés « lui fussent livrés avec les hardes qu'ils portaient lorsqu'ils passaient en jugement. » (2)

(1) Archives départementales, dépôt d'Aix. Série L. Documents de la période révolutionnaire. Liasse L. 100.

(2) Au citoyen accusateur public !

Marseille, le 12 frimaire an II de la République Française.

CITOYEN,

Le citoyen Coquellin, exécuteur du département des Bouches-du-Rhône, a l'honneur de vous présenter ses très humbles respects et vous prouver sa soumission et son obéissance à vos ordres et vous faire connaitre que d'apprès toutes les réflections qu'ils peut avoir faites et sur les plaintes que différentes fois il vous a portées *au sujet des effets dont sont revêtus les condamnés* par la loi à la peine de mort ; et actuellement qu'ils sont en vôtre pouvoir je ne puis m'adresser à d'autre qu'à vous, pas même au département car je ne le reconnais que pour mon revenus ; et selon moy je ne dois d'autre obéissance qu'à vous, au Président et à la Municipalité. J'ay l'honneur aussi de vous représenter que, d'aprés les *exécutions fréquentes* qui se font dans le département, je ne puis salarier un aide sur mon revenus, D'autant plus qu'il n'est que tout au plus suffisant à ma subsistance et qu'il m'est retenu en forme de confiscation les effets dont ils sont revêtus lors de leurs juge-

Ainsi que nous l'avons dit, la Convention cassa la Commission militaire, et le Tribunal révolutionnaire fut rétabli par arrêté des représentants du peuple Albite, Gasparin, Saliceti et Charbonnier. Il eut pour président, dans cette période du 15 mars au 25 avril 1794, 25 ventose au 6 floréal an II, le citoyen Bompard, ex-suisse de l'abbaye de Saint-Victor, et pour accusateur public le citoyen Riquier.

Le 8 germinal an II comparait devant ce Tribunal l'ex-procureur Bonaventure Estuby. Procureur du 18 janvier 1773, au moment de la suppression, il était vice-doyen. Le zèle avec lequel il avait exercé ses fonctions lui avait valu l'honneur d'être, à plusieurs reprises, premier syndic de la communauté. Homme charitable, il avait fait partie du bureau « pour les pauvres prisonniers et oppressés », qui se composait des personnalités les plus marquantes de la cité, et qui se réunissait tous les dimanches au Palais de justice. Il examinait les procès des pauvres, tentait de les transiger ou de les terminer par la conciliation, et à défaut, si la cause était juste, le bureau la poursuivait à ses frais. Tous les jours, les membres de service de ce bureau visitaient les prisonniers, leur faisant distribuer du linge, du combustible et leur procurant tous les secours spirituels et temporels. Ils s'occupaient aussi, avec les fonds de l'œuvre, à faire élargir les prisonniers pour dettes, victimes de la mauvaise fortune,

Estuby est traduit devant le Tribunal sous l'inculpation d'avoir

ments, ce dont je suis privé et ce dont aussi peut faire le salaire de mon aide. D'ailleurs ma croyance n'est pas que le département puisse exiger même jusqu'au moindre effet dont sont revêtus lesdits condamnés à mort. Je ne suis pas dans le cas non plus d'exiger certains effets qui ne sont pas de ma compétence, comme matelas et autres effets, qu'ils auraient pour leur aisance, mais au moins qu'ils me soient livrés dans le même état qu'ils ont lorsqu'ils entendent prononcer le jugement suivant la loy. D'ailleurs la Nation n'oserait pour son profit s'emparer des vêtements d'un criminel. Quant à mon aide, il ne sera jamais salarié sur mon fixe; je préférerais luy laisser l'exécution en son pouvoir que de me voir obligé de salarier un aide sur mon fixé. C'est à quoy je vous prie de vous occuper, et je suis en vous assurant de la plus grande fermeté au bien public et au soutien de la République votre concitoyen

Signé : COQUELLIN,
esculeur (*sic*).

(Archives départementales. Série L. L, 95, pièce 20.)

tenu des propos infâmes et désorganisateurs, et surtout d'avoir méprisé et « déprisé » les assignats, en montrant une préférence pour ceux qui portaient l'effigie de Louis XVI.

Nous avons trouvé dans les archives du tribunal révolutionnaire, la procédure complète du procès d'Estuby.

Il fut traduit à la barre de cet inique tribunal, siégeant à la Maison de Justice, le 8 germinal an II. La séance ouverte, le Président « mande venir des prisons Estuby, Bertrand, Bauduf, Lieutaud, Boulouvard, Bonnet, Pierre Michel, Jean-François Tassy. »

Il procède à l'interrogatoire d'Estuby.

« *Le Président.* — Ton nom ? ton âge ? ta profession ? ton origine ? ton domicile ?

« *Réponse.* — Estuby, Bonaventure, âgé de 48 ans, ci-devant avoué, né et domicilié à Marseille.

« *Le Président.* — N'as-tu pas tenu des propos outrageants contre la Convention nationale ?

« *Estuby.* — Jamais, étant soumis à ce qui était émané de la Convention nationale, ayant aimé la Révolution depuis le commencement.

« *Le Président* ordonne l'audition de deux témoins contre lui.

« *Pellen Henri*, âgé de 36 ans, marchand, né et domicilié à Marseille. — Je me réfère à ce que j'ai déjà déposé au Comité de surveillance. J'observerai que d'autres personnes, quand j'étais au Comité de surveillance, allaient aussi déposer contre Estuby.

« *Estuby.*— Les citoyens qui ont déposé contre moi ne peuvent citer le jour, l'heure, ni le temps où ils disent que j'ai parlé des assignats. Je n'ai rien dit, ni rien fait dans le temps de la contre-révolution contre le bien de la Révolution. Je n'ai rien occupé, rien rédigé et j'ai refusé fermement d'être juge du tribunal populaire, malgré menaces et outrages.

« *Le témoin Pellen.*— Je persiste dans mon accusation. Estuby m'avait trompé avant la contre-révolution et moi, Pellen, je lui avais obtenu un certificat de civisme.

« *Estuby.* — S'il faut une victime...

« *Le Président* (vivement). — Tais-toi !

« *Le Président.* — As-tu tenu le propos dénoncé, oui ou non ?

« *Estuby.* — Non. J'ai fait des pétitions pour des malheureux, des victimes, pour le vieux Bernard, pour Venture, administrateur du district. Tous les patriotes m'ont envoyé des personnes souffrantes que j'ai servies sans intérêt.

« *2e Témoin.*— Servel Louis fils, âgé de 30 ans, marchand, né et domicilié à Marseille :

« Je me réfère à ma déposition faite au Comité de surveillance, je n'y ajoute et ne diminue rien.

« *Estuby.*— Les témoins ne sont pas exacts, je n'ai tenu aucun propos. Je demande à faire citer des témoins, les citoyens Suc, Mathieu et autres.

« *Le Président.* — Assez ! A toi, Pierre Michel (ici commence l'interrogatoire de cet accusé). »

L'accusateur public a ensuite la parole : « Je conclus, dit-il, à la peine de mort contre Estuby, Bertrand et Boduf. Estuby a déprisé et méprisé les assignats, a outragé la Convention par des propos infâmes et désorganisateurs, etc. (1). »

Le tribunal, après avoir délibéré, rend le jugement suivant :

« Au nom du peuple français !

« Vu par le tribunal criminel révolutionnaire du département des Bouches-du-Rhône, les décrets du 27 mars et du 8 ventose an II, l'article 1 du titre VIII de la loi sur la procédure criminelle du 29 septembre 1791, l'arrêté de Maignet, représentant du peuple, envoyé dans les départements des Bouches-du-Rhône et de Vaucluse, à la date du 22 ventose an II, affecté au tribunal révolutionnaire le 29 ventose dernier ;

« Vu la réquisition du citoyen accusateur public pour que soient traduits, interrogés, entendus et jugés : Bertrand d'Apt, Estuby,

(1) L'interrogatoire d'Estuby, que nous venons de reproduire *in extenso*, se trouve dans les archives du département des Bouches-du-Rhône, dépôt d'Aix, *Tribunal révolutionnaire*, n° 90, 4e dossier.

Bauduf, Lieutaud, Boulouvard, Bonnet, Pierre Michel, Jean-François Tassy ;

« Vu l'acte d'accusation du dit... Estuby conçu en ces termes :

« Je dénonce au tribunal révolutionnaire Bonaventure Estuby, ci-devant procureur. Il a outragé la Convention nationale, il a calomnié les patriotes, il a été un ardent sectionnaire, il s'est vanté d'avoir envoyé à l'échafaud une des huit victimes du tribunal populaire ;

« Vu toutes les pièces produites au procès et à l'audience (dépositions, dénonciation, registre de la section 6), l'audition de deux témoins contre Estuby ;

« Vu les interrogats et réponses, débats des accusés ;

« Ouï les conclusions de l'accusateur public ;

« Le président, après avoir pris l'avis des membres du tribunal, en commençant par le plus jeune et qui ont motivé leur opinion à haute voix ;

« A prononcé, au nom du tribunal révolutionnaire du département des Bouches-du-Rhône, qu'en vertu du décret du 27 mai dernier, il condamnait *à la peine de mort* Bertrand d'Apt (homme de loi), Bauduf (hydrographe), Estuby (ex-procureur), convaincu d'avoir déprisé et méprisé les assignats et d'avoir relevé ceux à l'effigie du tyran, d'avoir outragé la Convention nationale et les décrets par ses propos infâmes et désorganisateurs ; ordonne qu'ils seront traduits sur une place publique, revêtus chacun *d'une chemise rouge*, pour y être exécutés ;

« Ordonne que, d'après l'article VII du décret du 19 mars, les biens des condamnés seront confisqués au profit de la République ;

« Prononce que Boulouvard père, Lieutaud et Bonnet, convaincus de suspicion et d'incivisme, seront traduits dans une maison de réclusion ;

« Prononce que Pierre Michel et Jean-François Tassy, père de neuf enfants, tous en bas âge, sont acquittés de l'accusation et mis sur-le-champ en liberté ;

« Ordonne que le présent jugement sera exécuté, imprimé et affiché à la diligence de l'accusateur public.

« Décret du 27 mars 1793 an II de la République française, une et indivisible :

« La Convention nationale, sur la proposition d'un membre, déclare la ferme résolution de ne faire ni paix ni trève aux aristocrates et aux ennemis de la révolution, elle décrète qu'ils seront hors la loi. »

« Décret du 8 ventose an II, paragraphe 11 :

« Les biens des personnes reconnues ennemies de la Révolution seront séquestrés au profit de la République.

« Fait à Marseille octidi germinal an II de la République française, une, indivisible et démocratique, à quatre heures et demie après-midi, dans la salle d'audience, où étaient présents les citoyens Jac.-F. Broggi, président en absence, T. Bompard, Fr.-J. Rouedy, M. Maurin, juges du tribunal, et E. Chompré, greffier, qui ont signé à la minute (1). »

Le malheureux Estuby, que l'on avait privé du droit de faire entendre des témoins à décharge, dont le président n'avait pas voulu écouter les réponses, et qui s'était lui-même reconnu une victime déjà désignée à l'échafaud, fut exécuté le lendemain 9 germinal sur la place du Mazeau.

Voici le procès-verbal d'exécution :

« Au nom du peuple français,

« Ce jourd'huy neuf germinal, l'an second de la République française, une et indivisible, nous Joseph Parverand, soussigné, huissier du tribunal révolutionnaire, en vertu de la réquisition du citoyen Perrin, commissaire national, avons fait exécuter le jugement rendu le jour d'hier par le tribunal criminel-révolutionnaire de ce département, qui condamne à la peine de mort les nommés Bertrand, Estuby et Bauduf, convaincus de contre-révolution ; à cet effet, les dénommés ont été livrés à l'exécuteur de la justice. Nous sommes partis ensuite de la maison de justice escortés de la garde requise pour cet objet, où, étant arrivés sur la place publique,

(1) Archives départementales des Bouches-du-Rhône, dépôt d'Aix, série L. 103, registre 2 (page 326).

Bertrand, Estuby et Bauduf ont subi la peine de mort sur un échaffaud ; nous nous sommes retirés et avons dressé procès-verbal pour qu'il conste ce que dessus, en présence de deux citoyens témoins par nous requis qui ont assisté à l'exécution et signé avec nous en bas dudit verbal.

« Marseille, le jour et an susdit.

« Signé : Martin, Maurot, Parverand, huissier (1). »

« Enregistré à Marseille le 9 germinal an II de la République une et indivisible. Signé : Ebrare. »

Dans le tableau des individus jugés à mort par le tribunal révolutionnaire, qui était envoyé au Comité de Salut Public, à Paris, le greffier Chompré crut utile de transcrire d'une manière inexacte les motifs du jugement qui avait prononcé contre Estuby la peine de mort et d'y ajouter une observation injurieuse pour la mémoire de cette malheureuse victime :

« Nature du jugement : convaincu d'avoir discrédité les assi-
« gnats et d'avoir outragé la Convention nationale et de s'être
« vanté d'avoir envoyé à l'échafaud une des huit victimes immo-
« lées par le tribunal de sang se disant populaire de Marseille.

« Observations :

« Estuby tirait un profit usuraire du discrédit des assignats, en se faisant donner (par des gens simples) des assignats en nombre pair au timbre de la République dont il donnait en place un simple à l'effigie de l'infâme Capet, qu'il soutenait être le seul bon. »

Après avoir sacrifié la victime, il fallait l'injurier (2).

Le représentant Maignet obtint du Comité de Salut Public la création de la Commission populaire d'Orange. Du 19 juin au

(1) L'original de cette pièce est surmonté d'une petite croix, semblable à celle que les ecclésiastiques ont l'habitude de mettre en tête de leurs lettres. Qui a pu placer ce signe religieux en tête de ce document ? Serait-ce un des parents ou des amis d'une des trois victimes ? Le fait nous a paru digne d'être signalé.

(2) Ce tableau sort de l'imprimerie de Jouve et Cie à Marseille. Archives départementales des Bouches-du-Rhône, dépôt d'Aix, série L, registre I, 94 bis, p. 24 et 25.

4 août 1794. Elle condamna à mort 331 personnes, dont 44 femmes. La chute de Robespierre, le 9 thermidor an II, entraîna sa suppression et mit fin à la Terreur (1).

(1) Le premier Tribunal révolutionnaire prononça en cinq mois, 162 condamnations à mort... 162

La Commission militaire présidée par Leroy dit Brutus tint dix audiences et prononça 123 condamnations à mort...................... 123

Le second Tribunal révolutionnaire tint quinze séances et prononça 58 condamnations à mort... 58

Soit en tout.... 343

Il fut remplacé par la Commission d'Orange qui prononça 331 condamnations à mort.

DEUXIÈME PARTIE

LES AVOUÉS

CHAPITRE PREMIER

Leur création

Le Bureau de consultation gratuite - L'Assistance Judiciaire

Le Bassin des prisonniers

La tourmente révolutionnaire passée, il fallut à nouveau réorganiser le service de la justice. La constitution de fructidor an VII supprima les tribunaux de district et l'élection des juges. Elle établit un tribunal de 1re instance par arrondissement. Mais elle maintint le droit pour le plaideur de se faire représenter devant le tribunal par un mandataire de son choix.

Depuis la suppression des procureurs, des individus tarés s'étaient fait un métier de l'exercice de ce mandat, et le prétoire avait été envahi par des agents d'affaires ne présentant, ni pour la justice, ni pour le plaideur, aucune garantie de connaissances juridiques et de probité.

« Ce fut, nous dit un historien, l'exploitation indigne, cynique, effrénée par des agents sans moralité, sans capacité, n'ayant ni tenue ni décence, traitant les affaires au cabaret, et faisant de la postulation le plus épouvantable brigandage. »

L'expérience qui était faite amena des résultats concluants. La nécessité du mandataire *ad litem*, officier ministériel, assujetti à des règles disciplinaires, apparut à nouveau à tous les esprits s'occupant de l'organisation de la justice.

Dès l'an VII, il fut déposé un projet de loi tendant au rétablissement des avoués. Le conseiller d'Etat Emery, dans son rapport, s'exprimait ainsi : « On ne fait en rétablissant les avoués que céder aux vœux de tous les hommes qui sont instruits de la marche de la procédure ; elle ne peut être régulière sans cette institution. C'est le seul moyen de prévenir d'immenses abus et, ce qui ne peut surprendre que ceux qui n'ont aucune expérience en cette matière, de diminuer de beaucoup les dépenses à la charge des plaideurs. »

La discussion du projet de loi portant rétablissement des avoués fut fort courte, tellement s'imposait cette mesure.

La loi du 27 ventôse an VIII (18 mars 1800), par ses articles 93 94, 95, institua des avoués devant chaque tribunal de 1re instance et chaque Cour d'appel. Le nombre de ces officiers ministériels était à fixer par un règlement à intervenir. Il leur était accordé le droit exclusif de postuler devant le tribunal pour lequel ils seraient nommés. Le Premier Consul avait le droit de nomination et de révocation.

Tel est notre acte de naissance.

Le 13 frimaire an IX, ou soit le 4 décembre 1800, parut le décret qui donnait aux avoués leur constitution. Chaque communauté devait avoir une chambre de discipline, composée d'un président et d'un certain nombre de membres, dont les attributions et les prérogatives furent fixées par ce décret.

Telle fut et telle est encore notre loi organique.

Ainsi était de nouveau reconnue la nécessité du mandataire de justice. Procureurs de 1535 à 1790, avoués de 1800 à 1900, notre raison d'être a toujours été la même, servir d'intermédiaires entre le plaideur et le juge, pour éclairer et diriger le premier, pour assurer au second le respect et la décence de l'audience qui lui sont nécessaires pour rendre une bonne justice.

Tout avoué nommé était tenu, avant sa prestation de serment, de verser un cautionnement. Le besoin qu'avait l'Etat de se procurer des ressources fut la cause du nombre trop considérable d'avoués qui furent nommés auprès de chaque tribunal.

C'est ainsi qu'à Marseille le décret portait création de cinquante avoués. Ce nombre ne fut atteint que plusieurs années après la création.

Le premier décret qui parut contenait la nomination de trente-deux.

C'étaient : Emerigon, doyen, Chalvet, Court, Audibert, Louis Seytres, François Martin, Rolland, Gras, Montaud, Estelle, Terris et Maquand, tous anciens procureurs, Décabrières, beau-frère de l'ex-procureur Esménard, Braquetty, Gras Salicis, Martichon, Havy, qui, à peine nommé, fut destitué, Desolliers, Requier, Etienne Seytres, l'ancien procureur de la Commune, Charles Arnaud, Bernard, Jean Estrangin, ancien substitut au parlement, Darbon, Gueirard, Coste, Daumas, Jean-Pierre Martin, Thomas, Larguier, le fils de l'ancien procureur, et Michel.

Les nouveaux nommés se réunirent pour la première fois le 7 ventôse an IX, à onze heures du matin, dans la grande salle du Palais de justice, à l'effet de procéder à l'élection des officiers de la Chambre.

Les bulletins de vote furent déposés dans un chapeau, et au premier tour de scrutin, Emerigon, Court, Desolliers, Arnaud, Thomas, Bernard et Montaud furent nommés. Il fallut procéder à un second tour pour la nomination de deux membres, car la Chambre devait être composée de neuf, le nombre des avoués devant être de cinquante.

Me Emerigon, qui semblait désigné pour être notre premier président, demanda la parole. Il remercia ses nouveaux collègues du témoignage de confiance et d'estime qu'ils venaient de lui donner en le nommant membre de la Chambre, mais il ajouta que ses infirmités et son grand âge l'empêcheraient de remplir ces difficiles fonctions, et il pria l'assemblée de vouloir bien accepter sa démission.

On procéda alors à un nouveau tour de scrutin, et les citoyens Estelle, Martichon et Maquand furent élus.

Le 17 ventôse, la nouvelle chambre procéda à la nomination du président. Les voix se portèrent sur le citoyen Arnaud ; elle fut constituée ainsi : Arnaud, président ; Martichon, syndic ; Desolliers, rapporteur ; Thomas, secrétaire ; Court, trésorier ; Bernard, Montaud, Estelle et Maquand, conseillers.

Emerigon, qui se trouvait trop âgé pour être membre de la Chambre, resta en fonctions jusqu'en 1818. Il avait acquis une charge de procureur en 1761. On peut donc dire qu'il eut 57 ans de postulation. Me Terris, alors président de la Chambre, après avoir donné à M. Emerigon fils, qui se présentait aux lieu et place de son père, le certificat d'aptitude, fit la proposition suivante : « Nous devons perdre notre cher et vénéré doyen ; je viens vous « proposer un adoucissement à cette perte ; après soixante ans « d'exercice dans une profession qu'il a honorée, forcé au repos « par son grand âge, il se donne un successeur ; mais vous pouvez « le conserver toujours, notre collègue, notre doyen aimé, si vous « accueillez le vœu que j'exprime. Vous ne regretterez pas ce vœu « si flatteur pour nous, vous laisserez à la tête de notre tableau ce « nom respecté dans le public, vénéré parmi nous et dont le lustre « antique répand son éclat sur notre Communauté. En consé« quence, je propose à l'Assemblée de déférer à Me Emerigon « père le titre de membre et de doyen honoraire de notre « Communauté. » Cette proposition fut accueillie avec enthousiasme, et Me Emerigon fut notre premier membre honoraire.

Ce fut un grand bien pour notre Communauté naissante, de compter parmi ses membres un si grand nombre d'anciens procureurs, car ils apportèrent dans leurs nouvelles fonctions, vis-à-vis de leurs confrères, les sentiments de confraternité qui avaient uni les procureurs entre eux, et vis-à-vis des magistrats, un esprit d'indépendance, quelquefois exagéré, mais qui avait pour cause le souvenir de la soumission à laquelle ils avaient été tenus vis-à-vis de la magistrature d'autrefois, et la crainte de voir reparaître les anciennes servitudes du corps des procureurs, dont ils avaient tant souffert.

Les avoués se trouvaient en présence d'une situation tout à fait anormale. Ils avaient tout à créer, car tout avait été détruit.

Le 14 ventôse an IX, la Chambre tient sa deuxième séance. Le trésorier expose qu'il faut acheter de l'encre, des plumes et du papier, et d'autres objets de première utilité et que sa caisse est absolument vide, *inalme et sans un sou*, comme disait autrefois le trésorier de la basoche. La Chambre décide que chaque membre sera tenu de verser, en deux fois, dans la caisse commune une somme de six francs pour faire face aux frais de premier établissement, et elle invite son trésorier à y pourvoir « économiquement ». Tel fut le commencement de notre bourse commune.

Aux termes de la loi, la Chambre des avoués devait former un bureau de consultation gratuite. A peine installée, sa première préoccupation fut d'assurer le fonctionnement de ce bureau. Elle étudie, à sa séance du 14 ventôse an IX, cette importante question.

« Laissant de côté différents objets également importants, « moins par devoir que par inclination, elle décide de s'occuper « immédiatement de l'organisation du bureau de consultation « gratuite, qui doit être établi dans son sein, pour les affaires des « indigents. »

Elle dresse alors un règlement dont voici les principales dispositions :

Trois membres de la Chambre seront délégués alternativement et chaque mois à l'effet d'examiner les affaires des indigents qui leur seront soumises. Ils tiendront au moins deux séances par décade, les quintidi et décadi, depuis dix heures du matin jusqu'à une heure après midi. Les affaires seront réparties entre eux, et chacun fera dans le plus court délai un rapport écrit à la Chambre assemblée, qui entendra ensuite les parties, leur donnera les conseils nécessaires et amènera, si possible, une conciliation.

Un avis imprimé sera affiché dans l'enceinte de la ville de Marseille et dans toutes les Communes de l'arrondissement, pour annoncer au public l'entrée en fonction de la Chambre et l'installation du bureau de consultation gratuite.

Cet appel fut entendu, et le bureau, dès sa formation, reçut une telle affluence de clients, que pour avoir le temps nécessaire d'examiner toutes les affaires, il dut tenir des audiences supplémentaires. Dans ces circonstances, il était déjà très difficile à ses membres d'être exacts aux audiences des trois sections du Tribunal, mais il leur était presque impossible d'assister aux exercices de la garde nationale. Ils demandèrent donc la faveur d'être dispensés de ce service et du logement des gens de guerre, comme assimilés pour les affaires des indigents à un bureau de paix et conciliation dont les membres étaient exemptés de ces deux obligations. Cette demande parut fondée et fut favorablement accueillie. Chaque année, le Président de la Chambre envoyait au Maire les noms des membres qui la composaient, pour qu'ils fussent rayés des listes de la garde nationale et dispensés également du logement des soldats.

Le rôle du bureau était terminé, quand la consultation était donnée, la loi n'accordant pas à l'indigent la gratuité des droits de timbre et d'enregistrement, de sorte que le plaideur, dénué de ressources, se trouvait dans l'impossibilité de porter ses justes réclamations devant le Tribunal.

Sous l'ancien régime, il existait à Marseille un bureau charitable qui avait pour mission de subvenir aux frais des procès des indigents. Il possédait des capitaux importants. La révolution le supprima et confisqua ses biens.

La loi nouvelle ne s'était nullement préoccupée de la situation des pauvres. Leur nombre cependant s'était considérablement accru par suite des événements politiques qui avaient amené la ruine de familles jadis dans l'aisance et même dans l'opulence.

Dans la séance du 20 ventôse, un des membres de la Chambre signale cette lacune de la loi et demande à ses collègues s'ils sont disposés à faire l'avance des frais et déboursés dans les affaires des indigents qu'ils reconnaîtront dignes de cette faveur.

La question méritait d'être examinée ; d'un côté, il s'agissait d'une œuvre humanitaire : permettre aux plaideurs pauvres de réclamer devant la justice, leurs droits et de sauver ainsi une dernière épave d'une fortune écroulée, et d'autre part, d'une mesure qui dépassait les ressources d'une communauté, qui n'avait que quelques mois d'existence.

Trop philanthropes pour repousser complètement une pareille mesure, trop prévoyants pour l'accepter en son entier, les membres de la Chambre prirent la délibération suivante :

« Considérant que la loi n'exige de nous que l'examen et la consultation gratuite des affaires des indigents ; qu'il serait cependant satisfaisant pour nous de pouvoir faire face aux avances des déboursés à ceux qui se trouvent dans l'impossibilité d'y pourvoir ; mais que la chambre ne doit pas s'imposer des obligations qu'elle serait hors d'état de remplir ; que l'avance des déboursés dans toutes les affaires des indigents exigerait d'elle des sommes trop considérables pour que la chambre pût y faire face à cause de l'énormité des droits de timbre, d'enregistrement et de greffe ;

« Considérant néanmoins que si le manque de moyens ne lui permet pas de contracter l'obligation générale de faire dans toutes les affaires des indigents, l'avance des déboursés et d'en supporter la perte en cas de perte du procès, elle ne veut pas cependant s'enlever la satisfaction de faire ces mêmes avances, selon la nature des circonstances et lorsque ses moyens le lui permettront ;

« Arrête que la chambre ne sera pas tenue de faire les avances dans toutes les affaires des indigents, mais qu'elle se réserve de déroger à cette disposition par des délibérations particulières, selon l'étendue de ses moyens et les circonstances de l'affaire ; que dans le cas où elle ferait les avances, le procès gagné, elles lui seront remboursées dans le plus bref délai par l'avoué, qui aura été chargé de l'affaire, et que, pour faciliter autant que possible l'accès de la justice aux pauvres, les huissiers seront invités à faire gratuitement les actes dans les affaires qui seront admises par la chambre, sauf néanmoins les avances du timbre et de l'enregistrement, et sauf encore aux dits huissiers de répéter leurs honoraires au cas de gain de la cause, après le recouvrement des dépens, à quoi l'avoué qui aura occupé sera tenu de veiller. »

Le 20 vendémiaire an X, la même question est de nouveau posée à la chambre. Mᵉ Martichon fait observer que la chambre a journellement à s'occuper d'un nombre considérable d'affaires que les indigents sont obligés de laisser impoursuivies, malgré la direction et les conseils gratuits qu'on leur donne, attendu l'impossibilité dans laquelle ils sont de pourvoir aux déboursés de la procédure ; qu'en l'état, il pense qu'il conviendrait à la chambre de frayer à ces déboursés dans le cas où elle le trouverait à propos. C'est pourquoi il demande qu'il soit pris des mesures pour que la chambre pût fournir à cette dépense, et les moyens pour qu'elle en fût remboursée au fur et à mesure des recouvrements.

« La proposition mise en délibération, après avoir ouï le syndic dans ses conclusions ;

« La Chambre, considérant que ce ne serait rendre aux indigents qu'un secours illusoire, que de ne pas leur fournir de quoi frayer aux dépenses des déboursés de la procédure, lorsqu'ils sont dans l'impossibilité absolue d'y pourvoir eux-mêmes ;

« Considérant néanmoins qu'elle s'imposerait des obligations bien au delà de ses forces si elle s'engageait à faire l'avance de ces déboursés dans toutes les affaires des indigents que les circonstances des temps ont malheureusement multipliées, qu'elle est donc obligée de se restreindre à l'exécution de la délibération du 20 ventôse dernier et de ne faire l'avance que dans des circonstances particulières et spéciales ;

« Considérant que la contribution exigée des avoués en l'an IX et le montant des droits de taxes ont été absorbés par les frais d'établissement, qu'il importe donc d'assurer dès cet instant la rentrée de quelques fonds dans la bourse commune, soit pour frayer aux dépenses ordinaires, soit pour fournir aux déboursés des affaires des indigents auxquelles la Chambre délibèrera de pourvoir ;

« Par ces motifs et considérations, la Chambre a délibéré de maintenir la délibération du 20 ventôse an IX, se réservant de fournir, selon l'étendue de ses moyens et la nature des circonstances, les frais de timbre et d'enregistrement aux indigents, auxquels elle accordera son assistance, et, voulant assurer la rentrée de quelques fonds dans la bourse commune afin d'y trouver les moyens de fournir aux déboursés auxquels elle va délibérer de pourvoir, elle arrête que, sans rien préjuger sur la contribution définitive que les avoués seront dans le cas de fournir, chacun d'eux sera néanmoins tenu de payer provisoirement au trésorier la somme de dix francs, dont cinq exigibles dès aujourd'hui, et les cinq autres dans quinze jours.

« Et de même suite la Chambre, ayant égard à l'impossibilité dans laquelle se trouve la veuve Mersan de fournir aux déboursés qu'exigerait l'instance en répétition de sa dot, qu'elle est obligée de former contre les héritiers de son mari, a délibéré de frayer aux dits déboursés, à l'effet de quoi il sera expédié à Me Emerigon, avoué, chargé de la défense de la dite dame, un mandat pour la somme dont il pourra avoir besoin. »

En 1806, l'état des finances de la Compagnie est devenu satisfaisant. Le trésorier annonce qu'il a en caisse 10.989 fr. 99. Après lui avoir voté des félicitations sur son heureuse gestion des deniers de la Compagnie, un membre de la chambre fait la proposition suivante :

« Le 10 vendémiaire an X, la Chambre a délibéré de ne point fournir aux déboursés de toutes les affaires des indigents. La Chambre manquait alors de fonds, elle désirait sans doute que l'état futur de sa caisse pût lui permettre de révoquer cette délibétion ; elle a fait jusqu'à aujourd'hui, et autant que ses moyens le lui permettaient, exception à cette règle en faveur des indigents que leurs situations recommandaient plus spécialement à sa bienveillance, et elle a vu plusieurs fois avec satisfaction ses secours améliorer le sort des infortunés qui s'adressaient à elle; aujourd'hui l'état de la caisse semble permettre de s'écarter de la délibération du 20 vendémiaire, et il est sans doute satisfaisant qu'elle puisse faciliter avec plus d'aisance aux indigents, l'accès des tribunaux et la poursuite de leurs droits. »

La Chambre, sur cette proposition, prend, le 18 octobre 1806, la délibération suivante :

« Considérant que si, à une époque voisine de son établissement, le manque de fonds et l'incertitude d'en obtenir, la contraignit de délibérer qu'elle ne fournirait pas aux débours des affaires des indigents, cette délibération, motivée sur l'état de la caisse, a reçu, en plusieurs circonstances et autant que la Chambre l'a pu, des exceptions en faveur de plusieurs indigents qui se sont adressés à elle ; qu'on voit aujourd'hui avec satisfaction que l'état de la caisse semble lui permettre d'augmenter sa bienfaisance ; à l'unanimité, il est délibéré que dorénavant elle fournira aux débours de toutes les affaires des indigents, auxquels elle accordera son assistance, et de plus, pour régulariser l'exécution de cette délibération, que l'avoué qu'elle aura chargé de la défense sera autorisé à fournir aux déboursés et en sera remboursé sur le rôle qu'il en présentera et qui sera visé par l'avoué tiers. Le Président est autorisé à délivrer aux avoués sur le trésorier les mandats nécessaires. »

Cette délibération prise, il fallait en assurer l'exécution. Tout naturellement, la Chambre se réserva à elle-même le droit d'accorder ce bénéfice de la gratuité.

Un de ses membres, à tour de rôle, était chargé de lui faire un rapport écrit sur l'affaire et sur la moralité de l'indigent. Après examen, elle rendait sa décision et désignait l'avoué qui devait prêter gratuitement son ministère. Celui-ci, la procédure terminée, remettait au trésorier sa note des débours, dont il était remboursé par la caisse commune. Sur l'initiative des avoués, les huissiers et les greffiers du Tribunal et des justices de paix consentirent également à ne percevoir aucun honoraire sur les affaires des indigents auxquels la Chambre accordait son assistance.

Ainsi fut constituée par nous, sans le concours de l'Etat, de notre propre initiative, avec nos propres ressources, l'assistance judiciaire, avec un fonctionnement presque identique à celui qui a été fixé par la loi de 1851. Plus heureux que nous, nos pères obtinrent-ils de ceux pour lesquels ils s'imposaient de si grands sacrifices une parole ou un acte de reconnaissance ? nous n'osons l'affirmer. Il ne faudrait pas croire que nos anciens aient marchandé leur générosité. En 1812, la Chambre eut à examiner 368 demandes d'assistance judiciaire ; elle accorda cette faveur à 123 indigents, et, chose qui m'a surpris, c'est que sur ce nombre il n'y avait que 14 affaires de séparation de corps, parmi lesquelles six furent transigées, trois furent rejetées et cinq accordées. Aujourd'hui, sur 1.200 demandes qui sont portées devant le bureau d'assistance judiciaire et dont plus du tiers sont admises, les demandes en divorce et en séparation de corps comptent pour plus de moitié.

Le bureau charitable qui, sous l'ancien régime, pourvoyait aux frais des affaires des indigents s'était donné également pour mission de secourir les prisonniers. Ces malheureux, dont la misère morale était surpassée par la misère physique, recevaient tous les dimanches la visite de l'un des membres de ce bureau, qui leur apportait quelques secours pécuniaires, en même temps que des conseils et des consolations. A cette époque le prisonnier se nourrissait et s'entretenait à ses frais.

La rue de la Prison offrait un spectacle curieux. Chaque prisonnier, dont le cachot donnait sur la rue, faisait descendre, au moyen d'une corde, un petit panier qu'il retirait ensuite lorsqu'un passant charitable y avait déposé son aumône. C'est par ce moyen, que le prisonnier s'assurait de quoi pourvoir à sa nourriture.

Les prisons de Marseille étaient humides et infectes. Il est difficile de se figurer ce qu'elles étaient. J'en trouve une description dans les *Mémoires* du duc de Montpensier qui y fut détenu en 1793. Voici le tableau qu'il en fait :

« Nous entrâmes dans un petit passage qui donnait sur une cour très sombre. Je remarquai qu'on fermait une grille après nous. Au bout du passage était un trou noir d'environ huit pieds carrés, d'une saleté et d'une puanteur insupportables et qui ne recevait de la lumière que par un petit soupirail grillé, de sorte qu'il y régnait une obscurité totale quoiqu'il fît encore assez clair dehors. Un instant après, je vis paraître un petit homme en bonnet rouge, une pipe à la bouche, un trousseau de clefs à la ceinture et ressemblant parfaitement à un geôlier de théâtre. Il avait une lanterne à la main et me dit après avoir refermé la grille : La loi ne vous paye pas de chandelles mais les prisonniers qui ont de l'argent peuvent s'en procurer. — Mais, dites-moi, comment appelle-t-on ce séjour ? — Est-ce que vous ne savez pas que vous êtes au palais ? — Non, je l'ignorais, mais n'est-ce pas ici qu'on met les criminels ? — Non, c'est plus bas, vous êtes au civil ! les criminels sont encore bien plus mal, aussi me font-ils enrager. Vous les entendrez demain : ils sont couchés maintenant, mais le jour ils font un tapage épouvantable. Quand il m'eut apporté la lumière je visitai mon trou pour m'y reposer, mais il y avait une telle humidité et une telle puanteur que cela me fut impossible. »

Avant la Révolution, les procureurs, à plusieurs reprises, avaient demandé que l'on fît à la prison des réparations nécessaires pour enlever l'humidité qui infectait l'air des cachots. Les échevins avaient même étudié la question de la construction d'une nouvelle prison. Mais les événements politiques avaient augmenté le nombre des prisonniers et empêché la réalisation des améliorations demandées. En 1812 et pendant de nombreuses années après, les prisons demeurèrent les lieux infects et malsains dont on vient de lire la description.

Depuis la Révolution les prisonniers étaient privés des quelques subsides qui leur étaient accordés par le bureau charitable.

Les avoués avaient journellement sous les yeux le spectacle de cette misère. Poussés par un sentiment de charité qui les honore, ils voulurent apporter quelques soulagements aux prisonniers et continuer l'œuvre de l'ancien bureau charitable.

Le 16 pluviose an XI de la République une et indivisible, un membre de la communauté des avoués fait à l'assemblée générale la proposition suivante :

« Citoyens collègues,

« Le bureau charitable, qui était chargé de la défense des indigents et de secourir les prisonniers, jouissait autrefois de nombreux capitaux importants, *que les besoins de l'Etat ont obligé la République de s'approprier*. Si le Gouvernement n'a pas encore adopté, en faveur de cette institution, la mesure qu'il a adoptée en faveur des hospices (la restitution de leurs biens), vous ne devez pas négliger de mettre à profit d'autres moyens de secours qui, sans nuire au trésor public, vous offriront des ressources plus abondantes pour le soulagement des pauvres prisonniers.

« Le bureau charitable avait établi un tronc dans l'escalier du Palais, il faisait en outre la quête dans toutes les églises les jours de dimanche et de fêtes, il était enfin autorisé à faire dans l'année deux quêtes extraordinaires dans l'intérieur de la ville.

« Ne conviendrait-il pas de demander le rétablissement du tronc qui a été détruit et l'usage des quêtes qui est tombé en désuétude ?

« Je pense que cette mesure obtiendrait l'approbation des autorités constituées qui ont le droit de la permettre. Son résultat amènerait le double avantage de vous fournir des moyens plus abondants pour secourir l'indigence et d'exciter et d'encourager dans le cœur des citoyens le zèle de la charité et la pratique de la bienfaisance. »

« La proposition mise aux voix ; ouï le syndic dans ses conclusions ;

« Condérant que ses ressources sont bien inférieures aux besoins auxquels elle aura à pourvoir ;

« Que les prisonniers sont souvent réduits, même dans la saison la plus rigoureuse, à un état complet de nudité ;

« Que, dans ces circonstances, la Chambre doit adopter avec empressement toutes les mesures qui peuvent lui permettre de secourir l'humanité souffrante ;

« Que le rétablissement du tronc qui existait autrefois dans l'escalier du Palais et des quêtes tant ordinaires qu'extraordinaires, qui avaient lieu avant la Révolution, est une mesure sûre dont l'institution et les résultats ne peuvent qu'être avantageux sous le rapport de la morale et du soulagement de l'indigence;

« Qu'il n'est aucun membre de la Chambre qui n'accepte avec empressement des fonctions qui tendent à secourir l'humanité souffrante et à exciter la pratique de la bienfaisance ;

« La Chambre a unanimement délibéré de solliciter l'autorisation : 1° de rétablir le tronc qui existait dans l'escalier du Palais; 2° de mettre un bassin à la porte de chaque église ou succursale les jours de fêtes et les dimanches ; 3° de faire dans le courant de l'année deux quêtes extraordinaires dans l'intérieur de la ville ;

« Et délibère en outre que ses membres se distribueront entre eux les églises où ils doivent tenir les bassins et que le produit des bassins et des quêtes sera employé au soulagement des prisonniers et des indigents ;

« Que la présente délibération sera adressée à Monseigneur l'Archevêque d'Aix, au Président du Tribunal de première instance et au Commissaire général de la police pour qu'ils veuillent bien l'autoriser, chacun en ce qui le concerne, et elle charge trois de ses membres de faire les démarches nécessaires. »

Monseigneur l'Archevêque d'Aix autorisa seulement les avoués à tenir un bassin pour les pauvres prisonniers, devant la place du Palais-de-Justice, à l'angle de la rue de la Prison, du Jeudi Saint midi au Samedi Saint au retour des cloches.

Je me souviens, étant enfant, d'avoir vu, je pourrais même dire, d'avoir tenu ce bassin. Il reposait sur une table couverte d'un tapis noir avec bordure jaune sur laquelle se trouvait un énorme carcan. Cet affreux instrument de torture attirait les regards et la compassion des passants. Les mères le montraient à leurs enfants et leur faisaient une leçon de morale : voilà ce qui leur serait réservé s'ils n'étaient pas sages. Un des membres de la chambre, en robe, se tenait assis devant la table, frappant avec une monnaie les bords du bassin pour appeler l'attention des nombreuses personnes qui allaient à l'église du Calvaire, dont le reposoir était un des plus visités.

Il fut tenu à cet endroit jusqu'au jour où le Palais fut transféré à la place Monthyon. Pendant deux ans, les avoués le placèrent devant la porte de la rue Grignan ; mais en quittant les vieux quartiers il avait perdu sa popularité, et fut ensuite supprimé.

C'était un honneur de tenir ce bassin et aucun des membres de la communauté ne se refusait à remplir ce devoir. Cependant, en 1828, un avoué crut pouvoir s'en dispenser. Il reçut du président de la Chambre la lettre suivante :

« La chambre me charge de vous écrire cette lettre pour vous « dire combien elle a été peinée de constater votre négligence à « vous rendre à l'invitation, qu'elle vous avait adressée, de tenir, le « Jeudi Saint, le bassin des prisonniers à la porte du Palais. La « tenue du bassin des prisonniers est un acte qui honore la com- « munauté qui l'a institué. Négliger d'y concourir c'est manquer « à la fois à la communauté dont vous êtes membre et aux senti- « ments de dévouement aux malheureux que nous avons tou- « jours professés. »

Les aumônes recueillies étaient relativement importantes. Le cinq avril 1806, elles produisaient une somme de 199 fr. 05 à laquelle il fallait ajouter 15 fr., montant d'une amende prononcée au profit du bassin des avoués par le Tribunal de police. Il fut décidé que cet argent serait employé à acheter des chemises et des mouchoirs pour les prisonniers et que le surplus serait donné en nature en faveur des plus pauvres d'entre ceux actuellement détenus.

En 1807, il fut trouvé dans le bassin 210 fr. 15 auxquels il y eut lieu d'ajouter 4 livres et 5 sols, don fait par une loge de francs-maçons. La Chambre fit distribuer aux prisonniers du linge de corps.

En 1819, la recette s'éleva à 268 fr. 70 dont on acheta des habits pour ceux dont la peine était sur le point d'expirer.

En 1804, un habitant de Sisteron institua le bassin des pauvres prisonniers, tenu à Marseille par les avoués, légataire particulier de ses hardes, effets mobiliers et linges. Ce legs produisit une somme de 304 fr., qui fut distribuée dans la prison.

Une partie des sommes recueillies servait à payer un repas aux prisonniers le jour et la seconde fête de Pâques. Nous avons trouvé pour l'année 1820 le menu et le montant de la dépense.

Pour 54 détenus : il est donné au geôlier 54 litres de vin à distribuer le jour de Pâques et le lendemain, ci 24 livres 6 deniers.

Vingt-sept livres de viande à raison d'une demi-livre pour chaque prisonnier.

Une demi-livre de viande pour une petite fille qui se trouve détenue ;

Une demi-livre de riz et une demi-livre de safran et cinquante francs pour le prestage à volonté donnés au gardien.

Les avoués avaient pris pour devise : Justice et Humanité. Leurs œuvres, au début même de leur création, furent inspirées par ces deux nobles sentiments. Les exemples qu'ils nous ont donnés ont été par nous religieusement suivis, et si la charité ne devait pas demeurer ignorée, je dirais qu'il n'y a point d'œuvres humanitaires créées en ce siècle qui ne compte la chambre des avoués parmi ses fondateurs, aucune calamité publique qu'elle n'ait secourue de ses deniers.

Après avoir réglé la constitution du bureau de consultation gratuite, la création de l'assistance judiciaire, le sort des prisonniers, les avoués pensèrent aux choses de leur profession. Leur situation était difficile. Le code de procédure civile était encore en préparation.

Le décret du 18 fructidor an VIII ordonnait de suivre provisoirement la procédure déterminée par l'ordonnance de 1667 en tous les points auxquels il n'avait pas été dérogé par des lois nouvelles non abrogées. Le 25 ventôse an IX de la République une et indivisible, la chambre des avoués de Marseille se réunit. Elle constate que le concours des lois nouvelles avec les anciennes fait naître de nombreuses difficultés ; et elle estime que dans ces circonstances il y a lieu d'établir une parfaite uniformité de procédure en attendant que le corps législatif ait rendu la loi organisant définitivement la forme de la procédure civile. « Bien qu'elle n'ait pas plus le droit d'expliquer la loi que celui de la faire », la Chambre des avoués de Marseille, sous forme de règlement, fait un véritable code de procédure civile dans lequel nous trouvons un certain nombre de dispositions qui devaient être édictées plus tard par le législateur. Ce règlement était en trente-trois articles que nous allons rapidement analyser. Les délais des ajournements sont fixés à trois jours, avec faculté de les abréger en présentant une requête au président ; tous les exploits introductifs d'instance devront être signés sur l'original et la copie par l'avoué. C'était la constitution. L'avoué défendeur devait faire connaître sa constitution à son confrère par lettre, dont ce dernier était tenu de lui accuser réception. Faute par l'avoué demandeur de faire enrôler, le défendeur pouvait remplir cette formalité, en avertissant son confrère par une lettre. Dès que les avoués se seront constitués, les demandes incidentes ne seront plus signifiées aux parties par exploits, mais à l'avoué. Il ne pourra être pris de jugement de défaut contre avoué qu'après avoir prévenu son confrère par lettre d'avoir à se trouver à l'audience au jour où l'affaire sera fixée...

Ce règlement fait, ils s'occupent enfin de leurs propres affaires.

En rentrant au vieux Palais, ils ne trouvaient plus rien de ce qui avait appartenu aux procureurs. La salle des délibérations de ces derniers était occupée par les ateliers de la Monnaie ; leur mobilier, la banque en bois de Flandre, les armoires, dont l'installation avait été pour eux un jour de fête, les tableaux qui garnissaient la salle, avaient probablement servi à garnir les fourneaux pour la fonte des métaux. Rien n'avait été épargné. Je me trompe : de ce qui avait appartenu aux procureurs, il avait été sauvé ce à quoi ils avaient attaché le plus grand prix, c'est-à-dire le registre des délibérations de 1588, et une partie de leurs archives. Il est probable qu'un de nos procureurs, prévoyant les événements qui allaient se passer, et craignant de voir disparaître ce livre et ces délibérations qui constituaient l'histoire de sa compagnie, a pris soin de les emporter et de les conserver pendant la révolution. Nommé ensuite avoué, il s'est fait un devoir de restituer à ses nouveaux confrères, successeurs des procureurs, ce précieux dépôt. Nous ne connaissons pas le nom de celui qui nous a rendu ainsi, à notre tour, le gardien de ces archives. Selon toute probabilité, ce doit être Louis Seytres, car il fut le dernier « archivaire » du corps des procureurs.

Les premières réunions de la compagnie se tinrent dans la salle d'audience de la 1re chambre. Les avoués s'adressèrent au président du tribunal pour obtenir un local qui leur serait spécialement affecté. Leur demande fut agréée, et il leur fut accordé une salle « au haut du Palais », ce qui veut dire, en termes vulgaires, sous les combles. Possesseurs d'un local, il fallut l'installer et le meubler, le tout à leurs frais. La première dépense qu'ils firent fut celle d'un concierge. Par délibération du 25 ventôse an IX, le nommé Bosq est nommé à ces fonctions « avec une rétribution de « douze francs par mois à charge par lui de se tenir exactement « à la porte extérieure de l'enceinte de la salle des délibérations « lorsqu'il y aura séance, et de faire toutes les commissions « dépendant du service de la chambre lorsqu'il en sera requis par « les membres la composant. »

Ils avaient bien une salle de délibérations, mais point d'armoires pour y déposer leurs robes. Comme les procureurs avant 1774, ils se rendaient de leurs études au Palais et vice versa, en robe et en toque. Pour se soustraire à la curiosité que, dans cette pérégrination journalière, ils excitaient surtout de la part des enfants si nombreux dans ce quartier, ils prièrent leur président de faire une démarche auprès de qui de droit pour obtenir un vestiaire. La Chambre demanda alors au Président du tribunal de vouloir bien accorder à la compagnie un local dans le palais pour y construire des armoires où seraient déposées les robes. Le Président, « de la « meilleure grâce du monde », fit droit à leur requête, et leur laissa le choix d'une des « mansardes » du palais, à la condition que les avoués supporteraient les frais d'installation. Les armoires furent construites en l'an XI.

Le 26 ventôse an XII, un membre de la chambre appela l'attention de ses collègues « sur divers objets qui tiennent autant à notre commodité particulière qu'à la décence publique. »

« En premier lieu, les bancs destinés aux avoués dans la grande « salle d'audience de ce palais sont de beaucoup insuffisants pour « remplir cette destination, puisque nous sommes cinquante « avoués près le Tribunal sans compter presqu'autant d'avocats, « et à peine les bancs offrent-ils de places pour trente personnes, « ce qui nous tient dans la gêne et occasionne de la confusion « dans les audiences.

« La Chambre délibère et prie M. le Président du tribunal de « donner les ordres nécessaires pour que les bancs destinés aux « avoués soient allongés de manière que les cinquante avoués et « les jurisconsultes qui plaident habituellement puissent y pren- « dre place commodément.

« En second lieu il est des besoins naturels auxquels il faut « satisfaire, au palais comme ailleurs. Il y avait une latrine à cet « effet, qui a été condamnée parce que son état de dégradation « nuisait au directeur du jury d'accusation ; il est cependant bien « désagréable et peu décent que nous soyons obligés de sortir en « costume pour aller satisfaire ces besoins dans les rues ou sur la « place autour du palais. Puisque la latrine existe, la réparation « ne peut pas être une chose bien difficile.

« En troisième lieu la marque de l'or et de l'argent, qui avait « été placée dans le palais, pendant qu'il n'y avait plus de tribunal « civil à Marseille, continue d'y rester maintenant que, rendu à « sa véritable destination, le palais est redevenu le siège de la « justice et le dépôt de ses archives, pour les quels les ateliers de « cette marque susceptibles de causer beaucoup de bruit et même « des incendies, sont des voisins insupportables et dangereux.

« La Chambre, après avoir ouï son syndic, adopte les deux pro-

« positions qui lui sont faites : réparation de la latrine, et trans-
« fert dans un autre local des ateliers de la marque et décide
« qu'un extrait de sa délibération sera envoyée à M. le Président
« pour qu'il transmette leurs réclamations à l'autorité com-
« pétente. »

Parmi les usages des anciens procureurs deux furent rétablis dès notre création.

Les procureurs célébraient par un banquet le jour de la Saint Remy, où le Tribunal faisait sa rentrée après les vacations. Nos avoués pensèrent, avec raison, « que pour resserrer les liens d'amitié et de confraternité qui devaient unir les avoués dans leurs rapports journaliers », il n'y avait pas de moyens plus efficaces, que de les réunir autour d'une table bien servie, et que là, dans l'intimité d'un repas pris en commun, ils oublieraient les petites susceptibilités et les froissements qui résultent d'une vie de luttes et d'un contact de tous les jours. La rentrée du tribunal était fixée au 4 septembre et le soir les avoués se réunissaient en un banquet.

Ils rétablirent aussi un usage des anciens procureurs que nous avons conservé comme le précédent. Il est vrai que, parmi quelques-uns d'entre nous, il soulève aujourd'hui certaine critique moqueuse. Il mérite cependant d'être maintenu, car il remonte à une époque fort éloignée, et qu'étant vieux, il est digne de respect. C'est celui qui consiste à distribuer des paquets de bougies à chaque membre de la Chambre à raison de son assiduité à ses séances, et à chaque membre de la compagnie pour sa présence aux assemblées générales.

Cet usage fut rétabli par délibération du 4 messidor an XII, et il nous est commun avec l'ordre des avocats.

A cette séance un membre de la Chambre fit la proposition suivante :

« Il serait juste qu'il fût distribué quelques bougies à chaque membre de la Chambre et aux assemblées générales. On retrouve l'exemple de cette distribution dans l'usage qui était observé de tout temps chez les anciens procureurs.

« Après avoir ouï son syndic, la Chambre décide que la proposition étant juste et conforme aux plus anciennes traditions du corps des procureurs, il sera distribué pour chaque séance et assemblée générale une demi-livre de bougie par présence.»

En 1806, la quantité fut augmentée et portée à une livre.

La fête de Saint Yves, comme on le verra dans la suite, ne fut rétablie qu'en 1816.

CHAPITRE II

Leurs rapports avec les Magistrats
Installation de la Cour Impériale et du Tribunal de 1re Instance à Marseille

---

Parmi les avoués, les uns, ceux qui avaient été procureurs, gardaient le souvenir des servitudes lourdes et vexatoires, dont ils avaient tant souffert, les autres avaient partagé dans une certaine mesure, les idées de la révolution. Tous furent animés du même esprit d'indépendance et de liberté. Ils repoussèrent, dès lors, tout ce qui pouvait porter atteinte à leurs prérogatives. De là naquirent des froissements, des conflits et des difficultés avec M. Ricard, président du Tribunal, dont le caractère autoritaire tendait à leur imposer les mêmes obligations qu'avaient subies les procureurs.

Dès les premiers jours, M. Ricard voulut obliger les avoués à assister à toutes les audiences, et ce, pendant toute leur durée, assujétissement auquel les procureurs étaient soumis. Me Etienne Seytres, dont le caractère était d'ailleurs frondeur, s'y refusa, déclarant « qu'aucune autorité du monde ne pourrait l'obliger de se trouver à l'audience lorsqu'il n'aurait rien à y faire. » Ce propos, tenu par lui dans les pas-perdus, fut rapporté au président par l'huissier de service. Ce magistrat demanda à la Chambre de sévir contre Me Seytres, et d'instruire à son encontre une action disciplinaire.

La Chambre, estimant que le propos incriminé contre Me Seytres était fâcheux dans ses expressions, considérant toutefois qu'il n'avait été tenu que dans une conversation particulière entre confrères et que d'ailleurs aucune loi n'imposait aux avoués l'obligation d'être présents à toutes les audiences, relaxa Me Seytres de la plainte et décida que sa délibération serait portée par son président à la connaissance du Président du Tribunal.

Un incident plus grave se produisit quelques jours après. Le Président du Tribunal refusa aux avoués le droit de garder la toque sur la tête pendant l'audience, et fit expulser de la salle Me Terris, un des membres les plus estimés de la Compagnie, qui était demeuré la tête couverte. La Chambre s'indigna de ce procédé qui rappelait par trop les « attentats » de M. de la Garde, de triste mémoire. Elle se rendit en corps chez M. le Président pour lui fournir des explications. Il lui fut démontré que même les procureurs de la sénéchaussée de Marseille demeuraient couverts à l'audience, qu'ils n'étaient tenus de se découvrir que lorsque le Tribunal entrait en séance ou lorsqu'ils faisaient le requis ; que les mêmes règles devaient s'appliquer aux avoués. M. Ricard, qui d'ailleurs avait de l'estime pour eux, convint qu'il s'était laissé aller à un mouvement regrettable, il consentit à ce que Me Terris rentrât de nouveau dans la salle d'audience, qu'il saluât le Tribunal et qu'il demeurât ensuite couvert. Cet incident fut ainsi terminé.

Vous verrez plus tard, au récit du procès de Mme Granet, que le Président du Tribunal s'attribuait le droit de convoquer la Compagnie pour lui adresser des « mercuriales » sur la chaleur que ses membres apportaient dans la défense de leurs clients. La Compagnie refusa d'obtempérer aux ordres de ce magistrat, et maintint énergiquement les prérogatives qui appartenaient à sa Chambre.

C'est animé de ce sentiment d'indépendance que la Compagnie prend les deux délibérations qui vont suivre.

A l'occasion du rétablissement du culte, eut lieu à Marseille une grande procession, à laquelle assistèrent toutes les autorités et notamment les membres du tribunal de première instance, en robe.

Le président M. Ricard, écrivit, le dix prairial an XII, à la Compagnie des avoués dans les termes suivants : « M. le Président vous enjoint d'assister à la procession derrière le Tribunal. »

A la réception de cette lettre, le Président de la Chambre des avoués réunit ses confrères en assemblée générale et soumet à leurs votes les trois questions suivantes :

« 1° Le Corps des avoués doit-il se rendre demain au Palais en conséquence de la lettre de M. le Président du Tribunal civil ?

« 2° En cas de refus, faut-il le faire connaître à M. le Président par une députation ?

« 3° Faut-il charger cette députation de représenter à M. le Président que le refus du Corps des avoués de se rendre demain au Palais, dans l'objet de la lettre dont il s'agit, est principalement motivé sur ce que la dite lettre contient un ordre au lieu d'une invitation ? »

Ces trois questions mises aux voix, « sur la première, il est unanimement opiné non, sur les deux autres oui à l'unanimité. »

En conséquence, après avoir ouï son syndic dans ses réquisitions, la Chambre prend la délibération suivante :

« Considérant que la procession, qui doit avoir lieu demain
« dans notre ville, est un acte religieux dont le renouvellement est
« pour tous les bons Français un gage assuré du bonheur que
« l'avènement de Buonaparte au trône leur promet, et qu'il n'y a
« aucun de nous qui ne se fît un plaisir, comme un devoir, d'y
« assister ;

« Mais qu'il serait inconvenant de faire en cette occasion une
« démonstre, qui pût être prise à conséquence pour imposer à
« l'avenir au Corps des avoués un assujettissement dont l'ancienne
« Communauté des procureurs, que le Corps des avoués remplace
« aujourd'hui, a eu tant à souffrir ;

« Considérant que le Corps des avoués n'a point reçu d'invi-
« tation directe de la part des marguilliers chargés du cérémonial
« de cette procession et que l'autorité de M. le Président ne
« saurait s'étendre jusqu'à donner au Corps des avoués l'ordre de
« s'attacher à sa suite dans cette cérémonie religieuse ;

« La Chambre, à l'unanimité, déclare que le Corps des avoués « ne doit pas se rendre demain au Palais en conséquence de la « lettre de M. le Président du Tribunal, et que cette délibération, « ainsi que ses motifs, sera remise à M. le Président par toute la « Chambre des avoués. »

Le 11 prairial, la Chambre se rend chez le Président. Elle lui annonce le résultat de sa délibération et reçoit de lui des explications qui méritent d'être prises en considération. La Chambre prend alors la délibération suivante :

« Considérant que les explications de M. le Président sur les « expressions de sa lettre sont de nature à rassurer la Chambre « contre toute intention de sa part de créer un droit qu'il « n'a pas ;

« Considérant que le mode d'invitation à la procession a été « déterminé entre le Conseiller d'Etat Préfet et les marguillers « de la paroisse, et qu'il en résulte que cette invitation n'a dû « être faite directement qu'aux chefs principaux des diverses « administrations publiques, sauf à ceux-ci à les transmettre à « qui bon serait ;

« Que dans les circonstances où nous devons donner une « démonstration de joie à la renaissance de l'extérieur du culte, « nous devons moins nous arrêter aux formes encore indéter- « minées, selon lesquelles nous sommes appelés à la cérémonie ;

« Délibère qu'il y a lieu de se rendre demain au Palais, mais en habits noirs, pour de là assister en corps à cette cérémonie, sans néanmoins que la présente puisse tirer à conséquence pour l'avenir, et que la présente délibération sera annoncée par lettre à M. le Président. »

Le retour au calendrier grégorien ramena l'usage des visites officielles du premier de l'an. M. Ricard, président du Tribunal, prévint les avoués de son heure de réception. A cette occasion la Compagnie prit une délibération, qui aurait lieu de nous surprendre, si nous ne connaissions déjà la crainte qu'elle avait de créer des précédents pour ses successeurs. Me Désolliers, président de la Chambre, réunit ses confrères et leur pose la question de savoir s'il faut faire visite à M. le Président du Tribunal.

La Chambre prend alors la délibération suivante :

« Attendu qu'une visite d'étiquette de la part des avoués en corps de communauté au Président du Tribunal ne pourrait être fondée que sur la loi ou les usages ;

« Qu'aucune loi ne soumet le corps des avoués à une pareille visite ;

« Que jamais dans l'usage la communauté des procureurs ni les syndics n'étaient tenus à faire visite au premier de l'an au lieutenant-général de la sénéchaussée ;

« Qu'une pareille visite, faite une fois, pourrait tirer à conséquence et soumettre pour toujours le corps des avoués à une visite obligatoire et par cela même pénible, à l'occasion du renouvellement de chaque année ;

« Par suite, une lettre sera écrite à M. le Président du Tribunal par son président et son secrétaire pour lui témoigner que chaque membre du corps des avoués en particulier et tous les membres de la Chambre lui sont entièrement dévoués, pénétrés pour lui de sentiments de respect, d'affection, d'estime et de considération ; mais qu'il veuille bien ne pas trouver mauvais que le corps se dispense d'une visite de cérémonie à laquelle elle n'est pas tenue, et que cette lettre demeurera et sera conservée dans les archives du corps. »

Cette délibération ne fut rapportée que sous la Restauration.

Ce fut en 1806 que fut établie, au Tribunal de Marseille, la messe du Saint-Esprit. Elle fut dite, pour la première fois, dans la chapelle de ce nom. M. Ricard, président du Tribunal, invita les avoués à cette cérémonie. La Chambre, consultée par son président, Me Desolliers, prend la délibération suivante :

« Considérant qu'il est vrai que les corps et communautés ne doivent pas se mouvoir légèrement et sans réflexion et que leurs démarches ont des suites ;

« Qu'il est vrai encore qu'investie de la confiance de la communauté et stipulant ses intérêts et ses droits, elle est comptable envers elle d'une démarche qui serait inconsidérée et dont on pourrait profiter ensuite pour convertir en obligation ce qui dans le principe n'aurait été de sa part qu'une pure condescendance, ou ce à quoi elle aurait été déterminée par tout autre motif ;

« Qu'aucune loi n'oblige les avoués à suivre le Tribunal, soit dans les solennités publiques, soit dans les cérémonies privées, hors du palais ;

« Qu'ils n'y sont pas non plus obligés par l'usage ;

« Que, toujours prêts à donner à tous les magistrats, dans l'exercice de leurs fonctions, des marques de déférence, les avoués n'ont plus d'autres devoirs à remplir envers eux, hors l'enceinte du palais, que des témoignages d'estime et de considération que chaque citoyen doit aux talents et à la probité ;

« Qu'il faudrait sans doute représenter à M. le Président du Tribunal que la communauté ne peut, hors, du Palais, assister à une cérémonie à la suite du Tribunal, si M. le Président ne l'avait reconnu lui-même en se bornant à une simple invitation qui laisse à chaque membre la plus grande latitude ;

« Que cette faculté laissée à chaque membre ne laisse plus apercevoir dans la discussion qu'un point de vue sous lequel il est impossible de ne pas assister à l'acte religieux par lequel la juridique prochaine doit commencer ;

« Qu'il est satisfaisant de voir renaître l'exercice d'un culte qui est celui de la grande majorité des Français, qui fut celui de leurs pères, et dont l'absence fut signalée par des maux sans nombre ;

Qu'il ne peut donc qu'être infiniment louable pour eux de se rendre à l'invitation, en faisant observer à M. le Président que cette démarche faite pour cette année ne pourra jamais et sous aucun rapport dégénérer en obligation pour l'avenir. »

Les avoués se rendirent à l'invitation, mais vous voyez les précautions qu'ils prirent pour ne point créer des précédents qui pouvaient un jour ou l'autre faire perdre à la Compagnie son indépendance et sa liberté.

L'usage de cette cérémonie religieuse s'est conservé jusqu'à ces dernières années.

La messe du Saint-Esprit à laquelle assistait le Tribunal, accompagné de l'Ordre des avocats et de la Compagnie des avoués, était dite en l'église des Prêcheurs, et ensuite à celle de Saint-Charles. En 1862, à l'occasion de l'inauguration du Palais de Justice, cette cérémonie religieuse eut lieu dans la salle des pas perdus. Monseigneur Cruice, évêque de Marseille, célébra lui-même la messe.

Ce fut une délibération du Tribunal prise sous la présidence de M. Camille Fabre qui supprima «le secours du ciel», qu'imploraient autrefois les anciens procureurs. Ajoutons que, fidèles aux traditions du passé, les avoués de Marseille, ont toujours continué à consacrer par une messe, la reprise de leurs travaux.

L'installation de la Cour impériale d'Aix eut lieu le 1er juillet 1811. Notre Chambre des avoués assista à cette cérémonie, et il fut dressé le procès-verbal suivant :

« Nous avons reçu dans cette occasion de la part des premiers « magistrats qui composent cette Cour des témoignages d'estime « et de bienveillance infiniment flatteurs pour nous et pour la « communauté que nous avons représentée dans cette circons- « tance. Nos collègues messieurs les avoués près la Cour impé- « riale nous ont donné pendant notre séjour à Aix des preuves « de leur amitié et de leur dévouement. Je pense qu'il convien- « drait de consigner dans nos registres les démarches que nous « avons cru devoir faire et le cérémonial qui a été suivi dans « cette circonstance.

« La Chambre ayant fait écrire par son syndic à M. Baffier, « nommé premier président, pour être admise à assister à cette « cérémonie, M. Gras-Salicis, syndic, reçut la lettre suivante :

« Aix, 26 juin 1811. Je suis bien sensible, Monsieur, à tout ce « que vous me dites d'obligeant et d'honnête à l'occasion de ma « nomination à la première présidence et je vous en remercie. « L'intérêt que vos collègues et vous voulez bien me marquer

« dans cette circonstance m'est infiniment précieux, et j'en reçois « les témoignages avec satisfaction et reconnaissance.

« La Cour impériale sera installée lundi prochain, 1er juillet. « Le désir que votre Chambre exprime d'assister à cette céré- « monie ne peut que m'être très agréable. Je n'ai différé de vous « le mander que dans l'incertitude où j'étais que la salle d'au- « dience pût contenir tous ceux qui y seraient invités.

« J'ai l'honneur d'être, Monsieur, avec les sentiments les plus « distingués, votre très humble et très obéissant serviteur.

« Signé : BAFFIER. »

« Le 29 juin, les membres composant la Chambre partirent « pour Aix en voitures à quatre chevaux et allèrent loger à l'hôtel « des Princes, à proximité du Cours. A leur arrivée, ils apprirent « que les avoués près la Cour étaient déjà venus les visiter et les « inviter à dîner avec leur communauté pour le lundi 1er juillet.

« La journée du 30 fut consacrée aux visites officielles en habit « noir, à M. le Procureur Général, logé aussi à l'hôtel des Princes, « à M. Baffier, premier président, et aussi aux présidents de « chambres. Nous fûmes accueillis, dit le rédacteur du procès- « verbal, par chacun de ces magistrats avec toute la politesse « et la bienveillance possibles. M. le Premier, surtout, dont la « plupart des membres ont l'honneur d'être connus, nous a « témoigné toute sa satisfaction et tout l'intérêt qu'il porte à « notre Compagnie. Il fut fait également visite à Me Castellan, « président de la Chambre des avoués près la Cour, qui reçut « les Marseillais avec tous les témoignages d'estime et d'amitié.

« Le lundi 1er juillet, jour de l'installation, Mes Castellan, « président, et Pellicot, secrétaire de la Chambre des avoués près « la Cour, allèrent prendre à l'hôtel des Princes les avoués de « Marseille, et tous ensemble en « robbe » se rendirent au Palais « pour assister à la cérémonie. Ils furent placés sur deux rangs « de chaises disposées au-dessous des tribunes à droite des spec- « tateurs : M. le Président des avoués d'appel, celui de Marseille, « et celui de première instance d'Aix en tête, ensuite les autres

« membres de la Chambre des avoués de Marseille, et après eux « ceux de la Cour et du Tribunal d'Aix.

« Après l'installation et au sortir du Palais, la chambre des avoués « de Marseille, réunie et confondue avec les avoués de la Cour et du « Tribunal d'Aix, s'est rendue en robe chez le Premier et le Pro- « cureur général pour leur rendre leurs devoirs. Les avoués reçu- « rent l'accueil le plus flatteur et le plus gracieux par ces magis- « trats, qui les reconduisirent jusque sur le palier de l'escalier.

« A cinq heures du soir, les avoués de Marseille assistèrent au « dîner qui leur fut offert par ceux de la Cour ; l'amitié la plus « franche présida à ce repas pendant lequel les avoués de la Cour « ont comblé leurs confrères de Marseille de toute sorte d'égards « et de prévenances. Pendant le repas le président de la cham- « des avoués de Marseille, au nom de ses collègues, invita les « avoués de la Cour et ceux du Tribunal à accepter un dîner à « Marseille pour y renouveler et resserrer les liens d'amitié et de « bonne intelligence qui doivent exister entre ces corporations. »

Le 8 juillet, sous la présidence de M. Thomas, conseiller, délégué de la Cour, eut lieu l'installation du Tribunal de première instance de Marseille. Le 5 juillet, les avoués en habit noir et en voiture firent visite au délégué et à messieurs du Tribunal « et ils furent reçus avec tous les égards et l'honnêteté qu'ils pouvaient désirer. » Le lundi, à onze heures du matin, les avoués se réunirent dans leur chambre, et lorsque le Tribunal les eut avertis par un huissier qu'il allait se rendre à la messe à l'église du Saint-Esprit, ils se rendirent, de leur côté, en robe à l'église. On les fit placer au milieu de l'église sur des chaises disposées entre deux rangs de prie-Dieu, occupés de chaque côté par les magistrats.

Après la messe, le corps revint au Palais dans l'ordre suivant : quatre huissiers ouvrant la marche, le Président, les juges et juges suppléants, deux huissiers, le procureur impérial et les substituts, quatre huissiers, et à une certaine distance la chambre des avoués et les avoués, puis les huissiers.

L'installation eut lieu dans la grande salle d'audience. Le milieu était occupé par des fauteuils où étaient placés les divers fonctionnaires invités ; la chambre des avoués était assis sur des banquettes latérales à droite du tribunal ; les autres avoués en face du tribunal.

La cérémonie terminée, le corps des avoués en robe alla rendre visite aux magistrats dans la salle du conseil. Le même jour M. le Président donna un banquet auquel furent invités les officiers de notre chambre. Le lendemain M. Ricard, président, se rendit en habit noir et en manteau dans la salle des séances de la chambre pour rendre au corps des avoués la visite qu'il en avait reçue.

Le 14, les avoués donnèrent un dîner auquel ils avaient invité les membres des chambres des avoués près la Cour et le Tribunal de première instance d'Aix.

Le vice-président et les juges firent visite au président de notre chambre en habit noir et manteau.

Pendant tout l'Empire, les avoués n'assistèrent en corps à aucune cérémonie publique. Il est cependant fait mention de leur présence au service funèbre, qui eut lieu à l'église cathédrale, pour le général Leclerc, mort à Saint-Domingue.

Mais il ne faudrait pas conclure de ce fait qu'ils demeurèrent indifférents aux événements politiques. Nous citerons un fait : lors du retour de Napoléon de l'île d'Elbe, dans un élan de patriotisme, les avoués de Marseille prennent la délibération suivante :

« Attendu que dans les circonstances où se trouve le Gouverne-
« ment il est du devoir de tout bon Français de seconder ses
« efforts et de venir au secours de la patrie ;

« Elle délibère à l'unanimité que les membres de la Compagnie
« doivent faire l'abandon des intérêts de leur cautionnement pen-
« dant un an. »

Quelques-uns trouvèrent ce sacrifice insuffisant, et au bas de la délibération ils s'engagèrent à ne rien réclamer les uns pendant cinq ans, d'autres pendant dix ans, d'autres enfin tout le temps que cela serait nécessaire.

Avant de terminer ce chapitre et de vous raconter le procès du maire Granet, qui donna lieu à de si curieux incidents, il me semble utile de vous rappeler les noms des avoués qui se distinguèrent le plus dans cette période d'années. Vous connaissez leurs œuvres; elles furent inspirées par ces nobles sentiments : la justice, la charité et le désintéressement. Comprenant l'importance de la mission que la loi leur confiait, jaloux d'acquérir dans leurs fonctions l'estime des magistrats et de leurs clients, ils se montrèrent d'une probité irréprochable et d'une correction parfaite. Ils joignirent à ces qualités la science du droit et les talents de l'avocat. A cette époque, en effet, le barreau n'étant pas encore constitué, la loi leur avait accordé le privilège de la plaidoirie. Et lorsque l'ordre des avocats fut de nouveau établi, c'est de la compagnie des avoués que sortirent ceux qui devaient illustrer notre barreau naissant. Parmi ceux-ci citons notamment Me Gras Salicis, qui devint bâtonnier de l'ordre, et mourut dans cette fonction chevalier de la Légion d'honneur. Les deux frères Seytres restèrent des nôtres, et comme avocats se firent une clientèle importante. Nommons encore Emerigon, Court, Thomas, Moulard, Decabrières, qui demeurèrent dans notre compagnie, estimés de leurs confrères qui les appelèrent aux difficiles fonctions de la présidence.

Comme jurisconsulte citons Jean Estrangin ; d'abord substitut au Parlement, il s'était acquis à Aix, malgré son jeune âge, une place importante dans le barreau (1). Ruiné par la Révolution, il se fit pourvoir d'une charge d'avoué, à Marseille, dès la création. En 1810, il fit paraître son *Traité sur les Assurances Maritimes* qui eut à cette époque un grand succès et qui conserve encore une certaine notoriété.

(1) Les substituts au Parlement étaient au nombre de quatre, ils étaient choisis par le procureur général, ils n'avaient point de charges comme les autres magistrats. Ils pouvaient exercer la profession d'avocat, comme le font aujourd'hui les juges suppléants.

CHAPITRE III

Un procès sensationnel en l'an XII
La liberté de la défense

Le 18 ventôse an XII, la première section du tribunal civil de Marseille avait à juger une affaire sensationnelle. Un public nombreux avait envahi de bonne heure la salle d'audience. La curiosité publique était éveillée. De quoi s'agissait-il donc? d'un procès en divorce formé par M. Granet, alors maire de Marseille. La qualité du demandeur suffirait à expliquer l'intérêt que le public pouvait prendre à suivre cette affaire, mais le passé politique du maire, auquel il serait certainement fait allusion, était de nature à exciter encore davantage la curiosité des auditeurs. Qu'était-ce donc que le maire Granet? Membre de l'Assemblée législative, il avait tout d'abord suivi les opinions de Barbaroux, représentant à Paris la Commune de Marseille.

« Granet, dit ce dernier dans ses mémoires, après avoir écrit contre Marat, s'est déclaré tout à coup son disciple et a fait immoler à ses mânes plus de six cents marseillais, tous ses amis, tous ses défenseurs. Mais les victimes égorgées par la Montagne ont des fils, des frères. Ils te déchireront. Puissent les ombres sanglantes de mes amis assassinés te suivre partout! Les spectres et les remords sont le premier supplice des scélérats ».

Traqué comme une bête féroce dans les bois du Calvados, où il s'était caché après la chute de la Gironde, et qu'il allait quitter pour se rendre à Bordeaux et quelques jours après à la guillotine, Barbaroux de sa cachette adresse à son ancien ami ce dernier anathème :

« Homme de sang, sous l'enveloppe d'un philosophe, Granet, tu as tout méconnu, patrie, amis, défenseurs ; tu as tout sacrifié à la Montagne. Tu siégeas à son sommet, applaudissant à tous ses crimes, mais refusant toute fonction dans les comités pour échapper aux reproches de les avoir commis ».

Lors du procès de Louis XVI, Granet vota la mort sans sursis.

Depuis, il était descendu des sommets de la Montagne. Le régicide Granet était devenu maire de Marseille en 1804.

Il est donc tout naturel qu'un procès, dans lequel était en jeu une pareille personnalité dut exciter l'opinion publique, et on se demandait avec curiosité, si les défenseurs de Mme Granet ne seraient pas amenés à faire allusion au passé politique du maire.

Le tribunal était présidé par M. Ricard, son président ; à la barre, chargé de la défense de Mme Granet, se trouvait Me Etienne Seytres, avoué. La question que le tribunal avait à résoudre était de savoir auquel des deux époux serait confiée la garde des enfants.

La plaidoirie du défenseur du maire Granet ne donna lieu à aucun incident. Me Seytres commença à plaider et l'audience fut remise au lendemain.

L'auditoire avait grossi ; on prévoyait que les débats ne se termineraient pas sans quelque incident.

Me Seytres a la parole, et il commence ainsi :

« Je vais redresser le citoyen Granet sur le fait et sur le droit ; le fait rétabli donnera pour résultat la honte et l'infamie du citoyen Granet ».

A ces mots, Me Seytres est interrompu par le président, qui lui dit :

« Je vous observe que vous devez vous restreindre dans les « bornes de votre défense et éviter de vous laisser entraîner par « votre zèle ».

Seytres répond :

« Citoyen président, je savais que le citoyen Granet s'était vanté dans le public que la parole me serait retirée par vous si j'osais parler de lui comme dans la première audience, mais comme cette jactance de sa part me semblait devoir être sans résultat, je me suis abstenu de vous en instruire avant l'audience, et je suis persuadé que, convaincu de mon respect pour votre autorité et de la décence que je dois à ce sanctuaire, vous me permettrez de donner à la défense de la dame Granet le développement et les explications qu'elle comporte, et je donne l'assurance au Tribunal que je ne dirai, comme à la première audience, rien d'étranger, rien d'inutile à la cause, et que je resterai simplement dans le cercle que m'impose une légitime défense dans une affaire, où je dois parler nécessairement de la moralité de celui que je veux faire déclarer indigne de l'éducation de ses enfants ».

M• Seytres continue sa plaidoirie. Discutant un témoin de l'enquête qui n'avait pas même osé indiquer son degré de parenté avec le maire, M° Seytres, avec un geste éloquent, montre du doigt le citoyen Granet, qui était présent à l'audience, et s'écrie : « Ce témoin a eu peur de cet homme à large tête et de sa barbe à trois couleurs ».

Sur ces mots, le président interrompt de nouveau le défenseur : « Les trois couleurs, dit-il, sont celles de la nation, vous paraissez y faire allusion en désignant ainsi la barbe du citoyen Granet. M° Seytres ! je ne laisserai jamais offenser les couleurs nationales ».

M° Seytres demande à s'expliquer.

« Les couleurs de la barbe de mon adversaire, dit-il, ne sont point celles de la nation, et si le Tribunal veut me le permettre, je le lui démontrerai par une courte explication. Au reste, personne n'a plus que moi de respect et de vénération pour les trois couleurs de la nation, et je porte dans mon cœur le signe sacré de la liberté des Français ».

Cette profession d'amour pour le drapeau tricolore, et surtout la démonstration que les couleurs des poils de la barbe du citoyen maire différaient de celles de la nation, semblaient avoir conjuré l'orage qui grondait sur la tête du vaillant défenseur de Mme Granet.

Malheureusement, entraîné par le feu de la défense, Me Seytres vint à déclarer que le divorce « était immoral ».

A ces mots, le président l'interpelle, l'invitant à s'expliquer.

« Oui, répond Seytres, le divorce est immoral alors même qu'il devient nécessaire et indispensable et cela parce que l'exemple en est funeste. C'est l'opinion qu'en ont eue tous nos législateurs et particulièrement le tribun Siméon, qui, dans son discours sur la loi du mariage, a dit : « Le divorce est le dangereux auxiliaire de l'inconstance et des passions, le terrible remède des unions malheureuses, qui en a scandaleusement disjoint un si grand nombre de tolérables. Il doit être uniquement réservé à des cas graves et rares où la faiblesse humaine implore un secours extraordinaire. »

L'opinion du tribun Siméon ne modifie pas celle du président, M. Ricard.

« Je vous déclare, lui dit-il, que je ne puis vous laisser plus longtemps la parole dont vous n'avez usé que pour jeter l'insulte sur les couleurs nationales et les lois de la nation. »

Sur ce, le président se couvre, retire la parole à Me Seytres et lève l'audience. Mais avant de quitter son siège, il convoque verbalement les avoués à une audience extraordinaire pour le 22 ventôse, à dix heures du matin.

Quelques instants après, Me Seytres apprend que le président lui a infligé la peine de la censure. Il saisit aussitôt la Chambre des avoués et l'invite à décider que la peine prononcée contre lui l'a été en violation de la loi. Le Tribunal aurait dû faire dresser un procès-verbal de ses paroles et le poursuivre ensuite dans les formes légales, mais le président seul ne peut prononcer une peine contre lui en dehors de toutes formalités.

Le lendemain matin, Me Court, président de la Chambre, recevait du président du tribunal la lettre suivante :

« Président citoyen, à l'audience d'hier j'ai annoncé que les avoués devaient se trouver présents à l'audience de jeudi, je vous prie de convoquer vos collègues pour l'heure indiquée. Ils auront leur costume. La séance aura lieu dans la grande salle à huis clos. J'ai l'honneur de vous saluer. — Ricard. »

Aussitôt Me Court réunit la Chambre.

« Mes chers collègues, leur dit-il, je pense que la lettre que je viens de recevoir mérite d'être prise en très grande considération. Le Tribunal n'a pas le droit de nous convoquer en audience ou en assemblée à huis clos. Si le président du tribunal a à nous appeler à son audience, elle doit être publique et encore nous ne pouvons être tenus d'y assister qu'en raison des affaires de nos clients et comme des organes placés par la loi entre les citoyens et le trône de la justice. Si nous sommes convoqués en assemblée d'avoués, ce ne peut être sous la présidence d'aucun autre que celle du président de votre Chambre, suivant l'ordre de la police qui nous est propre, par où il est aisé de juger que la convocation dont s'agit doit avoir un but et produire des effets essentiellement contraires à nos droits et aux règlements qui nous gouvernent.

« Les inconvénients que je viens de vous signaler prennent encore un accroissement de gravité par le bruit qui s'est répandu que cette audience à huis clos était destinée à une mercuriale que le président du tribunal veut faire au citoyen Etienne Seytres, l'un de nos collègues, à cause de la manière dont il a plaidé la cause de Mme Granet, en raison de quoi ce collègue a déjà été cité par le syndic de la Chambre à comparaître par-devant nous pour y rendre compte de sa conduite et y subir, s'il y a lieu, le jugement de discipline que le cas comporte.

« Mais vous sentez bien, mes chers collègues, que quels que soient les écarts auxquels on puisse reprocher à un de nos collègues de s'être livré dans la défense de son client, quelle que soit la censure qu'il ait pu mériter, ce qu'il ne s'agit pas d'examiner encore, quel que puisse être enfin le droit de censure que le Tribunal puisse conserver au-delà de l'audience dans laquelle les écarts de langage ont eu lieu, tout cela admis pour un instant en faveur du Tribunal; rien ne présente un motif légitime d'appeler, dans une audience à huis clos, l'universalité des avoués pour les rendre témoins de la censure à infliger par le Tribunal. C'est en quelque façon vouloir les rendre tous solidaires pour les torts d'un seul, c'est vouloir déverser sur tous l'amertume de la peine méritée par un seul, et une telle censure ayant lieu à huis clos, c'est annoncer au public qu'elle a été méritée et encourue par tous les avoués. »

La Chambre, adoptant les motifs de la proposition de son président, prend la délibération suivante :

« Considérant qu'elle a toujours eu lieu d'être satisfaite du résultat de ses communications avec le président du Tribunal et que dans cette occurrence surtout il convient de recourir à la voie des explications confidentielles avec lui dont elle a toujours éprouvé d'heureux effets ;

« La Chambre à l'unanimité délibère de se rendre en corps auprès du président pour le prier de vouloir bien faire connaître à la Chambre les motifs de la convocation. Dans le cas où le président annoncerait que l'objet de la convocation est une mercuriale à faire au citoyen Etienne Seytres, de lui donner connaissance que cet avoué est déjà cité devant la Chambre. Dans tous les cas, si le président persistait à vouloir tenir une audience pour un tel objet, la Chambre se ferait un devoir de ne pas y assister et elle ferait défense aux autres avoués de s'y rendre. »

La visite fut faite au Président, et après les explications fournies par Me Court, bien que le Président eût reconnu que son intention avait été de faire une mercuriale au citoyen Seytres et aussi à quelques autres avoués qui défendaient avec trop de chaleur la cause de leurs clients, le magistrat renonça à tenir son audience, convaincu probablement par les arguments énergiques du Président de la chambre des avoués, qu'il outrepassait ses droits.

Me Seytres fut traduit disciplinairement devant la chambre à la requête du syndic sous les trois inculpations suivantes : 1° d'avoir manqué de respect au Tribunal lorsque, averti de se renfermer dans une légitime défense, il avait répondu qu'il savait que le Tribunal devait lui imposer silence ; 2° d'avoir proféré une injure contre son adversaire en l'appelant homme immoral; 3° d'avoir commis un manquement d'une espèce plus relevée en disant au citoyen Granet qu'il avait la barbe à trois couleurs.

Après avoir entendu les réquisitions du syndic et la défense de l'accusé, la chambre rendit le 3 germinal an 12, à l'unanimité, la décision suivante :

« Considérant que, dans le procès de la dame Granet, il était question de savoir à qui pendant la durée, soit des contestations, soit des épreuves relatives au divorce demandé par le citoyen Granet, seraient confiés le soin et l'éducation de leurs enfants et que tandis que le citoyen Granet les réclamait en vertu de la disposition générale de la loi, les fins de la dame Granet tendaient à l'en faire déclarer indigne;

« Considérant que les motifs et les preuves de l'indignité étaient le seul fondement du droit et des conclusions de la dame Granet; que tout ce que son défenseur a dit de personnel au citoyen Granet en présence de sa cliente, qui ne l'a point désavoué ni interrompu, devait s'appliquer à la cause et être regardé comme nécessaire au besoin de sa défense ;

« Que si on peut dire que Seytres s'est laissé entraîner quelque fois au-delà des véritables bornes de sa défense, il ne paraît pas que cela soit arrivé d'une manière qui ne puisse pas trouver une excuse très légitime dans la chaleur d'une plaidoirie de cette nature ;

« Que d'ailleurs il a été interrompu plusieurs fois et rappelé à l'ordre, le plaids tenant, et qu'il faut croire que ces interruptions et ces rappels à l'ordre sont suffisants et qu'il serait en l'état inconvenant d'infliger au citoyen Seytres la peine même la plus légère.

« Par suite, à l'unanimité, la Chambre acquitte Me Seytres. »

Le citoyen maire, peu satisfait de cette décision, demanda par exploit à la chambre de lui délivrer une expédition « de la poursuite et de son jugement » au sujet de Me Seytres. La chambre refusa d'obtempérer à sa sommation par le motif que ses décisions disciplinaires ne pouvaient être publiques.

A l'audience du 1er thermidor an XIII, l'affaire de Mme Granet revint devant le Tribunal pour être jugée au fond. Mes Seytres, avoué, et Capus, avocat, se partagèrent le fardeau de la défense de Mme Granet. Nous ne connaissons pas leurs plaidoiries, mais assurément elles furent remplies d'allusions au passé politique du maire, et elles durent être fort violentes. L'audience était finie. Mes Seytres et Capus, après avoir ôté leurs robes, sortaient ensemble du Palais, s'entretenant des incidents qui s'étaient produits, lorsque, arrivés à la porte de sortie, ils furent saisis et arrêtés par des agents de police et immédiatement conduits en prison.

Cette arrestation fut immédiatement connue dans le public. A sept heures du soir la chambre des avoués se réunit d'urgence dans le cabinet de Me Court, son président. Ce dernier, « en proie à la plus vive émotion », expose qu'à six heures du soir, au sortir du Palais après l'audience publique, des agents de police ont arrêté Mes Seytres, avoué, et Capus, avocat, tous deux défenseurs de Mme Granet ; que les circonstances de cette arrestation portent à croire et que le bruit public est qu'elle a eu pour motifs les plaidoiries qui ont eu lieu dans cette affaire de la part des deux défenseurs. Que faut il faire en cette circonstance où la liberté de la défense semble avoir été outrageusement méconnue ?

La chambre, après discussion et les opinions prises :

« Considérant qu'un événement qui intéresse aussi essentiellement le ministère de la défense ne saurait être indifférent aux avoués, investis par la loi d'une juridiction sur les membres de la communauté pour ce qui concerne l'exercice de leurs fonctions ;

« Considérant que l'arrestation ayant été faite par des agents de la police, l'ordre doit être émané du commissaire général ;

« Délibère de députer le Président et Me Martin, syndic, auprès du commissaire général pour obtenir quelques renseignements sur les motifs d'une pareille mesure, qui alarme si justement tous ceux qui sont chargés de la défense de leurs clients. »

La chambre reste en séance en attendant le résultat des démarches faites par les deux délégués.

A leur retour, le Président rapporte que Me Martin et lui se sont rendus auprès de M. le commissaire général de police, que « ce magistrat les a reçus avec cette politesse et cette affabilité qui le distinguent ; que, lui ayant fait part du sujet de leur visite, il leur a répondu que l'ordre d'arrêter Me Etienne Seytres et Me Capus fils émanait du Gouvernement et qu'il lui avait été transmis par M. le Conseiller d'Etat, Préfet du département, qu'il n'avait été chargé lui-même que de l'exécution ; sur cette réponse, les instructions positives, s'il est possible d'en obtenir, étant à prendre de M. le Conseiller d'Etat Préfet, ils se sont retirés ».

Sur quoi : « la Chambre, considérant que les circonstances et l'opinion publique n'en portent pas moins à croire que l'arrestation simultanée des deux défenseurs de la cause de Mme Granet, femme du maire, a eu pour motif leurs plaidoiries, quoique l'ordre en ait été donné par le Gouvernement sans doute sur des rapports exagérés ;

« Il est unanimement délibéré de députer auprès de M. le Conseiller d'Etat, préfet du département, commandeur dans la Légion d'honneur, M. le Président, M. le Syndic et Me Alexis Estrangin, conseiller, pour donner sur les faits personnellement connus de presque tous les membres de la Chambre, les justifications que l'hommage dû en toute occasion à la vérité, et qui ne fut jamais incompatible avec le respect dont la Chambre ne cessera d'être pénétrée pour l'autorité, pourraient exiger.

« Les députés sont chargés, entre autres, d'engager le conseiller d'Etat préfet à n'employer provisoirement, jusqu'à ce que la justice du Gouvernement se soit prononcée sur les sort de MMes Seytres et Capus, pour leur détention, que des mesures propres tout à la fois à s'assurer de leurs personnes et à laisser un cours libre aux affaires dont ils étaient chargés ».

Le huit thermidor (déjà huit jours s'étaient écoulés depuis l'arrestation de Seytres et de Capus), les trois délégués rendent compte à la Chambre de l'exécution de leur mandat : « Bien que « n'ayant eu qu'à se louer du bon accueil qui leur a été fait, le « préfet leur a confirmé que l'arrestation de Seytres et de Capus « avait été faite en suite des ordres qu'il avait reçus émanant « directement du Gouvernement et par suite il leur a répondu « qu'il ne pouvait leur fournir aucune explication. Sur les obser- « vations qui lui sont faites par les trois délégués relativement « aux modes de détention provisoire, M. le Préfet leur a dit que « le commissaire général de police avait été autorisé par lui à faire, « à ce sujet, tout ce qui pourrait concilier l'exécution des ordres « supérieurs avec l'intérêt des particuliers, qui avaient confié leurs « affaires aux détenus.

« Les choses en cet état, la Chambre des avoués n'a-t-elle plus « rien à faire à raison de l'événement dont s'agit ?

« Par ordre du Gouvernement, MM[es] Seytres et Capus ont été « arrêtés. Peut-on douter que le motif de cette arrestation ne soit « les plaidoiries qui ont eu lieu dans la cause de Mme Granet, quand « on rapproche les circonstances qui ont accompagné cette cause, « de la circonstance de l'arrestation simultanée de ses deux « défenseurs ?

« La Chambre a déjà manifesté, dans sa première délibération, « qu'elle ne saurait être étrangère à un événement qui intéresse « le ministère de la défense, avec d'autant plus de raison qu'elle « tient de la volonté de la loi une juridiction qu'elle est en droit « d'exercer et qu'elle doit exercer sur les avoués en ce qui concerne « leurs fonctions.

« L'ordre émané du Gouvernement est le résultat de rapports « inexacts qui lui ont été faits.

« Plusieurs de nous ont été présents aux audiences, nous « devrions à la justice du Gouvernement la vérité quand l'infortune « d'un de nos collègues ne réclamerait pas en sa faveur notre « appui.

« Sur quoi le président a prié la Chambre de délibérer. Après « la discussion, les opinions prises, la Chambre, considérant que

« la défense des causes exige la liberté sans laquelle il serait le « plus souvent impossible de faire triompher les droits de la « justice ;

« Considérant que, quelque chaleur qu'Etienne Seytres et Capus « fils aient mise, dans cette occasion, dans la défense de leur « cause, ils n'ont pourtant rien dit qui manifestât une intention « contraire au respect qui est dû au Gouvernement et à l'attache- « ment que tout bon Français doit lui porter ;

« Considérant que la Chambre n'aurait pas manqué dans une « telle occasion de faire usage de l'autorité que la loi lui a confiée « sur les membres de sa communauté ;

« Considérant que le Tribunal n'aurait pas lui-même gardé le « silence dans une telle conjoncture sur des faits qui se seraient « passés à son audience publique ; que si Me Capus se trouva « entraîné, comme malgré lui, et par la force d'une réplique, à « parler d'une époque depuis longtemps oubliée, ce ne fut qu'une « étincelle qui s'éteignit au même instant, le président l'ayant « aussitôt interrompu et ramené à son sujet ;

« Considérant que des rapports inexacts ont dû être faits pro- « bablement par une partie intéressée pour provoquer une mesure « aussi rigoureuse.

« Considérant que dans cette occasion ni dans aucune autre à « la connaissance des membres de la Chambre, il n'est sorti de « la bouche de Me Seytres, avocat et avoué, ni de celle de Me Capus « fils, avocat, aucune parole qui ait pu faire douter de la sincérité « de leurs sentiments pour le Gouvernement ;

« Attendu que le Gouvernement voudra bien écouter nos justes « représentations ;

« Il a été délibéré à l'unanimité de solliciter de la justice de Son « Excellence Monseigneur le Ministre de la police générale la révo- « cation de l'arrêté qui ordonne l'arrestation de MM^es^ Seytres et « Capus fils.

« Et à cet effet, le président et le secrétaire de la Chambre « adresseront à Son Excellence, Monseigneur le Ministre de la

« police générale un extrait tant de la présente délibération que « des précédentes pour servir de pétition ; ils délibèrent qu'un « autre extrait des dites délibérations sera également adressé au « grand juge Ministre de la Justice ; qu'enfin, un troisième extrait « serait remis à M. le Président du Tribunal civil de Marseille, « ainsi qu'à M. le Procureur Impérial, pour que le Tribunal soit « informé des sollicitations de la Chambre, avec prière de les « appuyer auprès du Ministre de la police générale et du grand « juge Ministre de la Justice. »

Combien de temps Seytres et Capus demeurèrent-ils en prison ? Nous ne pouvons le dire ; assurément ils restèrent détenus plus de quinze jours.

Quelles conclusions faut-il tirer de cette histoire ? C'est que les avoués et les avocats ne savaient pas le matin où ils coucheraient le soir ; qu'ils accomplissaient leurs devoirs malgré tous les périls qui les menaçaient et qu'ils revendiquaient énergiquement la liberté de la défense, sans laquelle il ne peut y avoir de justice (1).

(1) Granet fut exilé au second retour de Louis XVIII. Il obtint en 1819 de rentrer en France, et mourut à Marseille en 1821, dans la misère. La police fut obligée de suivre son convoi, car le peuple voulait jeter son cadavre à la mer.

CHAPITRE IV

Rétablissement de la fête de saint Yves.
Installation du Tribunal royal de Première instance.
Les avoués de 1816 à 1900.

La Restauration fit faire à la France un pas en arrière vers les traditions de l'ancien régime.

Ces mêmes avoués, qui avaient montré pendant tout l'Empire un esprit d'indépendance envers le pouvoir et la magistrature, vont être prodigues d'adresses au roi et disposés à revenir aux anciens usages du corps des procureurs. Ils manifestent, suivant l'exemple de la magistrature et du barreau, avec une certaine ostentation, des sentiments monarchiques et religieux. « A l'ombre du lys », le terrain n'est plus favorable au développement des idées d'indépendance. Faut-il leur en vouloir ? Nous ne le croyons pas. N'était-ce pas l'époque où les maréchaux de l'Empire suivaient les processions un cierge à la main ? Moins braves que ces illustres guerriers, nos avoués furent eux aussi entraînés par le mouvement général qui ramenait la France vers le passé.

Lors du passage à Marseille, en octobre 1814, de son Altesse Royale le comte d'Artois, la chambre des avoués inséra, dans le registre de ses délibérations, le cérémonial qui fut suivi à cette occasion « à l'effet d'assurer tout à la fois et ses sentiments de reconnaissance et d'allégresse et transmettre à ses successeurs l'époque de cet heureux événement. » Averti par une lettre du maire de Marseille, M. de Montgrand, que le Prince recevrait les visites depuis quatre heures jusqu'à six, Me Montaud, président de la Chambre, fait convoquer, par billets imprimés et par le concierge, tous les membres de la Communauté pour se trouver à trois heures au Palais « en habit noir et en costume », pour aller ensuite à l'hôtel de Son Altesse Royale.

« La généralité des avoués » se rendit à cette invitation et, après la présentation du Tribunal civil, et du clergé, les avoués furent introduits par M. le Préfet et par un des adjoints au maire dans l'appartement où se trouvait le Prince, debout. Mᵉ Montaud, président, portant la parole, prononça le discours suivant :

« Monseigneur,

« Les avoués près le Tribunal civil de Marseille viennent « déposer aux pieds de votre Altesse Royale l'hommage de leur « respect et de leur dévouement pour un prince chéri que notre « antique cité a le bonheur de posséder dans son sein. Ce jour « heureux est arrivé où il est permis à ses habitants de faire « entendre leurs acclamations et de donner à leurs cœurs l'essor « d'une liberté renaissante. Au moment où la Providence a rendu « à la France son légitime souverain, Louis XVIII, longtemps « désiré, son vertueux frère et la famille royale, dignes succes- « seurs de Saint Louis et de l'immortel Henri IV, les avoués de « Marseille font parvenir au trône l'expression de leur dévouement « pour leur souverain et son auguste famille.

« La présence de Son Altesse Royale à Marseille va rendre cette « ville encore plus célèbre et plus florissante, elle fera renaître « tous les arts et répandra l'abondance sur toutes les classes de « ses habitants.

« Puisse le grand Maître des Rois conserver Son Altesse Royale « et perpétuer à jamais la dynastie des Bourbons pour laquelle les « avoués de Marseille font des vœux. »

Remarque à faire : c'est qu'en politique, les procureurs et les avoués ont toujours été mauvais prophètes. Vous avez vu le procureur Esménard vanter, en 1791, une Constitution qui devait être immortelle, puisqu'elle allait ramener l'humanité à l'âge d'or. Deux ans après ce discours mémorable, l'orage révolutionnaire se déchaînait sur la France, et Esménard devait en être une des victimes. Me Montaud demandait au Ciel de perpétuer à jamais la dynastie des Bourbons. Quelques mois après, le prisonnier de l'île d'Elbe rentrait à Paris, et Louis XVIII reprenait le chemin de l'exil.

C'est pour faire profession de foi religieuse et monarchique que les avoués de Marseille pensèrent à rétablir la fête de saint Yves, patron des anciens procureurs.

La question de son rétablissement se posa devant la Chambre le 11 mai 1816.

La séance ouverte, M. Berard, président de la Chambre, dit :

« Mes chers Confrères,

« Dans l'ancien régime, toutes les corporations du royaume se « faisaient un devoir de paraître chrétiens catholiques et de « donner des preuves de dévouement à la religion de leurs pères : « la Révolution avait tout détruit. Après vingt-cinq ans de « troubles et d'orages qui ont bouleversé les institutions de nos « anciens, renversé le trône et l'autel, la Providence a tendu une « main protectrice à la France en lui rendant son antique dynastie, « son légitime souverain. Les premiers moments du retour de « Louis le Désiré au trône des Français ont été consacrés par lui à « des actives actions de grâces envers cette même Providence « qui, par un miracle de sa toute-puissance, a régénéré la France. « Le sage et vertueux monarque a profité depuis lors de toutes « les circonstances pour manifester son zèle pour Celui qui dispose « à son gré des trônes et qui, en faisant renaître le règne des « Bourbons, a donné une vie nouvelle à la France au moment où « tout lui présageait sa perte et sa chute.

« Nous ne pouvons donner une plus forte preuve de notre « respectueux dévouement envers notre roi, qu'en partageant « ses sentiments et ses principes et en suivant l'exemple des « deux corporations qui existent à Marseille (notaires et avocats). « La nôtre est la seule qui n'ait pas encore rendu publiquement « ses hommages et ses actions de grâces au souverain arbitre de

« toutes choses pour nous avoir préservés du précipice dans lequel « toute la France allait être engloutie et pour qu'il bénisse nos « veilles et nos travaux.

« Par ces considérations je vous propose de rétablir la fête de saint Yves, ancien patron de notre communauté, qui aura lieu le 19 de ce mois, et de nommer deux commissaires, qui seront chargés de faire le nécessaire pour la solennité de cette fête et qui concilieront ce qu'exige la décence avec la sage économie que les circonstances nous prescrivent d'adopter. »

« Sur quoi la Chambre a délibéré à la pluralité des voix et non à l'unanimité de célébrer annuellement le 19 mai la fête de saint Yves et a nommé pour commissaires Mes Bernard et Broquier, syndic. »

La Compagnie se rendit à la messe à l'église des Prêcheurs et le soir il y eut un banquet chez Sibillot. La dépense s'éleva à 379 francs pour le repas et à 163 francs pour les vins.

Depuis cette époque, la fête de Saint Yves a été, toutes les années, célébrée de la même manière. La messe était dite à l'église des Prêcheurs.

En 1862, lors du transfert du Palais de Justice, les avoués manifestèrent l'intention de faire célébrer la Messe de saint Yves à la paroisse Saint-Charles. M. le Curé de Saint-Cannat leur rappela qu'aux termes d'une transaction intervenue entre les Frères Prêcheurs et les procureurs, à la date du 1er juillet 1740, ces derniers étaient tenus de faire célébrer la fête de saint Yves dans leur église, et, que, fidèles aux anciennes coutumes, les avoués avaient exécuté les engagements pris pas leurs ancêtres. Devant cette réclamation, la Chambre rendit la délibération suivante :

« Après examen des réclamations du Curé de la paroisse de Saint-Cannat, qui la prie de continuer à faire célébrer dans sa paroisse la fête de saint Yves, nonosbtant le déplacement du Palais de Justice ;

« Considérant que la fête de saint Yves a été célébrée sans interruption dans l'église des Prêcheurs depuis le commencement du dix-huitième siècle; que cette coutume est d'ailleurs constatée par une transaction intervenue le 1er juillet 1740 entre la communauté des Procureurs et le couvent des Frères Prêcheurs;

« Que le Palais de Justice ressortissait alors de la paroisse de Notre-Dame des Accoules, et que cette circonstance n'avait point empêché la célébration de la saint Yves dans une autre église;

« Qu'il ne conviendrait pas de changer sans motifs graves un usage antique et vraiment traditionnel;

« La Chambre décide que la fête religieuse de saint Yves continuera à être célébrée dans la paroisse de Saint-Cannat et qu'en conséquence, le dit jour, la communauté assistera à la grand'-messe dans ladite paroisse, nonobstant le déplacement du Palais. »

Cette délibération fut rapportée deux années plus tard, et depuis cette époque, sans interruption, la cérémonie religieuse de notre fête a toujours eu lieu dans l'église de Saint-Charles.

Les boites de dragées, qui sont envoyées à chacun de nous le 19 mai, me paraissent rappeler les boites de confitures, données par les syndics des procureurs à l'occasion de leur élection, qui avait lieu, ainsi que nous l'avons dit, le jour de la fête de saint Yves.

L'année 1816 doit être marquée par les avoués d'une pierre blanche. La loi du 27 ventôse an VIII, qui avait créé les avoués, avait réservé au Premier Consul, le droit de nomination, sans résignation, et avait établi à Marseille cinquante avoués. Ils n'avaient cessé de protester contre ce nombre excessif, mais leurs plaintes étaient restées sans être écoutées. La loi du 28 avril 1816 apporta à leur sort une grande modification, et depuis cent ans, nous pouvons le dire, sans crainte d'être démenti, c'est la seule loi qui leur ait été favorable. Elle accorda aux officiers ministériels le droit de désignation, c'est-à-dire de présenter leur successeur à l'agrément du chef de l'Etat. C'étaient l'hérédité et la vénalité des charges établies à notre profit comme elles l'avaient été pour les procureurs. Dès lors les avoués devinrent propriétaires de leurs offices, avec le droit de les céder. Cette propriété incontestable, reconnue par de nombreuses décisions de justice, est soumise cependant à des règles spéciales, mais qui ne dénaturent en rien le droit que nous avons sur nos offices.

Outre cet avantage considérable, qui était accordé à ces officiers ministériels, comme à tous les autres, la loi du 28 avril 1816 ordonnait une réduction du nombre des avoués. Le Tribunal de Marseille consulté à cet égard, fut d'avis, ainsi que le demandait la Chambre des avoués, que vingt-cinq étaient plus que suffisants pour Marseille. La Cour d'Appel d'Aix trouva la réduction trop élevée et demanda que le nombre en fût fixé à trente-six. C'est ce chiffre qui fut accepté. L'extinction des quatorze charges à supprimer devait se faire au fur et à mesure des décès. Nos pères trouvèrent qu'il y avait lieu d'y procéder de suite et voici les moyens qu'ils adoptèrent pour arriver à ce résultat. Au titulaire d'un office, qui voudrait remettre sa démission immédiate en mains de la Chambre, la Compagnie accordait une indemnité de 15.000 francs ; à celui qui, voulant se faire nommer avoué, rapporterait deux démissions au lieu de celle seulement de son prédécesseur, elle allouait une prime de 7.500 francs. Par ce procédé, en moins de trois ans, les quatorze charges, qui se trouvaient en trop, furent supprimées. Les indemnités, qu'il fallut, payer s'élevérent à 95.000 francs. Pour se libérer de cette dette importante, les avoués s'imposèrent sur divers actes de procédure, et notamment, ils abandonnèrent au profit de la bourse commune le tiers des remises proportionnelles, dues en matière de ventes par licitation ou expropriation. Ils arrivèrent ainsi, dans un espace de temps fort réduit, à payer cette somme considérable.

L'installation du Tribunal royal de première instance de Marseille eut lieu le 30 juillet 1816, sous la présidence de M. Cappeau, conseiller, délégué par la Cour. Le procès-verbal, qui se trouve dans nos archives, relate tous les détails de cette cérémonie ;

« Le 29 juin, la Chambre informée par Me Darbon, un de ses membres, que M. le délégué de la Cour est arrivé à Marseille et est logé dans la maison de Me Desolliers, son ancien collègue et son ami particulier, s'est de suite réunie dans le lieu ordinaire de ses séances, d'où elle s'est rendue sur les onze heures du matin, en robe, dans la maison sus-désignée. Elle a été reçue par ce magistrat, dans un salon de compagnie au premier étage, debout et en petit manteau. Me Bernard, en sa qualité de président, portant la parole au nom des avoués, a prononcé un discours, auquel M. le délégué a répondu avec sensibilité et reconnaissance, et il l'a accompagné jusqu'au premier palier des degrés.

« Le 30 juillet, les avoués se sont rendus à onze heures du matin dans le local ordinaire des séances de la Chambre. Le Tribunal, ayant fait prévenir la communauté qu'il allait se rendre ainsi que M. le commissaire-délégué à l'église du Saint-Esprit, et étant descendus quelques instants après, les avoués l'ont accompagné à ladite église en robe, les membres de la Chambre marchant à la tête, tous les autres, d'après l'ordre du tableau. Ils ont été placés dans le milieu de l'église, où des chaises avaient été disposées pour eux entre les deux rangs de prie-Dieu, occupés de chaque côté par le Tribunal : M. le commissaire délégué occupant la première place du prie-Dieu placé à droite, entendant la messe en robe rouge, à genoux, tenant un livre à la main ; dans ce même prie-Dieu ont été placés trois officiers de la légion départementale en garnison à Marseille. La musique attachée à cette légion, qui était placée à la tribune, a joué pendant le saint sacrifice.

La messe finie, il a été chanté avec pompe le *Domine, salvum fac regem.*

« Le cortège est ensuite retourné au Palais dans le même ordre, savoir :

« Quatre huissiers ouvrant la marche précédés des musiciens de la légion, passant dans la haie formée par les soldats de la légion depuis l'église jusqu'au Palais ; monsieur le commissaire, messieurs les président, vice-président, juges et juges suppléants ; deux huissiers, monsieur le procureur du roi et ses substituts et quatre huissiers ; immédiatement après, l'ordre des avocats, ayant à sa tête Me Cresp, son bâtonnier, et la communauté des avoués selon leur rang d'ancienneté ; le corps des huissiers terminait le cortège.

« La grande salle du palais était proprement et décemment décorée. Dans le milieu de l'enceinte avaient été placés des fauteuils pour recevoir les premières autorités de la ville, invitées et priées d'assister à cette cérémonie, des chaises pour l'ordre des avocats et la communauté des avoués. Ces dispositions avaient été faites par les soins de MM. Garidel, juge, et Dufaure, l'un des substituts de M. le procureur du roi. Tous les fonctionnaires, qui ont assisté à l'installation, ont été conduits à la place qui leur était destinée par messieurs les commissaires. Tous les membres du Tribunal et du parquet étant venus occuper les stalles de la salle, monsieur le délégué de la Cour, qui occupait la place du milieu, a fait donner lecture par le greffier en chef du Tribunal de la délibération de la Cour portant sa commission et de l'ordonnance de Sa Majesté qui a institué le Tribunal royal de Marseille. Il a fait ensuite un discours éloquent dans lequel il a retracé les avantages de l'indépendance de la justice garantie par l'institution royale et a reçu de chaque membre du Tribunal le serment individuel en commençant par M. Rigordy, président, de fidélité au roi, d'obéissance à la charte constitutionnelle. MM. Rigordy, président, Réguis, procureur du roi, ont fait aussi des discours, qui ont été écoutés avec le plus vif intérêt.

« Après la cérémonie de l'installation, la communauté des avoués, ayant en tête les membres composant la chambre, s'est rendue dans la chambre du conseil où se trouvaient réunis tous les membres du Tribunal et monsieur le délégué de la Cour. M. Bernard, en sa qualité de président de la communauté des avoués, portant la parole, a prononcé le discours suivant :

« MESSIEURS,

Le vertueux monarque, que la divine Providence a rendu à nos désirs, vient de donner une nouvelle preuve de la haute sagesse et du discernement qui le caractérisent en composant le Tribunal civil de Marseille. Il a fixé son choix sur des sujets aussi recommandables par leur dévouement à son auguste personne que par leurs principes de morale et de vertu. La plupart ont depuis longtemps acquis des droits à la reconnaissance publique. La cour royale d'Aix n'a rien voulu laisser à désirer dans cette heureuse circonstance, qui réunit dans cette enceinte tout ce que la cité a de plus éminent en dignité et en mérite. Elle a fait choix pour vous installer, d'un magistrat, dont l'amour de la justice, ne le cède qu'à ses autres vertus et aux talents, qu'il a déjà développés au barreau. La chambre des avoués se félicite d'être, en ce jour solennel, l'interprète des sentiments de joie et de satisfaction qu'éprouvent tous vos justiciables. Daignez agréer l'hommage de son respectueux dévouement et des vœux qu'elle forme pour que la Providence conserve des jours aussi précieux que les vôtres à la chose publique. Jalouse de marcher sur vos traces et de suivre vos exemples, elle remplira ses devoirs avec zèle et fidélité et fera sans cesse de nouveaux efforts pour se rendre toujours plus digne de l'estime et de la bienveillance du Tribunal. »

« M. Rigordy a répondu au nom du Tribunal avec reconnaissance et sensibilité.

« La chambre s'est rendue ensuite en voiture et en robe aux hôtels de M. Rigordy, président, de La Boulie, vice-président, et Réguis, procureur du roi, pour leur faire agréer ses félicitations ; elle a été reçue par chacun de ces magistrats avec une bonté particulière, qui attestait leur reconnaissance et leur sensibilité.

« A six heures la communauté s'est rendue à l'hôtel de Sibilot, où Me Broquier, syndic, avait fait préparer le dîner, qui devait terminer la cérémonie. Pendant le banquet des toasts ont été portés, à différentes reprises, à Sa Majesté Louis XVIII, aux princes de sa famille, à monsieur le délégué de la Cour, à messieurs les membres du Tribunal et à monsieur le Président de notre chambre. »

Si notre compagnie comptait dans son sein d'ardents royalistes, tels que Bérard, qui fut nommé chevalier de l'ordre royal de la Légion d'honneur, Desolliers et d'autres, certains au contraire se distinguèrent par leurs idées libérales. Parmi ces derniers, nous citerons l'avoué Drogoul, père de Me Drogoul avocat, qui demeura longtemps le doyen vénéré de l'ordre, et aïeul de Me Lucien Drogoul, ancien bâtonnier, lequel jouit de la sympathie et de l'estime de tous ceux qui fréquentent le Palais.

Un soir, Me Drogoul se faisait raser chez un coiffeur dont la boutique était située place Royale. Autour de lui, des jeunes gens, appartenant à la jeunesse royaliste, vantaient les qualités de cœur de S. A. la duchesse d'Angoulême. Sous le rasoir du figaro, Me Drogoul se montrait agacé de cette conversation ; à un certain moment, prenant la parole, il fit une sortie violente, se servant à l'adresse de cette princesse d'un mot que Cambronne a rendu immortel. Ce propos arriva aux oreilles du procureur du roi, et notre confrère fut traduit devant la Chambre correctionnelle, sous le délit d'injure à une personne de la famille royale. Il confia le soin de sa défense à son confrère Me Alexis Estrangin, qui partageait les mêmes idées libérales. Me Estrangin avait été nommé avoué avec dispense d'âge. Ses débuts lui promettaient un avenir brillant, mais la mort l'enleva bien jeune à notre compagnie. Me Drogoul fut acquitté ; le Tribunal jugea que le propos incriminé n'avait pas été tenu dans un lieu public. Le procureur du roi, non satisfait de cette décision, en fit appel devant la Cour, qui confirma le jugement rendu par le Tribunal de Marseille.

Comme libéraux citons encore Me Bouis, qui devint plus tard juge au Tribunal. Il fut déféré à la Chambre des avoués par le procureur du roi pour avoir souscrit aux funérailles du général Foy. Hâtons-nous de dire qu'il fut, à l'unanimité, renvoyé des fins de la plainte. D'ailleurs, sous Louis XVIII et Charles X, on faisait une enquête très sévère sur les sentiments politiques et religieux de ceux qui se présentaient à l'agrément du Roi pour être nommés avoués. Citons un exemple : en 1818, Me Margaillan voulait acquérir un office d'avoué à Marseille. Pris par la conscription, il avait servi sous Napoléon, et avait été réformé à la suite d'une blessure assez grave qu'il avait reçue au siège de Saragosse. De ce chef, il recevait de l'Etat une modique pension. Le gouvernement de Louis XVIII refusa de le nommer avoué à cause des sentiments bonapartistes que pouvait avoir cet invalide de l'Empire. Comme gage de son dévouement au roi, on demanda à Me Margaillan de renoncer à sa pension. Il le fit, et c'est à cette condition qu'il obtint d'être nommé avoué. Ce soldat de l'Empire devait mourir de peur. Le bruit du canon et de la fusillade des journées de 1830 produisit sur lui un tel saisissement, qu'il mourut quelques jours après.

De 1830 à 1870 nos archives ne mentionnent aucune délibération digne d'être rapportée. Cette période d'années fut cependant pour notre Compagnie l'ère de sa plus grande prospérité. C'est, en effet, à ce moment que se créèrent les grandes compagnies et que la ville se transforma par suite des travaux des ports et de la rue de la République.

Le 4 novembre 1862, fut inauguré le nouveau Palais de Justice. Le vieil édifice qui avait été le témoin de la postulation des procureurs, qui avait assisté à nos débuts, qui avait vu passer des générations de magistrats et d'hommes d'affaires, allait clôturer son histoire. Me Tempier, alors président de notre Chambre, lui adressait ses adieux en termes émus.

« J'ai éprouvé, disait-il, un sentiment de tristesse au moment où j'ai vu le vieux palais délaissé par ses hôtes séculaires et frappé d'une véritable déchéance. Le vieil édifice nous rappelait le temps de nos prospérités. Notre Communauté devait ses grands avantages au talent, à l'habileté, au solide mérite de la plupart de ses membres ; elle les devait aussi aux prérogatives dont elle jouissait, elle les devait enfin à l'esprit de corps qui dominait en elle et qui la portait à défendre ses droits avec énergie, à maintenir sa considératiou au degré le plus élevé.

« Il y a encore dans notre Communauté tous les éléments, toutes les conditions d'une intelligente activité, d'un progrès soutenu. On y remarque de belles positions, de grandes clientèles; on y voit des hommes d'un rare mérite, des hommes capables, instruits, justement considérés. A côté des talents, qui ont fait leurs preuves, s'élèvent de jeunes talents dignes de ceux qui les ont précédés.

« Cela me rassure et me donne les plus belles espérances. J'affirme que notre avenir est en grande partie dans nos mains. Veillons sur nos droits, défendons nos prérogatives, nos légitimes intérêts. Conservons intacte notre dignité. Ayons les yeux toujours fixés sur notre considération et notre Communauté restera l'une des plus haut placées dans l'estime publique.

« Nous avons grandi dans le vieil édifice aujourd'hui abandonné. Il ne sera pas dit que nous déclinerons au sein des splendeurs de ce beau monument, qui sera désormais notre abri et qui deviendra, j'ose l'espérer, le champ fécond de notre prospérité.»

Ces hommes de mérite auxquels Me Tempier faisait une allusion discrète dans son discours, nous devons au jour de notre centenaire, alors qu'ils ont disparu, saluer leurs noms avec respect et donner à leurs mémoires un souvenir élogieux. Citons, parmi bien d'autres : Bugnon, Cournand, qui demeura plus de cinquante ans sur notre tableau ; Tempier, dont nous venons de rappeler le discours, membre de l'Académie de Marseille, auteur d'un ouvrage estimé sur « la Reconvention » ; Bellissen, Adolphe Teisseire, Berthou, dont on fêta les noces d'or; Rouvière, chevalier de la Légion d'honneur, maire de Marseille, qui se montra dans ces difficiles fonctions un administrateur émérite ; Oddo, chevalier dn même ordre ; Gaduel, qui participa à la formation de toutes les grandes compagnies, Augustin Estrangin, dont je ne puis rappeler le nom sans une filiale émotion et une légitime fierté. A l'exemple de son père Jean Estrangin et de son frère Alexis, tous deux des nôtres, il se distingua dans les questions d'assurances maritimes par une compétence spéciale, et pendant près d'un demi-siècle, à la barre du Tribunal de Commerce, il se montra l'égal des membres les plus éminents du barreau. Aujourd'hui encore, son fils aîné, héritier de son talent, continuant les traditions de sa famille, lutte à cette même barre, avec les mêmes succès.

Tel fut notre passé. Quel sera notre avenir ? Un certain vent de tempête semble quelquefois vouloir nous emporter ; mais n'ayez aucune crainte, l'expérience de notre suppression a été faite. L'essai, loin de réussir, n'a fait que mettre en lumière avec plus d'éclat, la nécessité de notre institution. Quel que soit, d'ailleurs, l'avenir que la Providence nous réserve, imitons les exemples d'honneur, de probité et de travail que nous ont donnés nos ancêtres, aimons notre profession pour elle même, n'ayons d'autres soucis que d'accomplir notre devoir, demeurons fidèles à la devise de nos pères : Tout pour la justice et l'humanité.

LISTE

DES

PRÉSIDENTS DE LA CHAMBRE DES AVOUES

Du 7 Ventôse an IX au 1er Novembre 1900

Du 7 Ventôse an IX au 7 Ventôse an X..	Claude ARNAUD.
Du 7 Ventôse an X au 7 Ventôse an XI.	DESOLLIERS.
Du 7 Ventôse an XI à Ventôse an XII...	COURT.
De Ventôse an XII à Ventôse an XIII.	COURT.
De Ventôse an XIII à Ventôse an XIV.	COURT.
De Ventôse an XIV à Septembre 1806.	DESOLLIERS.
De Septembre 1806 à Septembre 1807.	MONTAUD.
De 1807 à 1808	Louis SEYTRES.
De 1808 à 1809	Louis SEYTRES.
De 1809 à 1810	MARTIN-MAISSE.
De 1811 à 1812	Jean ESTRANGIN.
De 1812 à 1813	Claude ARNAUD.
De 1813 à 1814	Claude ARNAUD.
De 1814 à 1815	MONTAUD.
De 1815 à 1816	BÉRARD.
De 1816 à 1817	TERRIS.
De 1817 à 1818	TERRIS.
De 1818 à 1819	BÉRARD, ✵.
De 1819 à 1821	BERNARD.
De 1821 à 1824	MICHEL aîné.
De 1824 à 1825	BÉRARD.
De 1825 à 1826	ODDO.
De 1826 à 1827	FORTOUL.

De 1827 à 1829 .... HUGUES.
De 1829 à 1832 .... BUGNON.
De 1832 à 1833 .... MICHEL.
De 1833 à 1835 .... Henri LARGUIER.
De 1835 à 1836 .... BROQUIER père.
De 1836 à 1837 .... COURNAND.
De 1837 à 1838 .... MASSOL D'ANDRÉ.
De 1838 à 1839 .... ROUVIÈRE.
De 1839 à 1840 .... DESOLLIERS fils.
De 1840 à 1842 .... COURNAND.
De 1842 à 1844 .... MASSOL D'ANDRÉ.
De 1844 à 1845 .... BERTHOU.
De 1845 à 1846 .... ROUVIÈRE.
De 1846 à 1848 .... GADUEL.
De 1848 à 1850 .... BELLISSEN père.
De 1850 à 1851 .... Augustin ESTRANGIN.
De 1851 à 1852 .... ALBRAND.
De 1852 à 1853 .... BERTHOU.
De 1853 à 1854 .... ROUVIÈRE, ✠.
De 1854 à 1856 .... GADUEL.
De 1856 à 1857 .... TEMPIER.
De 1857 à 1859 .... Augustin ESTRANGIN.
De 1859 à 1860 .... BERTHOU.
De 1860 à 1862 .... ODDO, ✠.
De 1862 à 1864 .... TEMPIER.
De 1864 à 1865 .... CAYOL.
De 1865 à 1867 .... Augustin ESTRANGIN.
De 1867 à 1868 .... Sabin TEISSÈRE.
De 1868 à 1869 .... Adolphe TEISSEIRE.
De 1869 à 1871 .... TEMPIER.
De 1871 à 1872 .... COSTE.
De 1872 à 1874 .... Henri LARGUIER.
De 1874 à 1875 .... PÉLISSIER.
De 1875 à 1876 .... BOYER.

De 1876 à 1878	FEAUTRIER.
De 1878 à 1880	RIVIÈRE.
De 1880 à 1882	MAZAN.
De 1882 à 1884	Aris^de^ VIDAL-NAQUET.
De 1884 à 1885	Gustave COULON.
De 1885 à 1887	Ernest HÉRENTE.
De 1887 à 1888	Gustave COULON.
De 1888 à 1889	LATOUR, décédé en exercice. Félix JALIFIÉ.
De 1889 à 1890	Félix JALIFIÉ.
De 1890 à 1892	Théophile TEISSÈRE.
De 1892 à 1894	Raymond BONNEFOY.
De 1894 à 1896	Louis CAILLOL.
De 1896 à 1898	Henry ARNAUD.
De 1898 à 1900	Joseph ROUSSET.

PIÈCES JUSTIFICATIVES

I

PAGE 18. — Etablissement à Marseille de la Chambre souveraine de Justice, présidée par M. du Vair, en 1596.

Lorsque Marseille, réduite par le duc de Guise, fit sa soumission à Henri IV, les Marseillais demandèrent au roi et obtinrent de lui la confirmation des privilèges de la ville, et notamment le maintien de ses juridictions. Dans un esprit de conciliation, le roi accorda la création d'une Cour souveraine, « pour ce que durant le cours des « troubles passés il s'est meutelles aigreurs et animositez entre ceulx « de nostre dicte ville de Marseille et nostre ville d'Aix, esquelles « mesmes plusieurs de nos amés et feaulx les gens tenantz nostre « Cour de Parlement de Provence ont esté meslés ; que sy elles ne « sont meuries et addoucies par le temps, les habitants de nostre dicte « ville de Marseille auroient occasion de craindre que le ressentiment « d'icelles n'altérât la sincérité avec laquelle nous voullons la « justice leur estre rendue. »

(Art. XII du traité de réduction de la ville de Marseille.)

Cette faveur fut accordée à Marseille pour « recognoistre l'obéissance « de ceulx des habitants de la dicte ville, vrais françois et bien « affectionnés à nostre service, en quoy ces choses leur ont été sy « heureusement suadées par l'assistance de nostre tres chair et amé « nepveu le duc de Guise, et par la vertueuse résolution des dicts « habitants que luy ont grandement ouvert les portes de nostre ville « entre aultres de nostre chair et bien amé Pierre de Libertat. »

(Edit du Roy sur la réduction de la ville de Marseille, d'Amiens, juillet 1536. Archives du Parlement de Provence, série B, registre 23, f° 343.)

La création de cette Cour souveraine était de nature à froisser les susceptibilités du Parlement de Provence. Les Marseillais demandaient qu'elle fût composée « d'officiers nouveaux ». Pour tempérer « cette affaire », Henri IV, par son édit d'Amiens du 10 juillet 1596, nomma comme président de cette nouvelle chambre de justice Guillaume du Vair, conseiller en son conseil d'Etat et privé, ayant comme assesseurs dix conseillers du Parlement. « Et par ce que nous craignons que les conseillers de nostre dicte Court de Parlement quy « seront requis pour cest effaict de servir la dicte commission n'en « fassent quelques difficultés s'ils n'étoient par nous expressement « nommés », le roi les désigne lui-même dans son édit.

(*Lettres patentes du Roi données à Amiens le 10 juillet 1596. Archives du Parlement de Provence, série B, registre 23 des lettres royaux, f° 361.*)

Craignant que le Parlement ne fit quelques difficultés à l'enregistrement des lettres de provision du président du Vair, le Roi écrit de Rouen le 29 octobre 1596, à la Cour d'Aix la lettre dont voici la teneur :

« Nos amez et feaulx, par ce que les habitants de nostre ville de « Marseille nous ont faict entendre que par le traité de la réduction « en nostre obéissance, il leur a esté promis qu'il y aurait une cham- « bre de justice establie en la dicte ville... Nous, désirans observer « de bonne foy le dict traité, avons pourveu à l'érection de la dicte « chambre, mais au lieu que les dicts habitans nous auroient requis « de la composer de nouveaux officiers affin qu'elle demeura sy a « tousjours distraite de vostre corps, nous (pour ne faire une telle « brêche à vostre dignité et authorité laquelle nous voudrions plus tôt « augmanter), avons ordonné qu'il y auroit ung nombre pris et éleu « de vostre Compagnie pour aler tenir la dicte chambre avec un « personnaige d'honeur quy seroyt par Nous nommé... Nous vou- « lons et vous mandons d'obéir de vostre part et en ce qui deppendra « de vous à ce que Nous avons ordonné et vous accomoder à ce qui « concerne le reppos et seureté de la dicte ville, de telle sorte que « nous n'ayons pas d'occasion d'user du remède que Nous avons « accordé à ceulx du dict Marseille en cas que vous soiez ressistantz « ou délaians de satisfaire à nostre volonté... Sy les choses ne s'ac- « commodent à nostre contentement et advantage ce ne sera que parce « que vous ne l'aurez pas volu. »

(*Délibérations du Parlement. Registre 18.*)

Le 17 décembre 1596, M. Guillaume du Vair, accompagné par le duc de Guise, se présente au Parlement, présidé par M. Louis de Coriolis, entouré de 31 conseillers :

« M. du Vair a remonstré que Sa Majesté luy a commandé de dire « à la Cour qu'il a ung très grand contentement des actions de la dicte « court et de l'affection et idolle qu'elle a toujours porté au bien de « son service et administration de son service, qu'elle les prie de « continuer de bien en mieulx et de recognoistre et fere recognoistre « son authorité en la personne de Mgr le duc de Guyse, que ce sera le « plus grand contentement qu'on pourra donner à Sa Majesté, laquelle « est très bien advertie des nécessités qui sont en cette province, « mais qu'il ne fault pas pour cella perdre couraije, car en cas que « ceste province soit attaquée par les estrangers Sa Majesté est résolue « de la deffendre.

« Que aux affaires d'Etat on ne considère pas les plaintes d'une « province, mais le général de tout estat du royaume, et il y a bien « souvent des choses qui semblent justes et équitables, et toutes fois « il y faut passer par dessus pour le bien général de l'estat.

« Que la principalle intention de Sa Majesté est de conserver l'au-« thorité et la dignité de la dicte Cour, et que sy bien elle a esté « contrainte d'accorder quelque chose à Marseille, ce a été avec telle « tempérance que l'authorité de la dicte Cour ny reçoit aucun préju-« dice; car leur ayant accordé une Chambre souveraine de justice « pour quelque temps et luy ayant donné la charge et commission « d'y présider, Sa Majesté a voulu que tous les siens conseillers soient « pris du corps de la dicte Court, et comme ce ne sera que pour quel-« que peu de temps dans lequel Sa Majesté espère que toutes choses « se remettront à son premier et ancien estat, ce que Sa Majesté l'a « chargé de leur faire savoir.

M. de Coriolis, président du Parlement « remercia très humble-« ment Sa Majesté de la bonne souvenance qu'il lui a pleu avoir de « la dicte Court, et supplia Dieu de luy donner très longue et heu-« reuse vie.

« Quant aux commandements particuliers que Sa Majesté lui a faictz, « la dicte Court s'asseure que Sa Majesté sçait avec quelle fidélité « elle s'est comportée à son service et le soing qu'elle a apporté à « conserver et remettre cette province à son obéissance, en ayant « chassé les Espagnols, Savoyards et aultres ennemis qui la voloient « envahir...

« Pour le surplus de la volonté et intention de Sa Majesté la Court

« sçait qu'elle est inspirée de l'esprit de Dieu ; que elle recevra et « rendra toute obéissance à ses commandementz et employera leurs « vues et moïens pour son service et fera toujours reluyre son autho- « rité comme elle a faict jusqu'icy, ni ayant nul qui se puisse plaindre « de la justice. »

Mᵉ Mounier, avocat général, dit à son tour : « Qu'il a receu deux « lettres du Roy en forme d'édicts pour la ville de Marseille, portant « establissement d'une Chambre souveraine en la dicte ville durant « quelque temps, et d'aultant que *le peuple de la dicte ville et Mar- « seille est mutin, séditieux, inconstant et variable*, et qu'il n'y a « meilheur ni plus propre moïen pour le retenir et conformer à « l'obéissance de Sa Majesté que le dict establissement, a requis la « vérification et enregistrement des dictes lettres pour estre gardées « et observées selon leur forme et teneur. »

(*Registre 18. Délibérations du Parlement de Provence, archives des Bouches-du-Rhône, dépôt d'Aix.*)

II

Page 25. — Edit du Roy sur la refformation de la justice au pays de Prouvence, Octobre 1536, contenant un règlement relatif aux procureurs.

François, par la grâce de Dieu, Roy de France, Comte de Prouvence, Forcalquier et terres adjacentes à tous présents et à advenir salut.

Savoir faisons comme après plusieurs plaintes et doléances à nous faictes par les manans et habitans de nostre dict païs et conté de Prouvence..... sur le désordre de la justice dudict païs dont ils avoient par cy devant soubstenu grantz dépenses et frais inutilles sans encores pouvoir avoir justice.... tant pour la cause des dicts officiers que aussi pour la longueur des dicts procez ; pour ausquelles incommoditez, désirant que justice y soit administrée.... comme elle est au demeurant en tout nostre royaulme.... eussions député certains bons personnaiges esquelz a esté mandé.... enquerir et informer sur les dictes plaintes.... Par l'advis et délibération desquelz et d'autres bons et notables personnaiges.... avons faict, statué et ordonné et de nostre propre mouvement, certaine science, plaine puissance et auctorité royale et prouvençale par loix, ordonnance, édict, statut perpétuelz et irrevocables les articles et ordonnances qui s'ensuivent :

Des procureurs en la dicte Court de Parlement.

Premièrement avons inhibé et deffendu, inhibons et deffendons à tous de quelconques estats qu'ils soient qu'ils n'aient à eulx jugerie d'exercer l'estat de procureur en nostre dicte Court qu'ils n'aient esté examinez et trouvez suffisans à ce par la dicte Court et presté le serment en tel cas pertinent ; *Item*, et avant que d'estre interroguez, et receus en icelle bailleront requeste à la Court, et par ordonnance sera communiqué à nos dicts avocats et procureurs, lesquelz se informeront bien et deument de la vie et bonnes mœurs de celluy qui aura présenté la dicte requeste le plus promptement que faire se pourra et lesquelz nos advocat et procureur (après estre informez) seront ouys et feront leur rapport de ce qu'ils auront trouvé, le plus promptement que faire pourront : *Item* ordonnons que les procureurs des parties dedans troys jours (après les conclusions prieuses par leurs advocats) seront tenuz venir veoir le registre du dict greffe de nostre dicte Court pour le faire coriger, si besoing est, par le greffier; et si le greffier ne le veult corriger, les dicts procureurs en bailleront sur ce requeste à la Court et demeureront ainsi qu'elles auront esté enregistrées jusqu'à ce que par la dicte Court y soit aultrement pourveu et ordonné ; *Item* et pour ce que les advocats et procureurs des parties (qui ont causes et procez en nostre dicte Court) se excusent souvent et different de procéder tant de la partie des demandeurs que des deffendeurs soubz coulleur de ce qu'ils dient ne avoir mémoire ne instructions, Ordonnons que doresnavant les dictes parties (tant demanderesses que deffenderesses) seront tenues d'envoyer mémoires et instructions suffisans à leur conseil pour faire plaidoier les dictes causes au jour à eulx assigné, aultrement la partie, qui vouldra procéder et en sera preste, aura exploit tel que de raison contre celle qui aura esté négligente d'envoyer les dicts instructions et mémoires, mesmement quant noz lettres et mandemens royaulx par vertu desquelles aucun est adjourné en nostre dicte Court contiennent le cas au long pour lequel aucun est poursuivy en icelle (car si nos dictes lettres et mandemens ne contiennent le cas au long, tellement que le deffendeur ne puisse estre instruict par icelles) ou qu'il fut poursuivy du faict d'aultruy ou que la matière fust subjecte à veu garend ou aultre delay ordinaire, esdicts cas ou semblable, ledict deffendeur pourra demander son délay tel que de raison ; et avec ce que, quant aucun procureur de nostre dicte Court reçoit aucune procuration de aucune partie soit demandeur ou deffendeur et il se présente par vertu d'icelle sans avoir receu de son maistre aucunes instructions ou mémoires (esdicts cas ou ilz doivent estre envoyez), le dict procureur sera tenu en ce cas de païer la somme de cent solz tournois d'amende pour convertir en la chapelle du palais par l'ordonnance de nostre dicte Court, sans autre acquit qui sera levé par le dict procureur sans aucun depport ou dely ; et ceste ordonnance voulons estre gardée selon les ordonnances de nos predecesseurs. *Item* et s'il advient que les procureurs recoivent memoires avecque la procuracion et qu'ilz ne soient diligens de les bailler en leur sac à leurs advocatz de si bonne heure qu'ils puissent estre pretz de la cause a leur tour de roole, Nous voulons et ordonnons que en ce cas le dict procureur soit condempné en l'amende, mais que sa partie (qui n'en pourroit mais) n'auroit aucun dommaige de congé deffault au aultre ; *Item* avons enjoint et enjoignons aux dicts procureurs, sur peine de suspension de leurs estats et aultre amende arbitraire, de faire veoir les procez des parties, mis en leurs mains, par leurs advocats avant que conclure en iceulx, sans aucunement receler ne retenir le sallaire diceulx advocats ne délayer les parties pour ce faire. *Item* ordonnons que les procureurs des parties seront tenuz d'aller conclure, au greffe, es procès par escript dedans le lendemain qu'ilz en seront requis par leurs parties, sur peine de 20 solz tournois d'amende à appliquer aux prisonniers de la Conciergerie, ou ailleurs à la discrétion de la Court, à prendre sur celluy qui sera reffusant de ce faire, synon qu'il y ait difficulté notable et chose qui ne se puisse bonnement faire hors jugement. *Item* avons inhibé et deffendu, inhibons et deffendons ausdicts procureurs de ne faire retenir par leurs familliers et domestiques (soubs coulleur de leurs sallaires) les lettres ez procès des parties, ains promptement les rendre à celles ou à ceulx à qui on les devra rendre, et si aulcuns veullent retenir les dictes lettres et tittres, nous voulons dilligente inquisicion et pugnicion en estre faicte par privacion de leurs étatz et en plus grande amende, tellement que ce soit exemple aux aultres. *Item* et pour ce que aucunes foys, plusieurs procureurs sont conjoincts en affinité, proximité et lignage (comme de père à filz, frère à frère, oncle à nepveu) ou sont demeurans ensemble en une commune maison et habitation, qui reçoivent souvent les procuracions des deux parties en une même cause, par quoy les secretz des dictes causes sont communiquez et révélez au préjudice des parties, Nous voulons et ordonnons que doresnavant tels ainsi conjoinctz de lignages ou demeurans en une maison ne puissent recevoir les procuracions des deux parties ne se occuper en icelles et enjoignons à tous les procureurs de nostre dicte court que de doresnavant garder deuement et convenablement les secretz des causes de leurs maistres et iceulx ne deussent estre révélez aux advocatz, procureurs ou solliciteurs de leurs parties adverses sur peine de en estre pugnis de telle amende que le cas requiert ; *Item* et pour ce que souventes foys les messagiers qui apportent quelques lettres ou procès à quelque procureur ayant charge expresse soy adressée à ung procureur, sont trouvez ou rencontrez par aultres procureurs et par quelque autre moyen les lettres et pièces viennent en leurs mains qui en font leur prouffict et en frustrant ceulx à qui devroient s'adresser (ce qui est ung droict et acte de faulceté), Nous avons inhibé et deffendu à tous procureurs de plus faire tels actes : ains si aucunes pièces tomboient en leurs mains [ordonnons] de les remettre es mains de ceulx à qui elles devroient venir et estoient adressées, à peine d'être pugnis comme faulsaires et de rendre au dict procureur qui aura esté frustré de sa cause tout ce que par l'autre aura esté receu et à la partie son interest, et si le messagier en est trouvé culpable ou consentant en sera aussi pugny ; *Item* et pource que les procureurs different et reffusent monstrer leurs exploicts et autres choses que doivent monstrer à leurs parties adverses (dont souventes foys sont retardez les procès), ordonnons que le temps advenu les procureurs des parties plaidoians, avant que les causes de leurs maistres debvront estre appellées au roole pour estre plaidoyées, monstreront à leurs parties adverses leurs pièces, tiltres, mandemens, lettres d'interpretracion dont ils se vouldront ayder en leurs causes, c'est assavoir le demandeur toutes celles de dacte précedant la demande qu'il aura intention de faire, et le deffendeur celles que il aura de dacte précédant le jour qu'il fera ses deffenses, soient requestes civilles ou anticipacions, lettres d'estat de reliefvement ou pour convertir les appellacions en opposition ou les mectre au néant et toutes lettres semblables, impétracions et aultres lettres et munimens, dont en jugement on est tenu de faire prompte foy, afin que la partie adverse se puisse apprester tant de son principal comme a respondre auxdictes impetracions, lettres, munimens dessus déclairez ; *Item* et se par le faict de la partie, qui devra monstrer les dictes choses, il aye faict faulte, elle sera privée de l'effect des dictes impétracions des aultres choses dessus dictes, et aura la partie à qui elles devoient estre monstrées exploictz à l'encontre de celle qui aura faict faulte de les monstrer telz que de raison, et se de la partie du procureur seullement estoit trouvé faulte en ce que dict est, Nous ordonnons que le procureur qui aura faict la faulte en soit pugny à la peine de dix livres d'amende qui seront sur luy prieuses sans depport et neantmoins qu'il paiera les depens de la partie adverse faictz à cause d'icelluy retardement. *Item* et ou les procureurs trouverront la matière subjecte à renvoy de la cause d'appel yront passer au greffe le dict renvoy, après ce qu'ilz auront monstré leurs cédulles à noz advocat et procureur. *Item* et pour obvier aux subterfuges et cavilations que font plusieurs parties après que sont condempnées (leurs procureurs ne veullent comparoir a la tauxe des despens ou elles revocquent leurs procureurs), Nous ordonnons que les procureurs des parties, qui auront été condempnées es dépens, seront tenus de comparoir et assister par devant les commissaires commis par la Court à tauxer lesdicts dépens ès lieux et heures qui leur seront assignés, sous peine de cent solz d'amende qui sera levée sans dépport sur les désobeissans et delayans ; et si les parties condempnées révocquent leurs procureurs, ilz (elles) seront tenuez en faisant la dicte révoquation en constituer d'autres et le faire signiffier dedans le jour au procureur de sa partie, aultrement en deffault de ce, nous ordonnons que la dicte tauxe de depens sera faicte avec le dict procureur révocqué qui sera tenu de comparoir comme dessus et comme s'il n'avoit esté révocqué. *Item* : le nombre de procureurs (que puis naguères jusques à présent a esté, encore est, effréné en nostre dicte Court de parlement et ailleurs, en si grande multitude que les uns ne peuvent vivre pour les aultres et tiennent toujours les procès à la grant foulle de nostre peuple) sera redduict en nombre compectent ainsi que nostre dicte Court de parlement sera advisé ; que en nostre court et noz aultres juges en leurs jurisdictions et ressorts, les gens de bien et suffisans [seront] retenuz, et les insuffisans reséquez et reicitez ; *Item* : à celle fin que ne soit opposé entre ung procureur qu'il soit faulx procureur et pour éviter la nullité des procès par faulte de procuracion, avons ordonné et ordonnons que les procureurs en comparoissant pour les parties, seront tenuz de mettre leurs procuracions au greffe, s'ilz en sont requis, et seront tenuz les dicts procureurs de les enregistrer si les dicts procureurs pour les dictes parties les veullent recouvrer, synon les enfiler et garder pour servir et valloir ce que de raison, et si aucuns se portent procureurs sans procuracion, ils seront pugniz comme faulsaires et tenuz à tous interetz de partie adverse. *Item* : aussi avons inhibé et deffendu, inhibons et deffendons aus dicts procureurs de signer aulcunes requestes les ungs pour les aultres, sinon en cas qu'ilz soient substituez en l'absence d'aultres par permission de la Court en son absence ou par aultres causes raisonnables, auquel cas il dira *Talis substitutus pro Tali*, et aussi aux parties et à toutes aultres personnes quelzconques désignés pour procureur ou pour advocat, ains signeront eulx mesmes à peine d'amende arbitraire contre ceulx qui signeront pour aultre en mettant le nom et surnom d'aultre qui n'aura luy mesme signé ; *Item* et pource que souventes foys est advenu que quant aucuns des dicts procureurs ou leurs parties auroient baillé requeste à la Court pour avoir la provision que demandaient, voiant après la response mise au pied d'icelle requeste n'estre telle qu'ilz la demandoient, bailloient autre requeste à la dicte Court (taisans la première), Nous, pour à ce obvier, avons deffendu et deffendons aux dicts procureurs et à chascun d'eulx sur peine de cent solz d'amende et chascune foys qu'ilz seront trouvez avoir faict le contraire et aultre amende arbitraire, doresnavant ne bailler semblables requestes sans faire mencion des premières et des réponses et ordonnances sur icelles ; seront tenuz aussi sur peine d'amende arbitraire mettre aux billets ou attiquettes des audiences ce mot Civil ou Criminel selon matière subgecte : *Item* avons inhibé et deffendu, inhibons et deffendons aus dicts procureurs faire de leur autorité aucunes continuacions ou dilacions sy ce n'est de la voulenté de leurs maistres ou en cas de nécessité par le conseil de leurs advocats ou de la voulenté de la dicte Court sur peine de l'amende. *Item* avons inhibé et deffendu, inhibons et deffendons à tous procureurs qu'ilz ne soient si osez ne si hardiz de plaider ny aultrement doresnavant parler en jugement ou à son advocat ou au procureur ou au conseil de sa partie adverse tant que l'advocat plaidera ne aultrement ; mais si aucune chose veut dire à son advocat luy dire en l'oreille ordonnément et à basse parolle, et ne soit si hardy de contredire ou contester à la dicte Court, à peine d'estre mis en prison et d'amende telle que le cas le requerra. *Item* avons ordonné et ordonnons que, si aucuns depenz sont adjugez à parties, que les procureurs ne les puissent prendre ne recevoir si ce n'est par le congé et voulenté de leurs maistres ou par licence et auctorité de justice, sur peine d'amende d'ung marc d'argent ; *Item* avons deffendu et deffendons aus dictes parties et à tous procureurs (à peine de quarante solz d'amende) qu'ilz ne facent aucuns accordz en cas d'amende d'excès ou aultrement en aultre chose qui nous touche sans monstrer l'accord à nostre procureur. *Item* les procureurs des parties ne seront receus à maintenir aulcunes pièces de faulx sans povoir exprès et avoir procuracion spécialle ad ce et pour faire l'inscription au greffe, après bailleront les moyens de faulseté par devers la Court pour estre pourvu par icelle ainsi qu'elle verra estre à faire. *Item* que les procureurs des parties ne seront receuz à alleguer aucune exoine pour excuser leurs maistres s'il n'y a homme exprès ayant charge expresse de alléguer, excuser ou exoiner et néantmoins sera baillé deffault sauf l'excuse et exoine et sauf à la partie de povoir informer du contraire ; *Item* les procureurs signeront les inventaires des productions et feront signer aux advocatz les escriptures des parties, sur peine de cent solz pour chascune foys en leurs propres et privez noms. *Item*, les procureurs ne se pourront absenter durant le parlement ains seront tenuz faire résidence en nostre dicte Court et se ilz sont malades ou absents seront tenuz laisser substitutz sur peine de cent solz d'amende et nommer au greffe leurs substitutz qui seront tenuz résider et seront les significacions et exploitz faictz aux dicts substitutz de tel effect comme s'ilz étoient faictz ausdicts procureurs ; et si lesdicts procureurs se veullent absenter et veullent avoir congé bailleront requeste à ces fins. *Item*, que les procureurs qui auront baillé requeste à noste dicte Court de parlement seront tenus de faire signifier (si signification y eschet) le jour qu'elle sera répondue ou le jour ensuivant, à peine d'estre décheuz de l'effect d'icelle et d'amende arbitraire et après ne se pourront ayder des dictes requestes sy partie adverse ou son procureur n'accepte la dicte signification. *Item*, pource que à l'occasion de la grande multitude des requestes qui se baillent en notre dicte Court chascun jour adviennent innumerables inconvéniens tant pour la retardacion des procez que des frais qu'il convient faire aux parties à causes d'icelles et des incidens qui en sortent, avons deffendu à tous les advocatz et procureurs de nostre dicte Court sur peine de privation de patrociner à jamais et d'amende arbitraire qu'ilz ne travaillent nostre dicte Court par telle multiplicacion de requestes et qu'ilz n'en baillent aucunes frustratoires contre les ordonnances de nostre dicte Court soit pour enquerre nouveaux délaiz ou aultrement, et defendons sur les dictes peines que aucunes requestes ne soient baillées qu'elles ne soient signées par les parties ou du procureur qui la baillera, et, afin que la dicte ordonnance soit plus estroitement gardée, enjoignons à notre dicte Court que, toutes et quantes fois qu'elle trouvera lesdicts advocatz et procureurs avoir faict contre la dicte ordonnance, elle procède sans dissimulacion à la déclaracion des peines dessus dictes en façon que ce soit exemple aux aultres : *Item* : après que les requestes pour avoir vision des procez seront respondues, les procureurs des parties pourront veoir extraire les pièces dedans troys jours ensuivans et iceulx passez ne se pourront ayder desdites requestes ; *Item* pour obvier aux fraudes faictes et recellemens que pourroient faire les procureurs tant pour le sallaire des advocatz et autres depens et mises (qui sont à faire pour la deduction des causes) et lesquelles despenses désirons estre rescindées et modérées le plus que faire se pourra, Nous voullons et ordonnons que ung chascun procureur soit tenu de bailler et monstrer l'estat de ce qu'il aura receu de ses parties à ce mis ou despendu pour icelles en prenant certifficacion et quittances et tout ce qu'il aura baillé oultre la somme de vingt solz tournois, faisant foy d'icelles tant auxdicts procureurs que à ceulx qui taxeront les dicts depens ; et deffendons ausdicts procureurs qu'ilz ne demandent, exigent ou reçoivent aucunes choses des dictes parties soubz coulleur de divers dons ou autres dépens extraordinaires qui ne seront nécessaires et justes pour la déduction de la cause. *Item* nous voullons et ordonnons que, si aucuns des procureurs de nostre dicte Court va de vie à trépas, les lettres et tiltres des parties seront incontinant par ung des huissiers de nostre dicte Court (qui sera commis par icelle) ou greffier veues, visitez et inventoriez, les sacs clos et scellez pardevers le registre de nostre dicte Court à la plus petite et moindre despence que faire se pourra. *Item* et pour ce que souventes foys advient que, après le trespas des procureurs, leurs héritiers demandent grandes restes et sallaires (et aussi les héritiers demandent ce que a esté paié souventes foys ausdicts procureurs) voullons et ordonnons que doresnavant les procureurs feront registre de ce qu'ilz auront et recevront des parties et ne soient receuz à faire demande mesmement deparavant d'un an ou deux ans au plus sans grande ou évidente cause ou présomption ; et, si de telles matières questions adviennent, qu'elles soient légèrement décidées sans charge ou despens de parties. *Item*, pource que il advient souvent que les procureurs en causes nouvelles n'ont procuracions que des anciennes, Nous avons permis et permectons à telz procureurs ordinaires des parties de pouvoir comparoir pour la première foys sur la dicte procuracion ancienne estant devers la Court ou que produira (en ayant toutes foys mémoires), moyennant que, dedans quinze jours après ou tel autre délai que sera donné de nostre dicte Court, il en fournira d'une nouvelle, aultrement sera tenu par icelle première foy aux despens. *Item* pourceque les procureurs de plusieurs parties (après que les sentences sont prononcées par nos juges et aultres) en acquiesçant à icelles sentences pourroient reprendre leurs sacs et procès des greffiers et ung, deux, troys, quatre ou six moys après que les juges envoieront pour executer leurs sentences les parties princippalles (sur qui se debvroit faire l'execucion) en appelleront ou feront appeller comme de nouvel venu à leur cognoissance, combien que par la coustume de nostre royaulme on doit appeler incontinant après la sentence ou appoinctement prononcé, autrement que jamais on n'y est receu, décernons et déclarons que doresnavant il ne soit receu à appeller s'il n'appelle incontinent après la sentence donnée synon que que par vol, fraulde ou collusion du procureur qui auroit occuppé en la cause, icelluy procureur n'est appellé ou qu'il n'y eust grande ou evidente cause de relever l'appelant de ce qu'il n'auroit appellé incontinent et enjoignons aux parties qu'elles instruisent leurs procureurs et conseillers de leur cas et de leur matières et appeller si bon leur semble ; et en oultre enjoignons à nostre dicte Court et à tous nos aultres juges qu'ils pugnissent et corrigent le vol et la fraulde qu'ilz trouveront avoir esté commis par la partie ou son procureur soit en repricuze de ses sacs et procès ou aultrement, ains qu'au cas appartiendra en telle manière que ce soit exemple aux autres. *Item* que les dicts procureurs seront tenuz de prendre les cedulles des parties dont ilz auront charge, comme dict est, et de les déclarer ou signiffier incontinant au procureur de la partie qui auroit faict appeller la dicte cedulle, sur peine de vingt solz d'amende. *Item* pour ce que communément en toutes les matières dessus dictes (tant d'appel que en première instance) y peut avoir plusieurs pièces d'importance, lesquelles se pourroient perdre ou adirer ès mains d'aucuns procureurs ou aultrement, pour ce obvier, pourront les parties bailler requeste pour retirer les originaulx en délaissant les coppies deuement collationnées (parties présentes ou appellées), sinon que la partie voulsist maintenir et arguer de faulx, en ce cas demeureront les originaulx par devers le greffier, jusques à ce que ladicte Court aultrement en soit ordonné ; *Item*, pource que, le jour de mardy, les procureurs ne peuvent veoir les cedulles qu'on appelle le dict jour tant pour la multitude d'icelles comme pour ce qu'ilz sont occupez le dict jour à l'expedicion des procez par escript, ordonnons que iceulx procureurs bailleront le samedy, devant onze heures du matin, au premier huissier, les cedulles que vouldront faire appeler le mardy ensuivant, lequel premier huissier les baillera aux huissiers qui debvront appeller le dit mardy ensuivant, par la main desquelz huissiers, iceulx procureurs pourront veoir les dictes cedulles ledict jour de samedy après diner, et le lundy ensuivant prendre les cédulles des parties dont ilz seront chargez, aultres que des comparissions personnelles non presentées et appelées par ordonnance de la dicte Court.................................. ....

....

Pour lesquelles noz ordonnances garder et entretenir de poinct en poinct selon leur forme et teneur Nous avons ordonné et ordonnons que noz advocatz et procureur généraulx, greffiers, huissiers, advocatz et procureurs feront le serment de garder et entretenir nos dictes ordonnances en son regard.

Si donnons en mandement... ..

En tesmoing de quoy Nous avons faict mectre nostre scel à ces dictes......

Donné à Ys sur Tille au mois d'octobre mil cinq cent trente cinq et de nostre règne le vingt ungiesme. — Signé : François.

Par le Roy, comte de Provence, en son Conseil, Messeigneurs les cardinaulx de Lorraine et de Tournon, Nous Monseigneur le chancelier, le sieur de Bryon, comte de Buranzais, admiral de France ; Me Barthélemy de Chasseneuz, président de Prouvence et aultres presens. — Signé : Bochetel.

Lecta, publicata et registrata in curia parlamenti Provincie, presentibus et requirentibus gentibus regii cum preceptis et injunctionibus de quibus in ejusdem ordinationibus, arresto dicte curie super hoc facto, die quinta mensis januarii millesimo quingentesimo tricesimo sexto. — Signé : Fabre.

(*Archives départementales des Bouches-du-Rhône. Dépôt d'Aix. Série B. Parlement de Provence. Registre in-folio n° 2, des ordonnances royaulx*).

III

Page 26. — Serment des Procureurs.

Le parlement de Provence fut créé par édit du roi Louis XII du mois de juillet 1501.

Au *Registrum Curie*, à la date du 20 octobre 1503, se trouve le procès-verbal contenant la prestation et la formule du serment des greffiers, avocats, procureurs et huissiers au parlement. Ce serment était renouvelé chaque année à l'audience de rentrée.

Juramenta secretariorum, advocatorum, procuratorum et hostiariorum insignis Curie Parlamenti Provincie.

Quoniam in aliis Curiis suppremis parlamentorum totius regni Francie ad quorum instar hec insignis curia erecta atque ordinata est observatur quod annis singulis in simili die presenti aut prima juridica post Sanctos, secretarii (sive graffarii) ipsarum curiarum ac etiam domini advocati, procuratores, et hostiarii, jurant et juramentum in talibus prestari solitum dare assueti sunt in principio audiencie illius diei; et propterea ipsa insignis Curia Parlamenti Provincie mores et consuetudines dictarum aliarum curiarum suppremarum Parlamenti tamque bonas, laudabiles et sanctas insequendo in quâ erant spectabiles et magniffici domini :

A. Muleti, presidens, Johannes de Torcys, prepositus Massilie, Emilius de Pugeti, Petrus de Brandis, Ludovicus de Pereris, presentes,

Ordinavit et ordinat : quod dicti graffarii (sive secretarii) ejusdem curie tamque de membris illius primo, et secundo domini advocati, et tertio domini procuratores et quarto hostiarii (quos dominos advocatos et procuratores propter imperitiam et etiam confusionem illorum curia ipsa reduxit ad numerum hic secutive designatum) jurare teneantur et debent juxta modum, tenorem et formam equidem hic infra scriptum eisdem et cuilibet ipsorum palam et publice mandato ipsius curie per me Johannes Maillard, regius secretarius et graffarius fiscalis ejudem Curie lectum, et prout unus post alium, tactis Sanctis Evangeliis, in conspectu ipsorum spectabilium dominorum juravit, secundum ordinem quo inferius describuntur et nominati sunt : quo juramento prestito Curia ipsa jussit et ordinavit quod locum unus post alium secundum dictum ordinem et quo nominati sunt habere debeat in ipsa magna audientia et a cetero unus preferre in ipsa sede sibi ordinata aliud non debeat, sed dictum ordinem observare.

Juramentum procuratorum.

Vos juratis quod bene et legaliter officium procurationis exercebitis, nec causam, quam injustam creditis, fovebitis, ac sallarie competenti eritis contenti, utilitatem clientulorum vestrorum absque diffugio procurando.

Nomina dictorum procuratorum : primo : Joannes Raynaudi, Bertrandus Lochoni, Henricus Valtrini, Anthonius Gauffredi, Laurencius Ruffi, Fulquetus Fabri, Raymondus Meilhe, Honoratus Digne, Anthonius de Albis, Petrus Chaumeyssi, Anthonius Bruni, Fulquetus Dodonis. — Signé : Mailhart, secretarius.

23 Octobre 1504.

Renovatio juramentorum secretariorum, advocatorum, procuratorum et hostiarorum supreme Curie Parlamenti Provincie.

Anno nativitatis Domini millesimo quingentesimo quarto et die mercuri vicesimatertia mensis octobris, prima juridica post festum Beati Luce (Evangeliste) dicta suppreme curia parlamenti Provincie in supprema audiencia de mane hora solita sedens, jussit et ordinavit juramenta anno preterito per secretarios, advocatos, procuratores et hostiarios dicte curie prestita die xxme mensis octobris dicti anni preteriti sub eisdem verbis et forma per eos renovari, prout et renovaverunt, super sancta Dei Evangelia manibus eorum dextris corporate tacta ; in qua curia et supprema audiencia erant spectabiles domini Anthonius Muleti, presidens, et Ludovicus de Luro, Johannes de Torcys, prepositus Massilie, Petrus de Brandis, Bertrandus Duranti, Melchion Seguirani, Petrus Mathey, Symon de Tributiis, Michael Audilbert et Gaspar de Pereris, regii consiliarii presentes ; quorum juramentorum nomina et cognomina sequuntur ordine suo prout infra.

(Archives départementales des Bouches-du-Rhône. (Dépôt d'Aix. Série B. Registre n° 1 (1468-1505) des Lettres Royaux, intitulé : Registrum Curie, pages 126-127, 146-147).

IV

Page 30. — Le Procureur des Pauvres

Cette institution est des plus anciennes. Messieurs de Fauris de Saint-Vincens, père et fils, tous deux conseillers à mortier au Parlement de Provence, dans leur manuscrit intitulé : *Histoire et Mercuriales du Parlement*, conservé à la bibliothèque Méjanes, disent qu'il est constant que l'avocat et le procureur des pauvres ont été institués par les anciens comtes de Provence. Dans le registre *Lividi*, (archives de la cour des comptes d'Aix), folio 12, on trouve les provisions en date du 8 juillet 1409, en faveur de Rostaing Fabri, « de l'office d'avocat et procureur des pauvres, religieux, orphelins, veuves et autres personnes misérables et ecclésiastiques ». Son traitement était fixé à la somme de 200 florins par an, ce qui peut correspondre à 1.400 francs de notre monnaie. (Archives départementales à Marseille. Registre *Lividi*, n° B, 6.)

Dans l'édit de François Ier, de 1501, créant le parlement de Provence, est fixé le nombre des magistrats et il est dit, immédiatement après, qu'il est créé un avocat et un procureur des pauvres. Il nous paraît que le parlement avait seul compétence pour connaître des affaires des pauvres, tant en première instance qu'en appel.

Le 15 novembre 1558, les chambres du Parlement se réunissent en assemblée générale. «Il a esté mis en doubte si la Cour debvoit retenir la cognoissance en première instance des causes des paouvres, indiffe-rement ; affin de eviter l'affluence de celles qui se présentent journellement, occupant grandement la Cour, la dicte Court, les chambres assemblées, quant aux causes des paouvres, a resolu que la dicte Court ne retiendra d'icelles en première instance sinon des hopitaulx et mendiants, et autrement pour grande et urgente necessité ».

(*Registre n° 8 des délibérations du Parlement d'Aix, série B*).

Le 1er décembre 1568, le parlement, faisant droit à la mercuriale proposée par Me Jacques de Rabasse, procureur général, décide : « Les « causes des paouvres, qui se restreiront par devant la Court, seront « renvoyées au lieutenant général ou du ressort là où nous le requer-

« rons et quant à celles des mendiants, hospitaulx, monastères seront « retenues par la dicte Court, sera enjoinct à l'advocat et procureur des « paouvres poursuivre les dictes causes par devant ledict lieutenant « du senechal comme par devant la Court ».

(Délibérations du Parlement. Registre n° 12. Folios 199 et 200).

L'avocat et le procureur des pauvres jouissaient de certaines prérogatives.

L'avocat des pauvres avait droit à la robe rouge.

« L'advocat des paouvres fera sa demande à la barre et sa réplique « au parquet ; quand il plaidera en sa dicte qualité pour les paouvres « portera robbe rouge ».

(Même registre).

Le procureur des pauvres Claude Poulat, le 15 janvier 1583, présenta requête à la Cour tendant « affin d'estre maintenu ez honneurs « et prerogatives appartenant à son office, et que en matières qui se « plaideront ou les paouvres sont parties, il luy soit permis de « *demeurer dans le barreau près de son advocat* et que dans autres « matières, *debout* hors du dit barreau ».

Il fut résolu par la Cour « que aux causes des paouvres qui se plai- « deront, le dict Poulat, adcistera *a cousté de l'advocat dans le* « *barreau* et aux cours des aultres parties, il adcistera *droict* et « découvert au devant du dict avocat hors du dict barreau ».

(Registre 15 des délibérations du Parlement).

Pour comprendre l'avantage qui était concédé au procureur des pauvres, par ces mots « droict et debout », il faut savoir que les procureurs au Parlement de Provence étaient tenus de demeurer *à genoux* devant la Cour pendant les plaidoiries des affaires qui concernaient leurs parties.

Cet usage humiliant fut établi par une délibération du parlement du 14 novembre 1550.

« A esté deliberé de faire injonction aux procureurs de se tenir à « genoulx en l'audience et aux advocatz de se tenir aux sièges accous- « tumés, à la charge d'y demeurer jusqu'à la fin de l'audience ».

(Registre du Parlement n° 2).

Ce fut en 1697 seulement que les procureurs obtinrent de la Cour la suppression de cet usage.

« Le 2 janvier 1697, jour de mercredy, les Chambres assemblées où
« estaient présents : monsieur le premier président Lebret, messieurs
« les présidents de Thomas, de Valbelle, et d'Albert du Chaine,
« messieurs les Conseillers (au nombre de 41), ont été mandés venir
« les gens du Roy et sont entrés messieurs d'Azan et de Rabasse,
« avocat et procureur généraux.

« M. le premier a dit, que despuis quelque temps, il a remis à
« MM. les Commissaires un placet que les procureurs en la Court ont
« présenté au Roy pour estre déchargés de se mettre à genoux à l'au-
« dience publique, lorsque les advocats playdent, avec une lettre de
« M. le Chancelier, qui lui demande son advis. Ce placet est fondé sur
« plusieurs raisons entre autres que cella ne se pratique en aucun
« parlement du royaume et notamment à celluy de Paris, à l'instar
« des procureurs duquel parlement ils ont esté créés, et que cette
« servitude avilit leur office (y en ayant deux ou trois qui n'ont pas
« peu estre vendus) et ils l'ont assuré qu'ils ont supplié très souvent
« messieurs de la Court de vouloir bien leur fere la grâce de les
« descharger de cette genuflexion ; et qu'ils n'ont présenté ce placet
« qu'à l'extrémité et supplient encore la Court de leur accorder cette
« grâce ; et comme il doit fere réponse à M. le Chancelier, a prié
« messieurs de la Court de délibérer si on dressera des mémoires pour
« soustenir cet usage et empêcher l'effect de ce placet, ou s'ils veulent
« entheriner la demande des procureurs.

« Mis en délibération,

« La Court, les chambres assemblées a deschargé les dicts procu-
« reurs de la genuflexion, à la charge néanmoins qu'ils demeureront
« découverts lors de la playdoirie de la cause. »

(Registre des délibérations du Parlement, n° 30).

Les procureurs des sénéchaussées ne furent jamais astreints à une pareille humiliation.

Mais revenons au Procureur des pauvres.

La Cour, ne voulant plus juger en première instance les affaires des indigents, il fut créé des procureurs des pauvres dans chacune des sénéchaussées. Mais, soit que cet office eût été peu recherché à cause des maigres émoluments qu'il fournissait à son titulaire, soit que le lieutenant général, auquel appartenait sa nomination, eût manqué d'y pourvoir, obéissant, quant à ce, aux sollicitations des autres procureurs du siège, il est certain, tout au moins pour Marseille, que l'office de procureur des pauvres demeura vacant pendant de nombreuses années.

En 1637, le Procureur général signale cet état de choses à la Cour.

« Estre venu à sa notion que les lieutenants aux sièges de séné-
« chaussées de cette province, à l'instigation et secrète poursuite des
« procureurs aux dicts sièges, reffusent de procéder à la réception des
« pourvus d'office de procureur des pauvres en chacun des dicts
« sièges.

« Sur ce, la Cour ordonne qu'il sera procédé par les dicts lieute-
« nants sans support ni delayement à la réception de ceulx qui sont
« pourvus des dicts offices, pour en jouyr aux mesmes conditions et
« advantages, à peine de cent livres d'amende et aultres arbitraires. »
(Arrêt du 16 juin 1637. Arch. dép. Série B, extrait du registre 13 des arrêts d'Etat).

Obéissant à cette injonction, le lieutenant civil à Marseille reçut Mᵉ Durand, qui était pourvu de l'office. Les procureurs formèrent opposition à sa réception et ce procès dura jusqu'en 1643. Il se termina par la transaction que vous connaissez. Durand consentit à payer sa quote-part des dettes du corps des procureurs, et ces derniers l'ajoutèrent à leur rôle. Ils furent dès lors dix-neuf au lieu de dix-huit.

V

De l'Organisation de la Justice à Marseille.

Création de la Sénéchaussée.

Edit de Réformation de 1700.

Marseille est demeurée en dehors de l'organisation judiciaire de la France jusqu'à l'édit de réformation de 1700. Il nous a semblé intéressant de donner un aperçu des diverses juridictions qui se succédèrent à Marseille du XIIIme siècle à 1789. Pour traiter d'une manière complète ce sujet si intéressant et si difficile il faudrait se livrer à de nombreuses recherches, et à des développements, qui seraient en dehors de notre sujet

La république de Marseille était régie par les « statuts de Marseille ». Les chapitres III, IV, V et VI, sont relatifs à l'organisation de la Justice. Le premier tribunal était celui du juge du palais, *judex palatii*. Ce juge avait juridiction et connaissance principalement des affaires criminelles. Ce tribunal fut maintenu après la soumission de Marseille aux comtes de Provence, et l'annexion de la Provence à la France. La nomination du juge du palais appartint dès lors au roi, et il fut nommé à vie. Sa juridiction criminelle lui fut enlevée et sa compétence civile augmentée. A l'origine, le juge du palais était nommé pour un an; lorsqu'il cessait ses fonctions, le crieur public faisait l'annonce suivante :

« Mandamens es de nostre senhor lo rey de Jerusalem et de Sicilia,
« et de son viguier, que tota personna a qui ren deia Monsenhor lo
« juge del palays o res de sa maynada, si venga pagar daqui a dime-
« neque a son ostal en la Peyroloria, e sera li satisfag. »

(Il est mandé par notre seigneur le roi de Jérusalem et de Sicile et par son viguier, que toute personne à qui Monseigneur le juge du palais, ou quelqu'un de sa maison, devra quelque chose, aille se faire payer d'ici à dimanche à son hôtel de la Chaudronnerie, et il recevra satisfaction.)

(Criée faite le 15 septembre 1322. Archives de la Ville de Marseille. Série B B, nº 96.)

Il existait deux autres tribunaux : l'un pour la ville supérieure, l'autre pour la ville inférieure, composés chacun d'un juge, *in jure civili peritus*, et de deux notaires publics, citoyens et habitants de la ville, dont l'un avait son bureau à côté du juge « *pro scribendis, sicut consuetum est, omnibus actitatis causarum in dicta curia* » et dont l'autre « *deputetur ad testes recipiendos in eadem curia* ».

Les fonctions de ces deux tribunaux consistaient notamment « *dandi tutores et confirmandi tutores, et de suspectis tutoribus et curatoribus cognoscere et judicare et omnes causas civiles, quantæcunque fuerint, audire et judicare.*

Il y avait en outre un juge supérieur chargé de juger en dernier ressort des décisions des juges des premières secondes appellations. Pour qu'un jugement fût définitif, il fallait que les juges des premières et deuxièmes appellations aient décidé de la même manière, sinon le plaideur pouvait encore en appeler au juge des troisièmes appellations, dont la sentence était définitive.

En 1257, lorsque Marseille se soumit à la domination des comtes de Provence, ses habitants stipulèrent qu'ils conserveraient leurs franchises et leurs privilèges. L'exécution de ce traité connu sous le nom des « chapitres de paix » fut solennellement jurée dans l'église des Accoules, par le roi de Provence et les représentants de la ville. Il y était stipulé que Marseille garderait ses anciennes juridictions et que les procès en première instance et en appel, de quelque nature qu'ils fussent, seraient jugés dans Marseille sans « que les plaideurs puissent être distraits de ce ressort ». Ce privilège portait le nom « *de non extraendo* ». Ces chapitres de paix furent scrupuleusement respectées en ce qui concerne la distribution de la justice. Les lettres patentes de 1415 et 1424 laissaient Marseille en dehors de l'organisation judiciaire du reste de la Provence.

Cependant quelques modifications furent apportées tout au moins dans la dénomination des deux juges de la ville supérieure et inférieure. Ils furent appelés juges de Saint-Louis et de Saint-Lazare, « leur ayant esté (ce me semble) ces noms imposés *in honorem D. Ludovici*
« de qui le corps fut emporté de Marseille à Valence, par Alphonse
« Roy d'Aragon, après qu'il eut prit et saccagé la ville l'an 1423, et
« du glorieux saint Lazare notre premier Evesque, dont le chef repose
« dans l'église Majour, *ubi ter in anno colitur* ; mesmement le dernier
« aoust auquel jour est faite procession solennelle, venant quantité de
« gens tant de la province que de dehors par dévotion et pour la foire
« publique ».

(François d'Aix, MDCLVI, page 21).

Lors de l'union de la Provence à la France, Marseille conserva encore ses anciennes juridictions, et en vertu du privilège « *de non extraendo* », les Marseillais ne furent point soumis à la juridiction du parlement de Provence créé en 1501. Mais à partir de cette époque tous les efforts du parlement et du roi vont tendre à mettre Marseille sous la même organisation judiciaire que les autres villes du royaume.

Par son édit de Joinville, en date de septembre 1535, François Ier avait créé en Provence des sièges de sénéchaussée à Draguignan, Digne, Forcalquier et Arles, tous dépendants de la sénéchaussée d'Aix. Le désordre qui existait à Marseille, au point de vue de l'administration de la justice, exigeait que la même mesure fût prise à son égard; mais les privilèges qui avaient été concédés à cette cité pouvaient faire craindre une opposition de la part de ses habitants et surtout des consuls. Le roi envoya dans cette ville « Monseigneur Messire Jehan Feu, chevalier, seigneur de Montreau, Luyères et Vergonville, docteur en chascun droit et président de la Cour du Parlement de Rouen, affin de sçavoir et entendre des bourgeois, manans et habitants d'icelle, les privilèges de la dicte ville, et aussi de entendre des dicts habitants leur intention s'ilz voullaient avoir en leur dicte ville lieutenant particulier du grand sénéchal et aultres officiers, ainsi qu'il a plu au Roy ordonner par son édit au reste de la Provence, par la suppression des offices de juge mage et de juge des « appeaulx. »

M. de Feu arriva à Marseille le 8 janvier 1535 (*id est* 1536, l'année commençant à Pâques), et fit mander aussitôt par-devers lui Pierre Doris, premier consul; Loys Cabre, tiers consul; Jehan Sicole, notaire, et l'un des greffiers de la ville « qui vulgairement sont appelez tabliers en icelle », et il leur demanda de lui exhiber les titres des privilèges de la ville. Les consuls répondirent qu'ils les apporteraient « le jour ensuyvant ».

Ces derniers se présentèrent, en effet, le jour suivant, qui était le dimanche, 9 janvier 1535, chez M. de Feu en son logis « où pend pour enseigne le Faulcon ». Ils étaient accompagnés de Pierre Morlan, second consul, et de maître Antoine Gontard, assesseur aux dits consuls. Ils montrèrent à l'envoyé du roi des extraits des privilèges de la ville « faisant mention de la concession à eulx faite par les prédécesseurs comtes de Prouvence et des gouverneurs du dict païs soubs les dicts comtes, de ne pouvoir estre tirez hors la dicte ville pour le fait de la justice, soit en première instance ou premières, secondes et tierces appellations, ains deberaient toutes leurs causes et matières estre décidées et déterminées en la dicte ville et encloz d'icelle ». M. de Feu ne voulut pas se contenter des extraits qui lui étaient montrés, et demanda à voir les originaux, dont il exigea des copies.

Après avoir examiné les dits privilèges, le conseiller du roi trouva qu'ils n'étaient pas de nature à empêcher le roi de procéder à la réformation de la justice à Marseille, « ayant considéré que le privilège auquel les dits manans et habitants de Marseille se fondoient estoit privilège donné par un gouverneur seulement, savoir par Charles, frère de Loys tiers, roy de Sicille et comte de Prouvence, gouverneur du dict païs pour son frère, et à la fin duquel estoit contenue cette clause : « *Beneplacito tamen Domini mei regis prefati in omnibus semper salvo et reservato permanente ;* les dictes lettres dattées du 22me de septembre 1427. »

M. de Feu commanda alors au viguier Nicolas de Arena de faire assembler « la dicte ville en la forme et manière qu'elle a de coustume estre assemblée pour les affaires du Roy ; que estoit de chacune maison y faire comparoir un chef d'hostel, et ce font les proclamations à trois cris et trois sons de trompe. »

La première proclamation se fit devant l'hôtel de l'envoyé du roi, et sa surprise fut grande d'entendre qu'elle avait lieu en la forme de l'autorité du viguier et non de celle du roi, c'est-à-dire par deux sons de trompe seulement. M. de Feu appela le trompette et lui ordonna de faire les trois sons de trompe et de crier « que de chacune maison le chef d'hostel se trouvât à l'assemblée le dict jour à une heure après midi. » Il manda ensuite le viguier et lui « remonstra la faulte par luy « commise d'avoir contrarié l'autorité du roy, lui faisant commande- « ment de ne user plus de telles façons de faire, aultrement qu'il y « seroit pourveu. »

L'assemblée se tint « le neuvième jour de janvier 1535 ». M. de Feu se rendit à « l'hôtel commun, accompagné du viguier, des trois consuls, de maistre Honnorat Arbault, juge ordinaire ; Bourely, greffier, pour écrire tout ce qui se dirait, et de Jehan Du Bois, huissier », maïs il ne trouva « ni les conseillers et officiers de la ville, ni le peuple encore arrivés ». Après un moment d'attente, il fit appeler par les greffiers de la ville « ceux qui ont accoustumé y assister, par noms et surnoms ; plusieurs d'iceulx ont estez excusez, les aultres par absence, les aultres par maladie, après quoi, en présence du viguier, des consuls, du juge ordinaire, d'un grand nombre d'avocats et de praticiens, de procureurs de cette ville, de notaires et d'un grand nombre de gentils hommes et d'habitants de Marseille », il exposa les désirs du roi de voir réformer la justice à Marseille, et leur demanda leur avis. L'assesseur des consuls, parlant au nom des habitants de la ville, sollicita que l'assemblée fût suspendue, pour laisser aux habitants le temps de délibérer.

Mais M. de Feu, ayant su que les habitants de Marseille avaient tenu au préalable une assemblée, dans laquelle il s'était produit quelque tumulte, demanda à assister à la délibération, que l'assesseur sollicitait, ce qui lui fut accordé. Il expose alors la mission que le roi lui a confiée, et l'objet de la réunion. Les habitants de Marseille sont convoqués à l'effet de dire s'ils veulent demeurer, pour ce qui concerne la justice, en l'état où ils sont ou s'ils veulent consentir à la suppression des cours des premières et secondes appellations, et accepter la juridiction en première instance d'un juge ordinaire, d'un lieutenant particulier du grand sénéchal qui connaîtra des causes d'appel interjeté du juge ordinaire, et de la cour du Parlement d'Aix en dernière instance.

L'assesseur des consuls est le premier appelé à donner son avis. Il dit « qu'il seroit bien aise que en la ville de Marseille y eust bonne et briève justice et qu'il feust pourveu de bons officiers, sçavoir est d'ung bon juge ordinaire et de deux bons juges des premières et secondes appellations, sans ressortir aucunement dehors d'icelle ville de Marseille, suyvant les privilèges baillez et octroyez par les feuz roys, contes de Provence, et qu'ils soient entretenuz et gardez. »

Maître François Sabaterii, docteur, prend à son tour la parole. Il désire aussi une bonne et prompte justice. Mais les habitants de Marseille ne « doivent pas aller demander justice dehors de leurs maisons », il veut que le dernier ressort de la justice se fasse non pas à Aix au siège du Parlement, mais à Marseille même.

Maître Nicolas Vincentii, docteur, est appelé à opiner. « Puisque le juge mage et le juge d'appeaulx de Marseille sont vaccants », il serait, à son avis, préférable d'avoir un lieutenant de sénéchal comme les autres villes de Provence, mais le dernier ressort doit demeurer à Marseille et non à Aix au Parlement, ce qui serait contraire aux privilèges de la ville.

Maître Antoine Breti est d'un avis opposé, il estime « que la justice tant de l'ordinaire que des premières et secondes appellations ne soit bougée de Marseille » et que faire autrement serait méconnaître les privilèges de la cité.

Maître Jean de Vega (il devait être le premier lieutenant du sénéchal, lors de la création de la sénéchaussée de Marseille), motive

ainsi son opinion : « Les simples causes étaient, dit-il, traitées par le
« juge ordinaire de Marseille, duquel on appelait aux juges des premières
« et secondes appellations et si les trois sentences étaient conformes,
« on suppliait un juge mage qui avec deux adjoints connaissait et déci-
« dait la dernière sentence. Les juges des premières appellations estaient
« les juge mage et juge d'appeaulx de Provence qui faisaient leur rési-
« dance à Aix et par ses lieutenants, qu'ils ordonnaient des advocats et
« praticiens de Marseille se traitaient tous les procès audict Marseille
« et plusieurs foys les aulcuns estaient décidées, les aultres estaient
« portez à Aix, dont le greffier avait de chascune partie deux florins
« pour le port et estait aux parties nécessaire aller ou envoyer audict
« Aix soliciter ledict juge, attendu qu'il fut de loisir de le faire venir
« audict Marseille pour proférer sa sentance, dont voullaient iceulx
« juges estre payés de leurs journées, ce qui n'estait pas taxé en dépens.

« Le juge des secondes appellations estait tous les ans institué par
« Monseigneur le Sénéchal ou son lieutenant en ung advocat ou
« praticien d'Aix ; il en estait de même du juge de la quatrième
« instance. Les causes qualifiées privilégiées, telles que celles des
« veuves, pupilles, hospitaux, misérables personnes, perigrinans, se
« traitaient et estaient retenues par devant le Parlement.

« Par suite, si le plaisir du Roi estait de ordonner audict Marseille
« ung siège de lieutenant de seneschal, se serait l'observation des dicts
« privilèges de n'estre point extrait de la ville pour les dites causes, et
« serait aussi soullagement des manans et habitans de la ville, relief
« de beaucoup des susdicts circuyts et frustratoires dépens, plus briefve
« et utile exploitation de justice et observation de égallité sans clocher,
« et entretènement de paix entre les subjects du Roy. »

En conséquence, M. de Vega exprimait l'opinion qu'il serait préférable de « supplier le Roy que son bon plaisir fût d'ordonner au dict Marseille le dict siège de seneschal », plutôt que de demeurer dans le désordre où on se trouvait.

Maître Jehan Candolle est du même avis que le précédent, mais il pense que le roi devrait ordonner au Parlement de venir une fois par an à Marseille pour juger les procès de dernière instance ; et, « ce qui serait encore meilleur et plus profitable à la chose publique, qu'il mecte le siège du Parlement à Marseille ».

Philippe Sappède, bourgeois, émet le même vote et il ajoute « qu'il
« plaise au Roy mestre ordre à la Maison commune de la ville qui est
« rongée et mangée jusques au bout par les gouverneurs d'icelle, et
« que les consuls soient contrainctz à rendre compte de leur perverse

« et mauvaise versation depuis trente ans et que le revenu de la dicte « ville qui se mange en voyages et autres choses qui ne sont néces- « saires, soit employé à mieux, que l'on en fasse de l'artillerye pour « la défense de la ville. »

Suivent ensuite les opinions émises par un très grand nombre d'habitants de Marseille exerçant des professions diverses, marchands, avocats, médecins.

A ce moment l'Assemblée est troublée par « le populaire qui, au nombre de plus deux cents faisant tumulte », s'est mis à crier « en ung instant : « De Vega ! de Vega ! » La population était favorable à la création de la Sénéchaussée par les motifs que vous verrez dans la suite et elle acclamait celui qui avait soutenu avec le plus d'énergie cette opinion.

Le président, M. de Feu, ordonne au peuple de faire silence, et aux consuls de retourner à leurs places et de ne point détourner « les dicts opinants de leurs opinions », et on continue à recueillir les votes.

Mais le peuple continue à acclamer ceux qui sont d'avis de créer une sénéchaussée, et surtout ceux qui adressent des reproches aux consuls qui gouvernent mal » et qui « mangent les revenus de la ville en voyages et autres folies. »

Après avoir ramené le calme « le plus qu'il a pu », le président ordonne au greffier de « dénombrer et compter les votes ». « Il y en avait de l'opinion de Mᵉ de Véga cinquante-neuf et des aultres trente-trois ». Ce dépouillement fait, et le résultat annoncé, « le populaire se mit à crier : Nous sommes tous de l'opinion de Monseigneur de Vega et sommes plus de mil de ceste opinion pour avoir justice, car maintenant nous n'en avons point et supplions le roy qu'il la nous donne ».

Le lundi 10 janvier 1535, les consuls et le viguier se présentèrent devant M. de Feu, qui leur réitera la demande qu'il leur avait faite, d'avoir une copie des privilèges de la ville. Ceux-ci répondirent qu'ils ne l'avaient point encore fait faire, mais qu'ils enverraient « après lui jusqu'à Draguignan le sieur Sicole pour les apporter ». Un grand nombre d'habitants se présentèrent ensuite pour se plaindre des consuls. Ils n'avaient plus de justice, disaient-ils, et ils seraient encore plus mal traités si le roi différait d'établir à Marseille un siège de sénéchaussée. Ils demandaient que les consuls fussent contraints à rendre compte de leur administration. Ils se plaignaient que ces derniers avaient « baillé tous les offices à leurs parents et alliés », de sorte que si quelqu'un de cette ville demande justice contre un de leurs «familiers, n'est possible d'en avoir, qu'au contraire si l'on fait quelque demande contre ceux qui ne sont de leur parenté ou familiarité, justice incontinent est faite ».

« M. de Feu fait alors remontrance tant au viguier qu'aux consuls de la forme et manière comme ils se devraient contenir avec le peuple, et au fait de la justice à ce que acception n'y eùt lieu par faveur ny aultre voye indeue mais que se debvait entretenir et garder équalité ». Il les invita à distribuer les honneurs également entre les habitants, « aultrement se pourrait causer division entre eux. » Enfin il conseilla à tous de vivre en paix et bonne union « et aultrement se pourrait porter dommaige au roy et à la république. »

Enfin il assura au peuple « qu'il transmettrait ses vœux au roy, son seigneur et maître ».

(Extrait des archives des Bouches-du-Rhône : Fonds de la cour des comptes d'Aix, B 186, folio 50.)

François Ier prenant en considération les vœux exprimés par le peuple marseillais, créa dans cette ville un siège de sénéchaussée dépendant de celle d'Aix par son édit de Crémieux de février 1535. (*id est* 1536).

Cet édit est ainsi conçu :

« François, par la grâce de Dieu, Roy de France, comte de Prouvence, salut... Comme en faisant procéder à la refformation de la justice de nos dicts pays... et ayant requis la justice y estre administrée comme nos aultres villes, sçavoir est par juges ordinaires en première instance, par le seneschal ou son lieutenant en première appellation et en dernier ressort par notre Court de Parlement du dit pays... Sçavoir faisons que, en considération de l'amitié et de la fidélité qu'ont porté à nous les dicts consuls et manans de Marseille, avons statué et ordonné, statuons et ordonnons :

« Que la dicte justice y sera exercée en première instance par les juges ordinaires suyvant la forme par cy devant suivie, sinon que le juge par nous estably ne sera annuel mais à vie.., que la cognoissance et décizion des premières appellations sera et appartiendra au dit seneschal de Provence ou à son lieutenant au dict Marseille, auquel lieu avons estably et establissons un siège de nos dicts seneschal oultre les aultres sièges par nous establys au dict pays.

« Et pour la justice au dict siège avons créé et créons par ces présentes en chef et titre d'office formé ung lieutenant, ung advocat, ung procuieur pour nous. Et au regard du jugement des secondes appellations en un final et dernier ressort, icelluy voulons et ordonnons estre faict par nostre Court de Parlement de Prouvence, laquelle pour ce faire au nombre de six conseillers et ung président ira seoir chacun an, durant le temps de vingt jours continuels, en nostre dicte ville de Marseille pour y vacquer à l'expédition des procès et affaires dudict Marseille, affin que sellon l'occurrance des cas soyt pourveu à nos dicts subjectz... Et pour la poursuite de nos affaires et de notre chose publique dudict Marseille, voulons et ordonnons que noz advocat et procureur en la dicte Court ou ung substitut aillent audict Marseille durant les vingt jours. Voullons ainsi et ordonnons que le garde scel se trouve audict Marseille durant ledict temps ».

Donné à Crémieux au mois de février 1535. (L'année commençant à Pâques, nous devons lire 1536).

(Registre des Lettres Royaulx n° 2, f° 278 et suiv.).

Ainsi donc le juge du palais était maintenu juge de première instance; le tribunal de la sénéchaussée, juge des premières appellations, et le parlement siègeant à Marseille, juge des dernières appellations.

A l'avènement d'Henri IV, les luttes entre le parlement de Provence et les Marseillais prirent un caractère de la plus haute gravité. On vit le duc de Mayenne délivrer des lettres de provisions pour rendre à Marseille la justice souveraine, méconnaissant ainsi la juridiction du parlement de Provence. Marseille ayant été soumise par le duc de Guise, il fut établi la Cour souveraine dont M. du Vair fut nommé président.

L'édit d'Amiens de juillet 1596, qui donnait à Marseille la satisfaction d'avoir une chambre souveraine, indépendante du parlement, créait une situation provisoire, car l'intention formelle du roi Henri IV était de supprimer cette chambre de justice dès que les circonstances le permettraient, c'est-à-dire « lorsque les mauvais garçons se seraient éclaircis ». Cette chambre souveraine fut en effet supprimée en 1599, mais à cause du privilège *de non extraendo*, une chambre du parlement continua à venir à Marseille une fois par an tenir pendant vingt jours des audiences appelées les « grands jours », qui ne cessèrent qu'en 1624.

Malgré la création à Marseille d'un siège de sénéchaussée dépendant de la sénéchaussée d'Aix, notre ville avait conservé ses anciennes juridictions, juges du Palais, de Saint-Louis et de Saint-Lazare. A plusieurs reprises, le roi avait tenté d'unifier la justice à Marseille et de l'établir en conformité de l'organisation existant dans tout le reste du royaume. Ces divers tribunaux, supprimés en 1564, avaient dû être rétablis en 1581 ; de nouveau supprimés en 1660, ils furent de nouveau rétablis quelques années après ; à chaque suppression leurs juridictions étaient attribuées à la sénéchaussée, qui se les voyait de nouveau enlevées à chaque rétablissement.

De si nombreuses juridictions, dont la compétence était d'ailleurs assez mal définie, devaient nécessairement amener de nombreux conflits d'attributions, surtout entre le juge du palais et le tribunal de la sénéchaussée.

Les attributions respectives de ces deux tribunaux furent définitivement réglées par arrêt du parlement de Grenoble du 7 septembre 1675, intervenu entre M. de Beausset, lieutenant général, et M. de Foresta, juge du palais.

Aux termes de cet arrêt, étaient de la compétence du juge du palais toutes les causes civiles des habitants de Marseille, *non nobles*, des églises, temples, hôpitaux, chapelles et monastères, qui n'étaient de fondation curiale ou du temps des comtes de Provence ; des corps, collèges et communautés de la ville de Marseille, les procès concernant les places et les rues de la ville, ceux intentés par des habitants de Marseille *non nobles* contre des étrangers.

En matière criminelle, le juge du palais connaissait en première instance de tous les crimes commis par des personnes *non nobles*, des sacrilèges sans effraction, du rapt sans force ni violence, de l'incendie, des querelles et excès des particuliers arrivés dans l'église hors du temps du service divin, des blasphèmes, de l'injure, des vols même avec effraction, des agressions, homicides commis dans les rues de la ville, des banqueroutes.

Le lieutenant de la sénéchaussée était juge d'appel des décisions rendues par le juge du palais, mais « il sera tenu de prononcer pour le bien ou mal jugé sans pouvoir évoquer le principal, ains sera tenu de renvoier au dit juge en cas de réformation. »

Il connaissait en première instance des matières civiles de toutes les causes des nobles « vivant noblement » tant en demandant qu'en défendant ; en matières criminelles, en première instance, de tous les crimes commis par les nobles, et en outre du crime de lèse-majesté en tous ses chefs, du sacrilège avec effraction, du port d'armes, assemblées illicites, séditions, « esmotions populaires », fabrication de fausse monnaie ; du crime d'hérésie, du trouble public au service divin, rapt par force et violence, des malversations des magistrats, des excès à raison des procès pendant devant la sénéchaussée, des vols, agressions et des homicides commis hors de la ville de Marseille.

Le dit arrêt portait interdiction aux procureurs de transporter la juridiction de l'un à l'autre de ces juges à peine de cinq cents livres d'amende et «d'estre procédé extraordinairement contre eux. »

Marseille fut soumise à la règle commune à tout le royaume pour l'organisation de la justice par l'édit de 1700, qui portait suppression des juridictions qui lui étaient propres et qui créait dans cette ville un tribunal de sénéchaussée ne dépendant plus, comme celui de 1536, de la sénéchaussée d'Aix.

Cet édit de réformation est ainsi conçu :

« Louis, par la grâce de Dieu...

« Les roys nos prédécesseurs, persuadez que la prompte expédition des procès fait une des principales parties de la justice et que rien ne lui est plus contraire que la multiplicité des tribunaux, en ont retranché le nombre en différents temps. Ce fut par ce motif que le roi Charles IX ayant voulu pourvoir à la réfformation de la justice dans la ville de Marseille, crut que rien n'était plus nécessaire pour y parvenir que de supprimer les trois judicatures du Palais, de Saint-Louis et de Saint-Lazare, qui composaient trois différents tribunaux dont les sentences ressortissaient par appel à la sénéchaussée de la dite ville et en troisième instance de notre Cour de parlement d'Aix, et de les unir à la dite sénéchaussée, ce qu'il fit par lettres patentes données à Marseille au mois de novembre 1564. Cette union ayant subsisté avec beaucoup d'utilité pour le public pendant dix-huit ans, les dites judicatures furent de nouveau rétablies par un arrêt de notre conseil donné à Blois au mois de mai 1581, par des motifs particuliers. Les abus qui se sont glissés dans l'administration de la justice et les inconvénients d'une sy grande multiplicité de juridictions, nous ont fait connoistre la nécessité qu'il y a d'y pourvoir. Nous avons résolu de supprimer tant les dites judicatures que la dite sénéchaussée en l'état qu'elle est, et de créer un seul et nouveau corps de justice dont les appellations ressortiront uniment de nostre Cour de parlement de Provence. A ces causes et autres, à ce nous mouvant et de nostre certaine science, plaine puissance et authorité royalle, Nous avons par le présent édit perpétuel et irrévocable esteint et supprimé, esteignons et supprimons tant les offices en la dite sénéchaussée que les trois judicatures de Saint-Louis, de Saint-Lazare et du Palais ; et du même pouvoir et authorité que dessus, Nous avons créé et érigé, créons et érigeons dans la dite ville de

Marseille en tiltres d'office formé un nostre conseiller, lieutenant-général civil, un nostre conseiller, lieutenant-général criminel, un nostre conseiller, lieutenant-général des submissions, un nostre conseiller, lieutenant particulier civil et des submissions, un nostre conseiller lieutenant particulier, assesseur criminel et premier conseiller, huit nos conseillers, un nostre conseiller et procureur et deux nos conseillers et advocats pour nous; tous lesquels officiers composeront un seul corps de siège et sénéchaussée pour administrer la justice en première instance à nos sujets de la dite ville et terroir de Marseille sans aucune distinction de leurs qualités et par appel à notre Cour de Parlement de Provence ; et ce aux gages effectifs de 300 livres pour le lieutenant-général civil, 200 livres pour chacun des lieutenants-généraux criminel et des submissions, assesseur criminel et procureur pour nous et 50 livres pour chacun des dits huit conseillers et advocats pour nous. Jouiront les dits officiers des mêmes honneurs, prérogatives, privilèges, droits, exemptions et autres avantages dont jouissent les officiers des autres sénéchaussées de la province. Jouiront en outre les dits officiers et leurs descendants de la qualité de noble, et assisteront aux processions et autres cérémonies publiques qui leur seront désignées,

« Voullons que toutes provisions seront expédiées au profit des acquéreurs des offices de la dite sénéchaussée cy-dessus créés sur les quittances de finance qui leur seront délivrées par le trésorier de nos revenus casuels. Ordonnons aux officiers de nostre dite Cour de parlement de Provence de procéder à la réception d'iceux à la manière accoustumée.

« Car tel est nostre plaisir.

« Donné à Versailles au mois d'aoust l'an de grâce mil sept cent, de nostre règne le cinquante-septième. Signé : Louis. — Par le roy, « comte de Provence : Signé : Colbert.

(*Archives du parlement de Provence, série B, registre 65 des Lettres Royaux, folios 545 et suivants*).

La chambre des soumissions connaissait des obligations et des contrats, appelés soumissionnés, par ce que les parties s'y étaient soumises à la rigueur de cette juridiction, qui ordonnait, sans que le créancier ait obtenu jugement, sur le vu du contrat, la saisie des biens et l'emprisonnement du débiteur. On venait devant cette juridiction par lettre de clameur; «qui était la plainte ou la demande par laquelle le créancier implorait et réclamait l'office du magistrat afin d'avoir des lettres pour exécuter le débiteur obligé, qui manquait à sa promesse. »

L'ordre judiciaire ainsi établi subsista jusqu'en 1789.

Au chapitre du cérémonial suivi pour l'installation des magistrats, nous avons reproduit deux procès-verbaux relatifs à la réception du grand sénéchal. Quelles étaient les fonctions de cet officier ? Robert de Briançon nous dit : « Ces officiers portaient à l'origine le titre de baïle « ou bailly de Provence *(Bayulus Provenciæ)*. Mais depuis Charles « d'Anjou qui devint comte de Provence, en épousant la fille de « Raymond Bérenger, dernier comte de la maison d'Aragon, le titre « fut changé en celui de sénéchal. Tout d'abord cette charge fut « annuelle, dans la suite elle devint triannuelle, puis elle fut exercée « sans terme, et autant de temps que le souverain le trouvait bon, « enfin elle devint héréditaire. Il n'y en avait qu'un dans toute la « Provence, qui portait le titre de sénéchal de Provence et de Forcal- « quier, jusqu'en 1306, époque à laquelle on en créa deux, mais cela « ne dura pas longtemps, les deux charges furent réunies de nouveau « en une seule et le titulaire porta le nom de grand sénéchal. Il n'y en « avait pas de pareille, non seulement lors de nos comtes, mais encore « lors de la réunion de cette province à la France, car le grand séné- « chal représentait la personne du prince, commandait en son absence, « avait toujours la direction des armées, de la justice et des finances. « Son nom était dans tous les arrêts, en un mot, le pouvoir du souve- « rain était comme enfermé dans la personne du grand sénéchal. »

Papon nous définit ainsi les pouvoirs du grand sénéchal : « Cet offi- « cier de la couronne avait la haute police, une espèce de pouvoir législa- « latif, le droit de réformer les sentences des tribunaux. C'était une « espèce de vice-roi qui réunissait les pouvoirs d'un grand chancelier « et d'un lieutenant-général. »

Dans l'édit de 1501, créant le Parlement de Provence, il est dit que, « cette cour souveraine de Parlement sera exercée et tenue par le grand « sénéchal, ou en son absence par son lieutenant », et il était ajouté : « Nous ordonnons que le grand sénéchal du dit pays de Provence, « présent et futur, soit et demeure toujours le chef et le principal du « dit Parlement et que sous son nom et titre tous arrêts ou appointe- « tements seront expédiés ».

Le siège principal du sénéchal était Aix, et lorsqu'en 1535 et 1536 furent créées les sénéchaussées d'Arles, Marseille et autres, il était dit qu'elles dépendaient de celle d'Aix, où se trouvait le siège principal du sénéchal, et qu'il se ferait représenter dans ces nouveaux tribunaux par des lieutenants.

En 1662, par suite de la démission de M. de Simiane, la charge de grand sénéchal de Provence fut supprimée, et il fut créé un sénéchal par chaque siège de sénéchaussée. Robert de Briançon nous renseigne encore sur les fonctions de ces officiers, en 1693. « Tous les sénéchaux « ont la place la plus honorable à l'audience lorsqu'ils veulent s'y « trouver, ils siègent en habit de cour, l'épée au côté, et lorsqu'ils veu- « lent s'y trouver ils ont voix, et leur lieutenant prononce en ces ter- « mes : « M. le sénéchal présent » ; mais quand le sénéchal n'est pas « présent, son lieutenant prononce comme à l'ordinaire. »

Bien qu'ayant conservé le titre de grands sénéchaux, leurs fonctions étaient purement honorifiques et c'était le lieutenant qui était effectivement le véritable président de la sénéchaussée.

Il nous a semblé intéressant de dresser la liste des sénéchaux de Marseille :

En 1666, Cosme de Valbelle, sur la présentation de M. François de Simiane marquis de Gordes comte de Carcès, dernier grand sénéchal de Provence, fut pourvu de l'office de conseiller. Sénéchal au siège de la sénéchaussée de Marseille par lettres patentes données à Saint-Germain-en-Laye le 14 décembre 1666, il fut installé le 2 mai 1681.

En 1716, Cosme-Alphonse de Valbelle, vicomte de Marseille, pourvu du titre de conseiller sénéchal d'épée de la ville et sénéchaussée de Marseille, par lettres patentes du 20 août 1716, fut installé le 2 décembre 1716.

1733. André-Gaspard de Valbelle, promu à l'office de sénéchal d'épée de la ville de Marseille par lettres patentes du 5 juin 1733, fut installé dans ses fonctions le 29 octobre 1733.

1744. Joseph-Ignace-Cosme-Alphonse de Valbelle.

1772. Jean-Claude-Palamède de Forbin Gardanne. Les pages du registre des insinuations des lettres de provision de M. de Valbelle et de Forbin ont été maculées et rendues illisibles, par ordre des représentants de la Convention en 1793.

1782. Gaspard-Anne marquis de Forbin Gardanne, grand sénéchal d'épée, installé le 26 mars 1789.

Les lieutenants-généraux civils qui se succédèrent au siège de Marseille de 1536 à 1790 furent :

1536. Jean de Vega.

1556. Balthazard de Cottin-Vassal, seigneur de Saint-Savournin.

1580. Balthazard de Granier, pourvu le 12 décembre 1579, installé le 23 janvier 1580.

1600. Nicolas de Beausset.

1628. Antoine de Beausset, son fils, pourvu en état de minorité le 23 mai 1627. La charge est administrée par son père jusqu'en 1636, date de son installation.

1643. Antoine de Beausset. Il avait été pourvu antérieurement à cette date. Un arrêt de 1643 ordonna qu'il serait procédé à son installation, qui eut lieu le 23 mai 1643.

1654. Nicolas de Beausset.

1683. Pierre de Beausset.

1703. François de Villeneuve, conseiller honoraire au parlement, installé le 19 juin 1703 comme lieutenant-général de la nouvelle sénéchaussée.

C'est à partir de 1703 que ces officiers portèrent le titre de lieutenant général civil. Ils étaient antérieurement appelés : lieutenant civil du sénéchal.

1708. Louis-Sauveur de Villeneuve, son fils. Lettres patentes et provision du 28 mai 1708, installation le 23 juin 1708.

1739. De Saint-Michel, âgé seulement de 24 ans, obtient des dispenses d'âge « pour opiner ».

1759. Guillaume de Paul, pourvu en état de minorité ; sa charge est occupée par son lieutenant, mais il obtint des dispenses d'âge, vu sa grande science en droit.

1779 à 1789. M. Dominique de Demande (de Demandolx).

Pour terminer la liste des magistrats à Marseille jusqu'en 1900, nous ajouterons :

1789, Lejourdan aîné, ancien conseiller à l'Amirauté, président du Tribunal de district, nommé à l'élection le 5 octobre 1790.

Présidents du Tribunal civil de 1re instance de Marseille

De la création à 1812.......	Ricard, officier de la Légion d'honneur,
Mai 1812 à 1827..........	Rigordy, officier de la Légion d'honneur, décédé en fonctions.
20 juin 1827 à 1847..........	Réguis, officier de la Légion d'honneur, décédé en fonctions.
26 octobre 1847 à 1870.....	Luce, officier de la Légion d'honneur.
13 otobre 1870 à 1874.......	Gamel, chevalier de la Légion d'honneur.

7 mai 1874 à 1882..........	Autran (Amédée), chevalier de la Légion d'honneur.
2 décembre 1882 à 1883.....	Michel-Jaffard (aujourd'hui conseiller à la Cour de cassation).
4 février 1883 à 1890.......	Camille Fabre, chevalier de la Légion d'honneur.
1er mars 1890 - 22 mars 1900.	Pierre de Rossi, chevalier de la Légion d'honneur, nommé président honoraire.
avril 1900.................	Albin Curet.

VI

Etat, arrêté le 14 Septembre 1790 des sommes dues par la Communauté des Procureurs aux sièges, cours et juridictions de la ville de Marseille à divers particuliers.

1° Au sieur Issaurat, par contract reçu par Me Sibon, notaire royal de la ville de Marseille des 4 et 9 mai 1751..	Livres.	6.450
2° A l'hôpital général de la Charité de la dite ville de Marseille, par contract reçu par Me Coste, du 25 mai 1750..	Livres.	2.000
3° A Madame de Saint-Andiol, par contract de Me Blanc, notaire, du 30 juin 1720......................	Livres.	30.000
4° A l'Œuvre des pauvres malades de la paroisse de Saint-Martin de cette ville, suivant contract sous sa datte..	Livres.	2.000
5° Au sieur Artaud, inspecteur des draps, par acte de Me Cuisin, notaire, du 17 juin 1720..............	Livres.	11.500
6° A l'hôpital général de la Charité, par acte du 16 novembre 1723............................	Livres.	4.340
7° A M. de Lauris, président au parlement de Provence, par contract du 20 mars 1720, notaire Guitton..	Livres.	900
8° A l'hôpital de la Charité, par acte de Me Piscatory, notaire, du 16 novembre 1768................	Livres.	8.000
9° A Jeanne Basset, par contract sous sa datte.	Livres.	4.040
10° A l'Œuvre de la Rédemption par contract sous sa datte..	Livres.	4.000
11° A l'hôpital de la Charité par contract sous sa datte..	Livres.	2.000
12° A la dame Andreoly, épouse de Me Remusat, ancien procureur, par contract de Me Coste, notaire, sous sa datte..	Livres.	6.000
A reporter........	Livres.	81.230

Report..........	Livres.	81.230
13° Au sieur Dumon, par contract sous sa datte.	Livres.	3.000
14° Aux dames religieuses du couvent de la Visitation de Draguignan, par contract de Mᵉ Coste, notaire, du 21 février 1776..................................	Livres.	3.000
15° Aux dames religieuses du couvent du Saint-Sacrement de Marseille, par contract à sa datte...........	Livres.	2.900
16° A l'hôpital de la Charité de Marseille, par contract à sa datte......................................	Livres.	4.500
17° Aux hoirs de Mᵉ Garrus, ancien procureur, par contract à sa datte..................................	Livres.	2.000
18° A l'abbaye des dames religieuses de Saint-Sauveur, par contract..................................	Livres.	8.000
	Livres.......	104.630

Nous, sindics de la Communauté des procureurs ez cours, sièges et jurisdictions de cette ville de Marseille, certifions le présent état véritable à Marseille, le 14 septembre 1790. Signé : Esmenard.

VII

Page 126. — Cahier des doléances des Procureurs aux Etats-Généraux

Premiers défenseurs de l'honneur et de la fortune de nos concitoyens nos vœux doivent porter principalement sur le double objet ci-dessus, si cher à nos cœurs.

Si les besoins de l'Etat sont considérables, l'amour des Français pour leur Souverain ne connut jamais de bornes. Ces besoins seront bientôt remplis. Ce sera par le résultat d'un heureux accord entre le clergé, la noblesse et le tiers Etat, que toutes les exemptions dont les deux premiers ordres étaient autrefois si jaloux, seront regardées par eux-mêmes comme des injustices.

Mais quelque juste, quelque avantageuse que puisse être la répartition des impôts sur tous les sujets de Sa Majesté, si la Communauté de cette ville, qui a le privilège d'abonner ses subsides et de verser directement son tribut dans le trésor royal, continue la forme de l'imposition qu'elle a observée jusqu'à présent, les Marseillais ne jouiront pas du prix estimable de cette égalité précieuse où tendent tous les vœux de la Nation.

C'est sur le pain, c'est sur la viande que l'imposition est établie. Ces denrées de premières nécessité sont surchargées d'un droit qui varie relativement aux besoins plus ou moins considérables de la Cité, mais qui toujours est insupportable, tandis que les fonds de terre, les maisons, les capitaux, vraie richesse de l'Etat, sont libres et que la plupart de leurs heureux propriétaires n'habitent point Marseille. C'est l'ouvrier, c'est l'indigent qui contribue le plus aux charges de la Communauté, en mangeant un pain qu'il arrose de ses larmes.

Cette manière d'imposer a toujours été considérée comme abusive, vicieuse et tyrannique, elle doit être réprouvée à jamais, et il est de la justice de prendre au plustôt les voies convenables pour en changer le régime.

Ce changement doit être opéré par le concours et le consentement unanime de tous les concitoyens. A l'exemple de notre auguste Souverain, qui daigne appeler auprès de sa personne sacrée, l'élite de ses fidèles sujets, pour leur ouvrir le trésor de sa sagesse, les associer à sa puissance et les rendre les coopérateurs des bienfaits dont il va combler une nation qui l'adore, nos magistrats municipaux doivent envisager comme un jour bien glorieux, celui où, au milieu de tous les ordres et de toutes les corporations de la Cité, ils s'occuperont avec eux du bonheur de leurs concitoyens.

Ce Conseil municipal, renforcé, que l'amour du bien public nous fait considérer comme utile et nécessaire, devra être permanent parce qu'il convient que toutes les classes des citoyens aient toujours part à l'administration de la chose publique.

L'édit de Sa Majesté de 1707 et les lettres patentes de 1766, portant règlement pour la Communauté de cette ville n'admettent que 48 personnes dans le Conseil municipal. Ces personnes sont prises parmi les nobles, les avocats, les négociants et les marchands faisant trafic au détail.

Le Conseil municipal, composé de toutes les classes des citoyens exerçant une profession utile, pourrait être formé de trois cents personnes. Ce nombre, autrefois adopté, sera bien plus proportionné aujourd'hui, eu égard à la plus grande population de cette ville et aux affaires trop multipliées de la Communauté, qui, distribuées à des commissaires, chacun pour la partie relative à son état, ne seront que mieux et plus promptement réglées.

L'exercice d'une profession aussi essentielle que celle dont nous avons l'honneur d'être revêtus, est un moyen bien raisonnable d'admission aux charges municipales; nous n'en sommes point exclus véritablement par l'édit et réglement que nous avons cités, mais nous n'y avons jamais été appelés. Si nous ambitionnons cet avantage dont nos confrères jouissent dans toutes les villes de cette province, ce n'est que pour être plus utiles et plus chers à la Patrie.

C'est le même amour du bien public qui nous fait désirer avec la plus vive impatience la réformation du code criminel.

Secourir l'innocent, l'aider à repousser les traits de l'erreur ou de la calomnie, le dérober au glaive trop souvent mal dirigé de la justice, le rendre à sa famille éplorée, le rétablir dans la société qui paraissait l'avoir déjà repoussé de son sein, tel a été, tel sera toujours l'objet de nos vœux et de nos travaux. Mais le cachot, qui recèle cet infortuné, ne nous est ouvert qu'après que des témoignages intéressés ou peu réfléchis, des interrogatoires trop souvent insidieux, des réponses mal articulées et plus mal interprétées, ont conspiré sa perte, et que, malheureuse victime des formes barbares que l'ignorance de nos pères et leur vertu trop souvent austère avaient introduites, l'ont dévoué à l'opprobre et à la mort.

Qu'il sera cher à la France ce jour à jamais heureux où, pour la première fois, l'accusé libre même dans ses fers, assisté d'un défenseur, sera instruit du genre et des circonstances du crime qu'on lui impute et où les témoins déposant en sa présence, il aura, s'il n'est pas coupable, les moyens de les confondre et de devenir leur accusateur.

Cette réformation, si longtemps désirée, était réservée au Règne heureux du plus juste des Rois. Hâtons par nos vœux les plus ardents le bienfait inéfable de ce grand ouvrage dont Sa Majesté daigne s'occuper ! Un jour plus tard coûtera peut-être la vie à un innocent !

Saisis du plus juste attendrissement sur le sort des malheureux, nous ne pouvons voir qu'avec douleur que les prisons de cette ville sont inhabitables.

Lors de la construction du palais de justice, où sont les prisons, on pratiqua dans leur enceinte, par une économie mal entendue, des magasins et des salles à blé dont la Communauté perçoit des loyers, ce qui rend les prisons étroites et malsaines. Ces prisons sont d'ailleurs si mal disposées par rapport au peu de local qu'elles embrassent, que les prisonniers civils sont confondus avec les prisonniers criminels, n'y ayant qu'une seule et très petite cour qui sert de passage, aux uns comme aux autres, pour se rendre dans leurs cachots, car nous ne pouvons guère qualifier autrement les tristes réduits où les prisonniers civils sont forcés de passer une partie de leur vie.

Dans une ville de commerce, telle que Marseille, où toutes les obligations mercantiles ou maritimes soumettent à la dure loi de la contrainte par corps ceux qui les ont contractées, les prisons ne sont que trop souvent la triste et longue demeure d'une foule de débiteurs honnêtes, jouets de la fortune, quelquefois même de la mauvaise foi.

La privation de la liberté n'est-elle pas déjà une peine assez dure sans l'aggraver encore par l'incommodité du local, par l'air infect qu'on y respire et par cette communion insupportable avec des malfaiteurs ou des scélérats dévoués à l'infamie ou au supplice ? Faut-il que ces débiteurs infortunés soient privés de la seule consolation qui leur reste ? Leurs parents et leurs amis sont repoussés par l'horreur que ce lieu funeste leur inspire. Et ces scélérats même ! l'humanité ne réclame-t-elle pas en leur faveur ? Faut-il qu'ils expient mille fois leurs crimes avant que d'être livrés à la sévérité des loix qui les punit, non pour se venger, mais pour écarter par des exemples terribles d'autres victimes ? Il est donc nécessaire que les prisons de cette ville soient aggrandies. Elles peuvent l'être : 1° en y réunissant les magasins et les salles à blé qu'on n'aurait jamais dû se permettre d'en détacher ; 2° en y ajoutant une partie de la place publique voisine du palais et le sol de deux maisons, dont une est démolie et l'autre en ruine.

Depuis longtemps, MM. les Administrateurs de la Communauté ont défendu aux propriétaires de ces deux maisons de les réédifier parce qu'ils les ont destinées à l'aggrandissement des prisons. Mais pourquoi différer de l'effectuer ? Si les fonds de la Communauté sont insuffisants, qu'on se hâte de suspendre le pavé des rues, la construction du nouveau chemin et tous autres ouvrages. En bouchant ainsi tous les canaux, quelque utiles qu'ils soient, par où s'échappent les deniers publics, on sera bientôt à même de remplir une obligation aussi sacrée.

Considérant combien le pauvre est dépourvu de moyens pour réclamer le fruit de son travail lorsque son débiteur est assez injuste pour le lui refuser, témoins chaque jour de ses gémissements et des sacrifices qu'il est obligé de faire dans l'impuissance de jouir de la protection des loix, nous souhaitons que la cause d'un tel homme ou de tout autre, dont la créance n'excèdera pas la somme de cent livres, soit traitée désormais, dans tous les tribunaux de justice, avec toute la faveur dont elle est susceptible. L'ordonnance de 1667 veut que les jugements des sénéchaussées soient exécutoires nonobstant l'appel, si les condamnations n'excèdent pas la somme de cent livres. L'exécution provisoire des jugements des sièges particuliers d'Amirauté et autres est réduite à la somme de soixante livres. Mais cette exécution provisoire ne peut être exercée qu'autant que le créancier a donné caution à son débiteur.

Quoique les dépens soient un accessoire naturel et légitime du principal, des commentateurs de l'ordonnance ont pensé qu'ils devaient en être séparés, lorsqu'il s'agit de l'exécution provisoire, et leur opinion a été canonisée par des arrêts.

De sorte que le débiteur, qui déclare appel d'un jugement de condamnation pour une somme n'excédant pas cent livres, est autorisé à ne payer que le capital à son créancier, lorsqu'il est assez heureux pour fournir une caution, et si ce créancier n'est pas en état de frayer aux dépens bien considérables d'un arrêt de confirmation, il éprouve une perte irréparable.

Mais la situation de ce créancier est bien plus désespérante encore, lorsque, n'ayant point de caution à fournir, il ne peut exécuter, pas même pour le capital, le jugement qu'il a obtenu, étant bien rare qu'un pauvre ouvrier, qui n'a d'autre bien que son industrie, dont lés parents, dont les amis sont aussi pauvres que lui, puisse se flatter de ne pas réclamer en vain le cautionnement d'un capitaliste, étant de règle dans les affaires civiles que le créancier qui veut faire usage d'un jugement provisoire est obligé de donner à son débiteur une caution bourgeoise, c'est-à-dire qui possède des biens immeubles, libres de toute hypothèque.

Cependant, le même ouvrier avait mis en œuvre la matière première, qu'il avait achetée à crédit dans le commerce, il l'avait livrée avec confiance, après en avoir accru le prix par un travail pénible, il attendait son paiement pour satisfaire son vendeur et tandis qu'il a épuisé le peu de moyens qui lui restaient pour obtenir une justice imparfaite, son vendeur, usant des droits que la rigueur des engagements mercantiles autorise, le traîne dans les prisons.

Cet artisan est un homme précieux à l'Etat, le travail de ses mains doit être protégé par le Gouvernement. Nous osons espérer que Sa Majesté daignera ordonner que tout jugement, dont la condamnation n'excèdera pas la somme de cent livres, sera exécuté nonobstant l'appel et sans y préjudicier, pour le principal, les intérêts et les dépens, sans que le créancier soit tenu de donner caution.

Nous devons nous en rapporter au zèle patriotique de MM. les Commissaires, qui seront chargés de dresser le cahier des doléances générales de la ville, pour réclamer le maintien de ce droit antique et jaloux, qui met les Marseillais à l'abri du fléau des *committimus* et des évocations. Nous devons espérer de la justice de Sa Majesté que, d'après nos chapitres de paix si souvent et si solennellement confirmés par ses augustes prédécesseurs, nos juridictions ne seront plus expatriées, surtout dans les causes générales de bénéfice d'inventaire et de discussion.

Ces causes, où les intérêts de tant de citoyens sont réunis et confondus, de manière qu'en réglant le sort et l'intérêt de l'un on juge l'intérêt et le rang des autres, ces causes, qui attirent à elles, comme dans un centre commun, toutes les causes particulières, un seul créancier peut-il avoir le privilège inconcevable de les distraire de leur juge naturel, de porter la connaissance d'une distribution locale, qui tient à la propriété foncière, à un juge étranger à tous les autres créanciers, de priver ainsi ces créanciers du droit de se faire entendre sur leurs propres foyers, de les forcer à se déplacer et d'ajouter le plus souvent, à la perte de leurs créances, un surcroît de frais insupportable?

Ces causes de bénéfice d'inventaire, de discussion, donnent lieu à des droits royaux, à des frais de justice excessifs et ce qui rend presque toujours vaines les espérances des créanciers chirographaires, c'est le droit de 7 1/2 pour cent auquel elles soumettent les biens immeubles. Ce droit est dû sur le prix de vente de tous biens immeubles indistinctement qui ont été mis sous la main de la justice. Il est perçu depuis longtemps en cette ville par la Communauté, qui a acquis l'office de receveur des consignations auquel il était attribué.

Ce ne fut que pour soustraire les habitants aux vexations du receveur que la Communauté se détermina à faire cette acquisition et comme elle s'aperçut bientôt que le produit annuel excédait de beaucoup le prix de la finance, elle s'empressa de faire grâce du quart sur le montant de l'exaction.

Malgré cette remise, la quantité de ventes forcées que les malheurs du temps n'ont que trop souvent occasionnées, depuis l'achat de l'office, a mis à même la Communauté de se rembourser du prix de l'achat et des intérêts.

Le vœu de la Communauté est rempli, elle doit donc renoncer désormais à la perception d'un droit qu'elle n'avait acquis que parce qu'il était trop rigoureux à ses habitants et dans l'unique objet de l'éteindre. Ce sacrifice que nous attendons de la Communauté sera un soulagement pour les malheureux débiteurs dont tout conspire à consommer la ruine, et pour les créanciers plus malheureux, qui presque toujours seraient payés, si la principale partie de la fortune de leur débiteur n'était pas dévorée par cette foule de droits : contrôle, insinuation, centième denier, 1 franc pour livre, 3 pour livre, 8 pour livre, timbre, parchemin et tant d'autres impôts accablants, dont la perception, toujours croissante, dépouille la justice de son attribut le plus précieux.

Ne craignons pas que ces objets de détail, ces abus particuliers que nous sommes plus à portée de connaître, à raison de notre état, se perdent dans l'immensité et l'importance du grand intérêt national, dont les Etats Généraux vont s'occuper. Fondons notre espérance pour la réformation de ces abus, sur la promesse paternelle du souverain, qui a bien voulu annoncer à ses peuples, que le royaume et tous ses sujets en particulier ressentiront pour toujours les effets salutaires, qu'ils doivent se promettre d'une telle et si notable assemblée.

Fait et arrêté dans l'assemblée des Procureurs tenue au Palais ce 23 mars 1789.

Seytres, Martichon, syndics ; Emerigon, doyen ; Estubi, Audibert, Chalvet, Court, Gras, Mourret, Rolland, Estelle, Esménard, Nicolas, Arnaud, Martin, Larguier, Terris, Maquan, Montaud.

TABLE DES MATIÈRES

PREMIÈRE PARTIE. — LES PROCUREURS (1588-1791)

DEUXIÈME PARTIE. — LES AVOUÉS (1800-1900)

PIÈCES JUSTIFICATIVES

MARSEILLE. — IMPRIMERIE MARSEILLAISE, RUE SAINTE, 39.

www.ingramcontent.com/pod-product-compliance
Ingram Content Group UK Ltd.
Pitfield, Milton Keynes, MK11 3LW, UK
UKHW021055220726
13924UKWH00005B/2107